基于治理地方政府土地财政依赖
目标的城镇化模式创新研究

陈多长　等著

ZHEJIANG UNIVERSITY PRESS
浙江大学出版社

图书在版编目（CIP）数据

基于治理地方政府土地财政依赖目标的城镇化模式创新研究 / 陈多长等著. —杭州：浙江大学出版社，2018.6
ISBN 978-7-308-18336-9

Ⅰ.①基… Ⅱ.①陈… Ⅲ.①地方政府—土地制度—财政制度—研究—中国 ②城市化—研究—中国 Ⅳ.①F321.1 ②F299.21

中国版本图书馆 CIP 数据核字（2018）第 130387 号

基于治理地方政府土地财政依赖目标的城镇化模式创新研究

陈多长 等著

责任编辑	候鉴峰　李玲如	
责任校对	杨利军　吴水燕	
封面设计	雷建军	
出版发行	浙江大学出版社	
	（杭州市天目山路 148 号　邮政编码 310007）	
	（网址：http://www.zjupress.com）	
排　　版	杭州中大图文设计有限公司	
印　　刷	杭州高腾印务有限公司	
开　　本	710mm×1000mm　1/16	
印　　张	16.75	
字　　数	328 千	
版 印 次	2018 年 6 月第 1 版　2018 年 6 月第 1 次印刷	
书　　号	ISBN 978-7-308-18336-9	
定　　价	55.00 元	

版权所有　翻印必究　　印装差错　负责调换

浙江大学出版社市场运营中心联系方式：0571 - 88925591；http://zjdxcbs.tmall.com

前　言

　　20 世纪 90 年代以来,伴随着城镇化的迅猛推进,地方政府土地财政依赖问题愈演愈烈,由此诱发的社会、经济问题也日趋严重,直接影响到我国新型城镇化规划的顺利实施,引起了中央政府和全社会的高度关注。然而,现有文献在我国地方政府土地财政依赖与城镇化之间相互作用的机制,以及基于治理地方政府土地财政依赖目标的城镇化模式创新路径方面的研究,还存在一定的局限性。因此,通过理论与实证,探讨我国现行的主流城镇化模式与土地财政依赖之间的相互作用机制,基于治理地方政府土地财政依赖目标,寻找创新新型城镇化模式的路径,具有重要理论价值和现实意义。

　　受 2014 年度国家社会科学基金的资助(批准号:14BJL121),我们基于治理地方政府土地财政依赖目标,对我国城镇化模式创新问题进行了系统的研究调查,形成了本书。全书共分五个部分,计十一章、一个专题研究。第一部分为导论,即第 1 章。第二部分研究现行城镇化模式及水平对地方政府土地财政依赖的影响,包括第 2 章和第 3 章。第 2 章从人口城镇化和土地城镇化两个维度,对我国现行的以地方政府为主导、以征地开发为特征的城镇化模式对土地财政依赖的作用机理进行了理论分析和案例实证研究;第 3 章计量实证检验了人口城镇化率和土地城镇化率对地方政府土地财政依赖度的影响。第三部分探讨地方政府土地财政依赖对城镇化的反作用,包括第 4 章和第 5 章。第 4 章研究了目前地方政府土地财政依赖行为对现行城镇化模式选择的固化作用、强化作用,评估了地方政府对由中央政府和民间/市场推动的、旨在消除土地财政依赖的制度性改革的阻滞效应;第 5 章计量实证检验了土地财政依赖度对城镇化率的影响。第四部分是城镇化模式典型案例分析,包括第 6、7、8、9、10 章和一个特色小镇驱动城镇化的专题研究,选择的案例涵盖了政府主导和非政府主导,工业化驱动、房地产开发驱动、旅游开发驱动、商贸服务业(小商品市场)驱动和特色小镇驱动等主要类型的城镇化,旨在探讨我国现行主流城镇化模式典型案例和民间自发的城镇化创新试验治理地方政府土地财政依赖的可行性。第五部分研究城镇化模式创新的思路及政策建议,即第 11 章。第 11 章提炼了本书的主要结论,基于研究结论提出了以治理地方政府土地财政依赖为目标的新型城镇化模式创新思路与配套的改革政策建议。

与国内现有的研究相比,本书的主要创新点和研究特色体现在以下几个方面。

(1)研究视角创新。基于治理地方政府土地财政依赖的目标,研究了我国城镇化模式创新问题,赋予了新型城镇化以"新内涵"和具体模式。这与目前大多数文献主要从城乡统筹发展、人口城镇化与土地城镇化协调推进、工业化与城镇化协调发展等角度研究新型城镇化问题的视角显著不同。

(2)研究方法创新。在典型城镇化模式案例分析中,我们重点采用了"城镇化定义—城镇化驱动主体—城镇化驱动产业—城镇化融资模式—对城镇化模式创新和土地财政依赖治理的政策启示"的逻辑分析框架。此外,本书还从是否为主流城镇化模式(以政府主导为主要特征)、是否会导致地方政府土地财政依赖等角度对我国现行的城镇化模式进行了综合分类,基于此种分类对我国典型的城镇化模式进行了案例实证分析和比较研究,这些研究方法和研究思路是对同类研究的补充和拓展。

(3)研究内容创新。目前大多数文献侧重于研究我国城镇化对地方政府土地财政依赖的影响机制及其治理问题。本书除探讨城镇化对土地财政依赖的影响机制,并利用省际面板数据对其进行计量经济学实证检验以外,还提出了"地方政府土地财政依赖对城镇化模式的选择具有一定固化作用和路径依赖性"的理论假设,并从理论分析、经验实证和计量经济学实证等方面进行了检验,证实了上述理论假设。这种有关"地方政府土地财政依赖对城镇化具有反作用"的研究是对目前同类研究文献的有益补充。

(4)研究发现创新。①从全国总体和东部发达地区的情况来看,土地财政依赖度的提高不仅抑制了人口城镇化的发展,还抑制了土地城镇化的发展。这一发现预示了新型城镇化规划背景下治理地方政府土地财政依赖的紧迫性。②目前我国工业化对城镇化的影响已不太显著;服务化率对土地城镇化和人口城镇化却具有负面影响。该结果预示着,驱动城镇化的产业动力正在转变,但服务业尚未上升到主导性驱动力的地位,此发现与目前已有文献的结论有所不同。③对非主流城镇化模式的分析结果显示,地方政府土地财政依赖会在一定程度上导致基层组织自发的城镇化模式创新活动的失败。这一发现启示我们,基于治理土地财政依赖目标的城镇化模式创新活动必须取得中央政府的政策支持,才可能取得成功。④典型城镇化模式案例分析结果显示,我国城镇化的融资渠道日趋多样化,但在政府主导的城镇化案例中,土地财政仍是城镇化的重要融资来源,是否征用和出让土地是城镇化是否依赖土地财政的关键判断标准。

(5)政策建议创新。课题组提出了一种地方政府治理土地财政依赖的新型城镇化模式,给出了它应有的核心特征,即它是在政府引导、非征地前提下,由民间力量主导的、村民自愿参加的,在集体建设用地上实现的城镇化。为保障新型城镇化模式的实施,集体土地使用制度改革、城乡统一的土地市场构建、城镇化模式创新的权利制度安排等必须由中央政府实施"顶层设计",并与非地方政府主导的城镇化模式"基层创新试验"相结合。

国家社会科学基金立项申请报告和本书的总体结构安排均由课题负责人陈多长设计论证。除陈多长以外,参加本课题研究的主要成员还有游亚硕士、张明进硕士、包舒恬硕士、董春林研究员、王红玲助理研究员、李会峰博士(德国法兰克福歌德大学)等。浙江工业大学的葛家玮、金超军等同学也参与了本课题的案例调研和部分章节书稿的写作。本书各章具体的写作分工如下:第1、6、7、8、11章,陈多长;第2、3章,张明进;第4、5章,游亚;第9章,葛家玮、陈多长;第10章,金超军、陈多长;专题研究"特色小镇驱动的城镇化模式",包舒恬。最后由陈多长负责修改、总纂、定稿。

尽管课题组做出了巨大的努力,但鉴于所研究的问题十分复杂,且有关城镇化融资和土地财政等方面的数据获取非常困难等,我们对基于治理地方政府土地财政依赖目标的城镇化模式创新的研究仍是初步的、探索性的,再加上我们的研究水平和研究条件局限,书中错误和不当之处在所难免,诚望各位同行专家和读者朋友们不吝批评、指正。

陈多长

2018 年 3 月 24 日

目　录

第 1 章 导 论

1.1 研究背景

21世纪以来,随着社会经济的高速发展,我国进入了地方政府主导的城镇化的加速发展阶段,然而,与之相伴而生的地方政府土地财政依赖问题日趋严重,不断地威胁着社会的和谐和经济的可持续发展。

(1)城镇化加速发展,成为推动经济持续增长的重要引擎。21世纪以来,我国的城镇化率由2000年的36.22%增长至2014年的54.77%①,年均增幅达1.325个百分点。自2011年我国城镇化率首次超过50%后,我国便进入了城镇化高速发展阶段。城镇化的高速发展极大地推动了经济的增长。在21世纪初,就有学者研究证实了城镇化发展与经济增长存在较强的相关性(Henderson,2003b)。在实践中,城镇化对经济的巨大推动作用也引起了中央政府的关注,中共十八大正式提出新型城镇化的发展战略。将新型城镇化提升到国家战略层面,其实是肯定了城镇化加速发展在推动经济持续增长方面的重大作用。

(2)地方政府土地财政依赖度日益提高,引起社会各界高度关注。如果用地方政府年度土地出让收入占其年度一般预算财政收入的比例来表示其土地财政依赖度,统计结果表明,地方政府土地财政依赖度除在个别年份出现暂时性下降外,在多数年份都保持在较高的水平。2003年,全国地方政府土地财政依赖度平均值达到55.04%,首次超过50%,2004—2014年的土地财政依赖度均值高达51.63%,2010年曾经一度达到了67.62%。可见,我国地方政府土地财政依赖度不断加深。

(3)地方政府土地财政依赖与城镇化加速相互影响,衍生出诸多社会、经济

---

① 2014年城镇化率数据来自中国经济网(http://finance.ifeng.com/a/20150120/13444502_0.shtml)摘录的2015年1月20日国家统计局发布的2014年经济数据。

问题。城镇化快速发展形成了目前土地城镇化远远快于人口城镇化的不协调现象(乔小勇,2014),人口的半城镇化形成了我国特有的"民工荒"现象(杨永华,2010),严重影响了人们的生活水平。张自然等(2014)认为,我国城镇化快速发展引起的各类问题已开始显现:外延式的城镇化发展后劲不足、各地区内外发展的不平衡及收入差距的不断扩大导致失地农民及城市低收入人群面临极大的贫困化威胁、地方政府依赖土地财政而无序扩张城市等。目前,城镇化发展大部分源于土地城镇化快速发展,这导致城市土地的不断扩张,而土地资源是有限的,其在一定程度上决定了目前城镇化发展的不可持续性,这是目前我国高速城镇化发展中最主要的问题之一。

地方政府过度依赖土地财政,引发了诸多社会、经济问题。2014 年全年全国发生违法用地行为 8.1 万件,涉及土地面积 4.1 万公顷,这些争议案件大多涉及农村土地征用问题。地方政府低价对农用地进行征收,向失地农民提供极低的征地补偿,导致失地农民失去了后续生活保障,有些农民因此选择通过极端的行为进行权益保障,与政府或社会形成对立关系。这些都增加了社会矛盾和冲突,对社会安定造成了威胁。

1.2 研究意义

20 世纪 90 年代以来,伴随着城镇化的迅猛推进,地方政府土地财政依赖问题愈演愈烈,由此引发的社会、经济问题日趋严重,引起了中央政府和全社会的高度关注。反思现行城镇化模式,从城镇化模式创新视角去寻找根治土地财政依赖的有效措施,是政府和学术界共同关注的重大现实问题。

中共十八大正式提出新型城镇化战略,但新型城镇化概念下的城镇化模式探索仍在继续。在此背景下,迫切需要对土地财政依赖治理和城镇化模式创新所涉及的基本问题进行针对性的理论研究,以便为政府制定科学的土地财政依赖治理政策,以及推进新型城镇化战略顺利实施提供重要理论支持。从这个角度来看,本书具有重要的实际价值。

本书主要涉及区域经济学、公共经济学、土地经济学和制度经济学等理论,尝试着结合了我国现实改革理论需要与实践要求,在城镇化模式和土地财政依赖治理方面完成了一定的理论创新,以丰富相关领域的研究,助推相关理论的发展。从这个角度来看,本书亦具有一定的理论意义。

1.3　文献综述

（1）城镇化与城镇化模式研究。国内外学术界对我国城镇化模式进行了多角度分类（孔祥云等，2013；Hillman，2013），主流城镇化模式的共同特征都是地方政府主导下的集体土地征用和出让，这种模式的主要缺陷是土地城镇化超前发展、人口城镇化严重滞后（许经勇，2013），因此，新型城镇化必须以人口城镇化为中心（倪鹏飞，2013）。近年出现的非主流的"就地城镇化"模式，本质是在集体土地所有权不变情况下的城镇化（Chung et al.，2013），这为探索根治地方政府土地财政依赖的解决方案提供了非常重要的案例（Cliff，2013；Hillman，2013）。

（2）地方政府土地财政依赖成因与治理研究。土地财政依赖治理研究的基础是成因研究。目前学术界主要从财政体制和现行土地制度等方面来分析土地财政依赖的成因。多数研究认为，分税制是诱发地方政府土地财政依赖行为的直接诱因，我国现行二元土地管理体制使土地财政依赖得以维持（张青等，2009），政治激励则导致土地财政依赖程度的加深（李勇刚等，2013）。基于成因研究，学术界分别就治理土地财政依赖提出相应对策，包括切实保护集体土地产权、完善土地抵押融资、规范地方政府投融资行为，以及改革分税制、明确政府间事权划分等（贾康等，2012）。

（3）城镇化与地方政府土地财政依赖之间关系的研究。一方面，现行城镇化促进了地方政府土地财政依赖。已有研究（张昕，2009；田莉，2011）表明，在我国特有的地方政府主导城镇化的模式下，土地收益已成为推动城镇化发展的重要资金来源，土地城镇化也就成为地方政府土地财政依赖的重要动因。另一方面，土地财政依赖对城镇化具有明显的反作用。地方政府追求土地财政收入的目标可能伴随着盲目扩大城市面积的倾向，即土地财政依赖客观上推动了土地城镇化的进程（武彦民等，2012）。陈春等（2010）的研究同样表明，地方政府扩大财政收入的动机在现行土地产权制度和土地征用制度的配合下，促进了城镇建设用地的快速增长，客观上促进了土地城镇化进程的加快。

（4）城镇化过程中集体土地产权制度改革研究。将集体建设用地灰色市场合法化是当前中国土地制度创新的战略选择，集体建设用地市场的构建是城镇化模式创新的重要前提条件。在实践中，应在尊重国家政治现实的前提下探讨集体土地产权制度改革的路径，并注重在城镇化过程中尽量减少，乃至根本消除对农民土地转用收益的侵占（吴次芳等，2010），法制机制和权益机制支撑体系是集体建设用地合理流转所必需的两大支撑体系（杨继瑞等，2009）。

总之,国内外学者的很多研究成果为本书提供了重要理论和文献基础。但已有研究还存在两个问题:一方面,尚未弄清有关城镇化与地方政府土地财政依赖之间相互作用的机理,对土地财政依赖尚缺乏根治之策;另一方面,对适应新型城镇化战略要求的城镇化模式具体是什么,目前仍无确定的答案。将治理土地财政依赖和城镇化模式创新这两个重大热点问题结合起来研究的文献目前仍未出现。基于治理地方政府土地财政依赖的目标,对我国城镇化模式创新理论与实践问题进行系统研究,将是本书的主要任务。

1.4　研究内容

(1)研究现行城镇化模式和城镇化水平对地方政府土地财政依赖的影响。基于文献调研和案例调查资料,从人口城镇化和土地城镇化两个维度,对我国现行的以地方政府为主导、以征地开发为特征的城镇化模式对土地财政依赖的作用机理进行理论分析和案例实证研究;利用统计数据,对现行城镇化模式下人口城镇化率和土地城镇化率对土地财政依赖度的影响进行计量实证检验。

(2)探讨地方政府土地财政依赖对现行城镇化模式、城镇化速度的反作用。探讨目前地方政府土地财政依赖行为对现行城镇化模式和路径的固化效应、强化效应,评估地方政府对由中央政府和民间/市场推动的、旨在消除土地财政依赖的制度性改革,特别是集体土地使用制度改革的阻滞效应。

(3)分析基于改良主义视角的城镇化模式对治理地方政府土地财政依赖的可行性。对那些在现有体制、机制框架内,基于对现行城镇化模式进行改良而采用的城镇化模式(包括以新型城镇化战略的名义,乃至基于"以人为本"理念提出的,不根本触动地方政府主导城镇化和现行征地制度的城镇化实践)进行典型案例分析。

(4)提出以治理地方政府土地财政依赖为目标的新型城镇化模式与配套改革政策建议。基于前述理论分析和实证研究的结论,在新型城镇化战略框架下,以减弱乃至消除地方政府土地财政依赖为主要目标,探讨新型城镇化模式创新的基本思路,提出相关的配套改革政策建议。

1.5　研究思路与方法

本书的主要研究内容、研究过程和研究方法如表1.1所示。

表 1.1　本书研究内容、研究思路和研究方法

模块	研究内容	研究过程	研究方法
I	研究现行城镇化与地方政府土地财政依赖之间的相互作用机制	进行文献研究,定义关键概念;进行理论分析;提出假设、定义变量;进行数据调研和案例调研;进行实证检验、得出研究结论	文献研究法、理论分析法、计量实证法、案例实证法
II	研究现行城镇化模式改良方案对治理地方政府土地财政依赖的有效性	进行实地访谈;进行典型案例分析和专题研究;得出典型城镇化改良方案对治理地方政府土地财政依赖是否有效的结论	实地调研法、案例分析法、比较与归纳法
III	建构治理地方政府土地财政依赖的新型城镇化模式	总结本书的主要研究结论;基于研究结论,提出根治土地财政依赖的新型城镇化模式	归纳分析法、方案比较分析法
IV	探讨新型城镇化模式实施的支撑条件及配套改革措施	提出配套的改革措施及相关政策建议;征询专家和政府部门意见;最后再修正改革方案和政策建议	专家意见征询法、政策调研法、规范分析法

其中,研究方法具体阐释如下。

(1)拟通过文献研究和理论分析提出理论假设;基于数据调研、实地访谈获得的统计数据和案例材料,通过计量分析和案例分析进行实证检验。

(2)基于实地案例访谈和案例分析,归纳现行城镇化模式的改良方案,通过案例分析与理论推理,实证改良方案治理土地财政依赖的有效性。

(3)归纳实证研究和案例分析得到的主要结论,提出城镇化创新模式,通过专家意见咨询和政策调研等方法,对创新的城镇化模式和政策建议进行修正。

1.6　研究创新点

(1)研究视角创新。基于治理地方政府土地财政依赖的目标,研究了我国城镇化模式创新问题,赋予了新型城镇化以"新内涵"和具体模式。这与目前大多数文献主要从城乡统筹发展、人口城镇化与土地城镇化协调推进、工业化与城镇化协调发展等角度研究新型城镇化问题的视角显著不同。

(2)研究方法创新。在研究我国现行城镇化模式与地方政府土地财政依赖

相互作用机制的过程中,综合运用了理论分析与实证检验方法,实证检验中又同时采用了案例实证和计量经济学实证两种方法。在典型城镇化模式案例分析中,我们重点采用了"城镇化定义—城镇化驱动主体—城镇化驱动产业—城镇化融资模式—对城镇化模式创新和土地财政依赖治理的政策启示"的逻辑分析框架。此外,本书还从是否为主流城镇化模式(以政府主导为主要特征)、是否会导致地方政府土地财政依赖等角度对我国现行的城镇化模式进行了综合分类,基于此种分类对我国典型的城镇化模式进行了案例实证分析和比较研究,这些研究方法和研究思路是对同类研究的补充和拓展。

(3)研究内容创新。目前大多数文献侧重于研究我国城镇化对地方政府土地财政依赖的影响机制及其治理问题。本书除探讨城镇化对土地财政依赖的影响机制,并利用省际面板数据对其进行计量经济学实证检验以外,还提出了"地方政府土地财政依赖对城镇化模式的选择具有一定固化作用和路径依赖性"的理论假设,并从理论分析、经验实证和计量经济学实证等方面进行了检验,证实了上述理论假设。这种有关"地方政府土地财政依赖对城镇化具有反作用"的研究是对目前同类研究文献的有益补充。

(4)研究发现创新。①从全国总体和东部发达地区的情况来看,土地财政依赖度的提高不仅抑制了人口城镇化的发展,还抑制了土地城镇化的发展。这一发现预示了新型城镇化战略背景下治理地方政府土地财政依赖的紧迫性。②目前我国工业化对城镇化的影响已不太显著;服务化率对土地城镇化和人口城镇化却具有负面影响。该结果表示,驱动城镇化的产业动力正在转变,但服务业尚未上升到主导性驱动力的地位,此发现与目前已有文献的结论有所不同。③对非主流城镇化模式的分析结果显示,地方政府土地财政依赖会在一定程度上导致基层组织自发的城镇化模式创新活动的失败。这一发现启示我们,基于治理土地财政依赖目标的城镇化模式创新活动必须取得中央政府的政策支持,才可能取得成功。④典型城镇化模式案例分析结果显示,我国城镇化的融资渠道日趋多样化,但在政府主导的城镇化案例中,土地财政仍是城镇化的重要融资来源,是否征用和出让土地是城镇化是否依赖土地财政的关键判断标准。

(5)政策建议的创新。基于本书的研究结论,我们为治理地方政府土地财政依赖提供了一个切断"以地生财"源头的新型城镇化模式,其核心特征是政府引导(而非主导)、在非征地前提下由民间力量(村民、企业等市场主体)主导、在集体土地上实现。同时提出,为保障新型城镇化模式的实施,集体土地使用制度改革、城乡统一的土地市场构建、城镇化模式创新的权利制度安排等必须由中央政府实施"顶层设计",并与非地方政府主导的城镇化模式"基层创新试验"相结合。这些政策建议均有一定创新价值。

参考文献

陈春,冯长春,2010.中国建设用地增长驱动力研究[J].中国人口资源与环境
　　(10):72-78.

贾康,梁季,2015.市场化、城镇化联袂演绎的"土地财政"与土地制度变革[J].改
　　革(5):67-81.

贾康,刘微,2012.近年"土地财政"伴随的畸重畸轻格局[J].经济研究参考(24):
　　22-23.

孔祥云,王小龙,2013.论改革开放以来我国城镇化的若干模式[J].中国特色社
　　会主义研究(2):49-53.

李勇刚,高波,2013.政治激励机制下的土地财政与经济增长:基于市级面板数据
　　的空间计量分析[J].南京社会科学(12):15-22.

倪鹏飞,2013.新型城镇化的基本模式、具体路径与推进对策[J].江海学刊(1):
　　87-94.

乔小勇,2014."人的城镇化"与"物的城镇化"的变迁过程:1978—2011 年[J].改
　　革(4):88-99.

田莉,2011.我国城镇化进程中喜忧参半的土地城镇化[J].城市规划(2):11-12.

吴次芳,谭荣,靳相木,2010.中国土地产权制度的性质和改革路径分析[J].浙江
　　大学学报(人文社会科学版)(6):25-32

武彦民,杨峥,2012.土地财政与最优城市规模[J].经济与管理研究(3):45-49.

许经勇,2013.现行财政分权体制下我国城镇化模式的局限性与突破[J].经济问
　　题研究(4):20-23.

杨继瑞,帅晓林,2009.农村集体建设用地合理流转的支撑体系:权益分配抑或外
　　部环境[J].改革(12):73-78

杨永华,2010.民工荒、半城市化模式和城市化模式[J].经济学家(9):71-76.

张青,胡凯,2009.中国土地财政的起因与改革[J].财贸经济(9):77-81.

张昕,2009.土地出让金对经济增长作用机理研究[J].建筑经济(8):48-51.

张自然,张平,刘霞辉,2014.中国城市化模式、演进机制和可持续发展研究[J].
　　经济学动态(2):58-73.

周卫,陈小君,李文兴,2015.土地财政形成的内在原因分析[J].北京交通大学学
　　报(社会科学版)(1):52-59.

朱孔来,李静静,乐菲菲,2011.中国城镇化进程与经济增长关系的实证研究[J].
　　统计研究(9):80-87.

Cannon T，Jenkins A，1992. The geography of contemporary China：the impact of Deng Xiaoping's decade [J]. Geographical Journal，158(2)：224.

Cartier C，2002. Transnational urbanism in the reform-era Chinese city：landscapes from Shenzhen[J]. Urban Studies，39(9)：1513-1532.

Chan K W，Kirkby R J R. Urbanization in China：town and country in a developing economy 1949—2000 AD[J]. Economic Geography，62(3)：281-283.

Chen A，2002. Urbanization and disparities in China：challenges of growth and development[J]. China Economic Review，13(4)：407-411.

Chung H，Unger H，2013. The Guangdong model of urbanization：collective village land and the making of a new middle class[J]. China Perspectives(3)：33-41.

Clark C，1951. The conditions of economic progress[M]. London：Macmillan.

Clarke G R，Xu L，Zou H，2006. Finance and income inequality：what do the data tell us? [J]. Southern Economic Journal，72(3)：578-596.

Cliff T，2013. Peripheral urbanism：making history on China's northwest frontier[J]. China Perspectives(3)：13-23.

Davis J C，Henderson J V，2003. Evidence on the political economy of the urbanization process[J]. Journal of Urban Economics，53(1)：98-125.

Dziewoński K，Smailes A，1976. International geographical union，commission on patterns and processes of urbanization [J]. Geoforum，7(4)：327-328.

Fujita M，Mori T，Henderson J V，et al.，2004. Spatial distribution of economic activities in Japan and China[M]//Handbook of Regional and Urban Economics. Amsterdam：Elsevier：2911-2977.

Henderson J V，2003a. Urbanization and economic development[J]. Annals of Economics and Finance(4)：275-341.

Henderson J V，2003b. The urbanization process and economic growth：the so-what question[J]. Journal of Economic growth，8(1)：47-71.

Hillman B，2013. The causes and consequences of rapid urbanization in an ethnically diverse region：case study of a county town in Yunnan [J]. China Perspectives(3)：25-32.

Kuznets P W，1994. The economics of cooperation：East Asian development and the case for pro-market intervention [J]. Journal of Economic Behavior and Organization，24(3)：385-387.

Lee K S，2000. The location of jobs in a developing metropolis：patterns of growth in Bogota and Cali,Colombia[M]. Washington D. C. : Congressional Information Service Inc.

Marton A,2000. China's spatial economic development:restless landscape in the lower Yangzi Delta. London:Routledge.

Mohan R,1994. Understanding the developing metropolis:lessons from the city study of Bogota and Cali,Colombia [M]. Oxford:Oxford University Press.

Northam R M,1979. Urban geography[M]. 2nd Edition. New York:John Wiley& Sons Inc.

Ye F Z,2013. Determinants of land finance in China:a study based on provincial-level panel data [J]. Australian Journal of Public Administration,72(3):293-303.

第 2 章　城镇化模式对地方政府
土地财政依赖的影响

2.1　城镇化影响地方政府土地财政依赖的机理

在城镇化过程中,地方政府将农民拥有的集体土地国有化后再高价出让,以获得巨额土地财政收入,失地农民进城则形成对土地的引致需求,使地方政府形成了土地财政依赖。现有的关于城镇化影响土地财政的文献正是从失地农民进城,以及政府高价出让土地两方面对此问题进行剖析的。例如,骆祖春(2012)认为,在乡村人口向城镇转移的过程中,土地被国有化后出让,增加了土地财政收入;谭一鸣等(2015)认为,城镇化造成的财政支出压力和建设用地需求加强了地方政府对土地财政收入和土地经营模式的依赖,进而催生了土地财政和土地财政依赖;刘俊杰(2015)认为,中国城镇化辉煌成就背后的秘密是创造性地发展了以土地为信用基础的土地财政,这帮地方政府进行城市基础设施建设融入了大量资金,有效了弥补预算内资金的不足,为地方经济发展起到了重要推动作用。

城镇化主要表现为农村集体土地向城市建设用地转变、农业人口向非农业人口转变,人口向城市聚集、城市个数增加以及空间扩大。城镇化与地方政府土地财政依赖的逻辑关系如图 2.1 所示。

(1)伴随着城镇化进程的加快,大量农用地转变为城市建设用地,规划用途的改变提升了土地的价值,再加上地方政府垄断了城镇国有土地使用权,以招标、拍卖、挂牌出让的方式批租经营性土地使用权,使得此类用地的价格飞涨,为地方政府牟取巨额土地出让收入,进而形成土地财政依赖性提供了机会。地方政府主导推进城镇化的重要动因之一是城镇化可以牟取巨额土地财政收入。

(2)快速城镇化导致人口和非农产业迅速向城区集聚,从而带动了住房需求、基础设施和公共服务需求的快速增长。住宅需求的增加,直接抬升了住宅价格,进而推动了住宅用地价格上涨。地价上涨又反过来助长了商品房价格的上升(见表 2.1)。

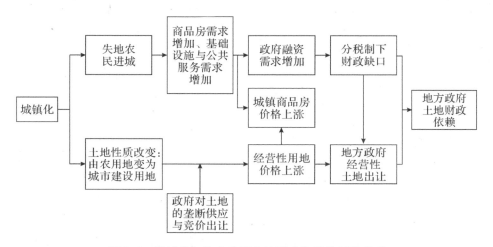

图 2.1　城镇化与地方政府土地财政依赖的逻辑关系

表 2.1　我国 105 个城市地价和房价

年份	综合地价 /元·米$^{-2}$	综合地价 增长率 /%	住宅地价 /元·米$^{-2}$	住宅地价 增长率 /%	商品房价 格 /元·米$^{-2}$	商品房价 格增长 率/%	住宅价格 /元·米$^{-2}$	住宅价格 增长率 /%
2009	2613	5.0	3824	7.90	4695	23.5	4474	25.1
2010	2882	8.6	4245	11.00	5034	7.5	4741	5.9
2011	3049	5.9	4518	6.60	5377	6.8	5011	5.7
2012	3129	2.6	4620	3.30	5791	8.1	5430	8.7
2013	3349	7.0	5033	9.00	6237	7.7	5850	7.7
2014	3522	5.2	5277	4.85	6305	1.1	5943	1.6

数据来源:综合地价、住宅地价及其增长率数据来源于历年《中国国土资源统计年鉴》;商品房价格、住宅价格及其增长率根据历年中国指数研究院数据库中的销售面积以及销售额计算得到。

（3）人口的空间集聚增加了城市基础设施需求,要满足这些需求,又需要巨大的资金投入。但在分税制下,在我国不少地方,政府都存在着巨大的财政收支缺口,依靠土地出让筹集建设资金就成为各地政府的较为理想的选择。这两个因素共同作用,推动了地方政府土地财政依赖的形成和加深。

综上可知,城镇化影响地方政府土地财政依赖的机理主要是:地方政府凭借公共权力对农村集体土地进行强制性征用、征收,再采用竞价方式出让土地使用权,以获取巨额土地出让收入;失地农民进城拉动了基础设施建设需求,进而强化了地方政府借土地财政为城镇化发展融资的动力。

2.2 基于动力机制与空间布局的城镇化模式分类

本章首先借鉴李强等(2012)对城镇化模式的划分方法,依据动力机制与空间布局,将城镇化模式归纳为旧城改造、城市扩展、建设中央商务区(central business district,CBD)、建立开发区、建设新区或新城、乡镇产业化和村庄产业化七类①。从主导力量来看,这七类城镇化模式涵盖了从中央到地方的各级行政主体;从城镇化推进的空间维度来看,这些模式基本覆盖了城乡的全部空间。若用同心圆表示全部城乡空间,则外围是乡村,乡村中有乡镇、村庄、新区、开发区,中心为城市,城市中有旧城与CBD,城市周边为延展区。

(1)旧城改造。旧城改造是指城市的老旧街区已经在功能、景观等方面较为落后,地方政府通过对原先的老旧街区进行改造或更新来满足现代城市功能、环境的需要的过程。由于拆迁政策、补偿方案等各环节都由政府主导,旧城改造也是政府主导的城镇化模式。随着旧城改造的深入,地方政府开始引入地产企业参与改造,逐渐形成了"政府引导,市场运作"的改造方式,如广州琶洲村旧城改造。

(2)城市扩展。城市扩展是指随着城市人口的增长,城市空间不断扩大,一圈一圈向周边延展,将原先并非城市范围内的土地划归城市范围内的过程。城市扩展是城市发展的必然,该模式是较为传统的城镇化模式。北京由1992年的二环发展至2009年的六环便是城市扩展的最好说明。其他城市也存在较为明显的城市扩展现象,如武汉、广州等。

(3)建设CBD。通过建设CBD的方式实现城镇化是指,在政府政策的大力支持下,对规划的区域进行征迁,通过建设CBD实现城镇化。在城镇化过程中,建设CBD是较为独特的开发模式,因为CBD可能存在于城市中心,也可能存在于城市新区或新城。其他几类城镇化模式难以将其涵盖,因此将其单列为一种城镇化模式。著名的CBD如上海陆家嘴商务中心、北京商务中心区、广州珠江新城、杭州钱江新城等。

(4)建立开发区。在地方政府主导的城镇化模式中,建立开发区的模式极具代表性。该模式是通过整合地方资源,在政策指导下于短时间内将产业、人口汇集在一起的城镇发展模式,能促使人口规模和地域空间的跳跃性增长。截至2015年9月,全国共有苏州工业园区、杭州经济技术开发区、宁波经济技术开发

---

① 在第4章里,课题组将依据研究的需要再从驱动城镇化的产业类型角度对城镇化模式进行分类。

区等 219 个国家级开发区①。

（5）建设新区或新城。建设新区或新城是指在旧城区的人口承载力不足的情况下，依据有关规划文件，在旧城区以外的地方兴建大型住宅新区或新城，形成城市副中心。由于需要民政部和国务院的审批，建设新区或新城也是典型的政府主导型的城镇化模式。杭州良渚文化村、武汉南湖新城、南京江北新区等都是我国崛起的城市新区或新城代表。

（6）乡镇产业化。乡镇产业化方式是农村就地城镇化方式的一种，是指由于在乡镇拥有工商业的就业机会或良好的社会服务和生活环境，大量农业人口在该类地区聚集，使得该地区在土地利用、建筑形式、居民服务等方面向城市靠拢。乡镇产业化主要通过复垦出大量用来招商引资的土地来进行城镇化，主要有工业型、商贸型乡镇产业化等。山东桓台县马桥镇是通过低价出让工业用地、引进工业企业，发展当地的经济来实现城镇化的，浙江义乌则是通过小商品市场的驱动来实现城镇化的。

（7）村庄产业化。村庄产业化是就地城镇化的另一种表现形式，其与乡镇产业化最大的不同在于，其不是通过出让土地来吸引投资的。此模式虽然在空间上并不表现为城市形态，但通过发展第二、第三产业，当地农民享受到了实质上的城镇化生活。我国的村庄产业化有各种不同的具体表现形式，如广东南海区的村庄自建或者合建厂房等物业，将其出租并收取租金进行城镇化开发，海南博鳌镇美雅村的乡村旅游是政府投入资金改造的，当地村民为博鳌深度游提供相关服务，如农家乐、家庭旅馆、咖啡店等，来提高收入，最终实现就地城镇化。

2.3　城镇化模式对地方政府土地财政依赖影响的实例分析

本章中，广州保利琶洲村案例、钱江新城案例、武汉南湖新区案例皆根据政府公开资料整理得到；山东淄博市桓台县马桥镇案例与广东省佛山市南海区案例经调研整理得到；苏州工业园区数据根据实地调研和管委会提供的资料，并结合新闻报道和中国指数研究院数据库土地版提供的数据整理得到。

2.3.1　旧城改造

旧城改造是指随着城市的发展，城市中部分建筑已经不能满足现代城市功能、景观等方面的要求，为集约利用土地，提高土地利用效率，对原有不符合

---

① 数据来源：中华人民共和国商务部网站，http://www.mofcom.gov.cn/xglj/kaifaqu.shtml.

城市规划的部分拆迁与重建,促使城市结构布局更加合理,城市功能更加完善。琶洲村位于广州市海珠区琶洲岛中部,珠江边上,地铁 4、8 号线在附近均有站点,地理位置较为优越。为了能在 2010 年亚运会期间向全世界展现广州市良好的城市风貌,广州市规划局在 2008 年决定对琶洲村进行旧城改造,于 2009 年以挂牌的方式进行。琶洲村改造采用了以"政府主导"和"尊重村民意愿"为原则,实行政府、村集体和企业联动,利用村集体的存量土地进行融资的改造模式。改造之前,琶洲村占地面积约为 92 万平方米,总建筑面积约为 78 万平方米,共有 2950 户约 1.3 万人(吴璇,2014)。广州市国土局将琶洲村改造项目划分为十三宗土地,其中一、三、四、五号为融资地块,其余地块为拆迁回迁地块。四宗融资地块占地面积为 40 万平方米,建筑面积达 104 万平方米,保利地产为此支付了 1.42 亿元出让价款(龙蕾,2009)。除此之外,保利地产还需支付改造成本约 47 亿元,向政府提供综合整治费用约 3 亿元,支付开发用地建设投资 117 亿元,为了保障村民能够按期回迁,保利地产以自有的 260 亿元净资产、物业作为担保(丁鑫源,2014)。改造后,琶洲村释放出的建设用地面积超过 53 万平方米,项目建成后总建筑面积约为 185 万平方米。回迁村民 2500 户约 1 万人,整个琶洲村改造项目对外销售住宅约为 6600 套,2014 年已基本售罄,琶洲村入住约 2.5 万人(菲菲,2014)。琶洲村改造前后对比分析如表 2.2 所示。

表 2.2　琶洲村改造前后对比分析

改造时段	占地面积/万平方米	建筑面积/万平方米	总户数/户	总人数/万人
改造前	92	78	2950	1.3
改造后	53	185	6600	2.5

　　通过对比分析发现,琶洲村的改造特点是大规模推倒重建。从人口变化来看,琶洲村改造前的 2950 户约 1.3 万人由农村户籍人口向城镇人口转变,同时改造后的琶洲村吸引了部分外来人口,改造后城镇人口增加到了 2.5 万人,城镇化水平上升。从土地出让来看,保利地产为琶洲村改造项目共投资约 170 亿元,其中土地出让金为 1.42 亿元,另外综合整治费用约 3 亿元,这都增加了广州市政府的土地财政收入。这只是广州市海珠区的一个旧城改造案例,对地方政府土地财政依赖度的影响有限。截至 2014 年,广州市有 304 个城中村急需改造,占地面积达 358 平方千米,相当于广州 1990 年的宅地供应量(杜娟,2014);仅 2015 年,武汉市就将实施 48 个旧城改造项目,长沙市将实施 42 个项目,北京将

改造 118 个棚户区等①。由此看来,我国正处在旧城改造的高峰期,这对我国地方政府土地财政依赖度将造成的影响不容忽视。旧城改造对土地财政仍然有一定贡献,该模式加深了地方政府土地财政依赖。

2.3.2　建设 CBD

杭州钱江新城位于杭州主城区东南部,按照规划要被建设成国际最具竞争力的世界性金融商务区,主要作为银行、保险公司、证券公司等各种金融服务机构的办公地点,以及跨国公司总部、地区总部和国际贸易总部的基地,总占地面积约 21 平方千米。杭州钱江新城的快速城镇化是由杭州市 CBD 推动的,其主要表现是钱江新城管委会积极推动土地用途转变为商服用地并实现土地出让(见表 2.3),钱江新城原有农民失地后身份向市民转变。

表 2.3　钱江新城土地出让面积以及拆迁农户统计

年份	土地出让面积/万平方米	拆迁农户/户
2011	3.22	(征地 86.67 万平方米)
2012	7.20	891
2013	9.78	436
2014	12.36	56
总计	32.56	1383

数据来源:根据中国指数研究院数据库土地版,《钱江新城 2011 年工作总结以及 2012 工作计划》《钱江新城 2012 年工作总结以及 2013 工作计划》《钱江新城 2013 年工作总结以及 2014 工作计划》和《钱江新城 2014 年工作总结以及 2015 工作计划》整理得到。

杭州钱江新城只是全国众多通过建设 CBD 推动城镇化案例中的一个代表。建设 CBD 驱动的城镇化模式也会加深地方政府土地财政依赖。

2.3.3　城市扩展

城市扩展是我国很多地区城镇化的重要空间表现形式。以北京市为例,截至 2014 年末,北京常住人口达到 2151.6 万人,呈现出由二、三环内不断向四环外迁移的特征,五环外常住人口数超过 1097.9 万人,约占全市总人口的 51%。这表明,在北京市城市建成区面积扩大的过程中,北京市人口有外移的倾向,北京建成区面积变化如表 2.4 所示。

---

① 根据各地搜房网数据整理得到。

表 2.4　北京市建成区面积

年份	建成区面积/平方千米
2000	490.11
2005	1200.00
2010	1289.30
2013	1306.00

数据来源:历年《北京统计年鉴》。

　　北京在城市扩展过程中,城市建成区面积不断增加,农民的集体土地纳入城市范围,这便形成了我国现在数量众多、急需改善的城中村或棚户区。城中村或棚户区可通过旧城改造变为城市中新的大型住宅区,如北京市昌平区回龙观、房山区长阳站 7 号地块,另外也有部分城中村或棚户区通过征迁挂牌出让给房地产企业建造城市商业综合体,成为城市 CBD 的一部分。由此可知,城市扩展并不能直接让农村人口变为城镇居民,需通过旧城改造或建设 CBD 的方式实现城镇化。由前文的分析可知,旧城改造与建设 CBD 都会增加地方政府的土地财政收入,从而导致地方政府对土地财政的依赖,因此以城市扩展方式实现的城镇化也会加深土地财政依赖度。

2.3.4　建设开发区

　　改革开放以来,我国很多地区都出现了通过建设工业园区来推动城镇化发展的模式,苏州工业园区便是其中的一个典型代表。苏州工业园区是 1994 年国务院批准设立的中外合资项目,规划面积为 278 平方千米(含中新合作区 80 平方千米),2014 年常住人口约 78.1 万人,地区生产总值 2001 亿元,财政预算收入 228 亿元,城镇人均可支配收入 5.35 万元。园区以占苏州市 3.4% 的土地、7.4% 的人口创造了约 15% 的经济总量(赵竹建,2015),连续多年位于"中国城市最具竞争力开发区"榜首。苏州工业园区的城镇化是由工业化的发展带动的,主要表现在出让大量的工业土地,以此来带动经济社会的发展,促进城市的发展,苏州工业园区 2007—2014 年土地出让情况如图 2.2 所示。

　　由图 2.2 可知,2009—2013 年,苏州工业园区工业用地出让宗数占总出让宗数的比例维持在 60% 以上,只有 2014 年下降至 40.48%;2009—2014 年间,工业用地出让面积占比最小为 2014 年的 27.47%,最大为 2011 年的 66.79%;工业用地出让面积在 2010 年最大,为 319.87 公顷,并在 2010—2014 年逐年减少。苏州工业园区工业土地出让宗数占比仍然较大,表明工业发展仍然是苏州工业园区发展的基础。同时工业用地出让面积及其占比在 2009—2013 年间走势呈现很明显的倒

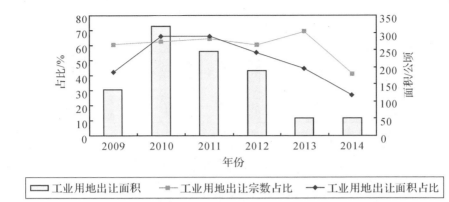

图 2.2　苏州工业园区 2007—2014 年土地出让情况
（数据来源：苏州工业园区经济运行报告。）

U 形结构，表明苏州工业园区的工业化程度已经处在较高的水平，园区土地出让逐渐向非工业用地出让偏移。这与城镇化滞后于工业化，工业化带动城镇化发展的结论一致。苏州工业园区占用、出让大量工业土地导致大量农民的住房以及企业被拆迁，大量失地农民进入城市，由农民转变为城市居民（见表 2.5），原有企事业单位则搬迁他处。这表明，苏州工业园区的发展是促进城镇化的一种模式，这种模式由于包含大量土地出让活动，加深了地方政府土地财政依赖度，苏州工业园区户籍人口数量与地方政府土地财政依赖度变化趋势如图 2.3 所示。

表 2.5　2009—2013 年苏州工业园区拆迁情况

年份	拆迁民房/户	动迁单位/家	拆除面积/平方米	户籍人口/万人
2009	1657	649	108.00	33.94
2010	613	587	40.13	35.49
2011	272	55	15.87	37.23
2012	996	92	25.32	39.17
2013	1054	108	31.70	41.31

数据来源：苏州工业园区经济运行报告。

由图 2.3 可以看出，2003—2014 年间，苏州工业园区的户籍人口数量逐步上升，地方政府土地财政依赖度总体上则经历了先升后降两个阶段。第一阶段发生在 2006 年之前，园区出让大量土地使得土地财政依赖度逐步上升，2006 年土地财政依赖度达到了最大值，为 176.93%；第二阶段发生在 2007 年后，这一阶段土地财政依赖度逐步下降，2014 年达到了最小值，为 32.04%。地方政府土地财政依赖度经历了下降的过程，可能的原因是工业园区企业缴纳的税起到了

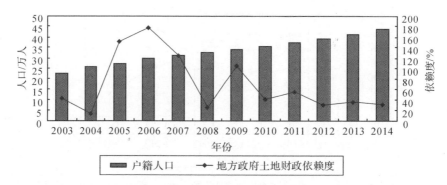

图 2.3　苏州工业园区户籍人口数量与地方政府土地财政依赖度变化趋势

　　（数据来源：户籍人口数据来源于苏州工业园区经济运行报告；地方政府土地财政依赖度数据依据历年苏州工业园区经济运行报告中公共财政一般预算收入与中国指数研究院数据库土地出让金额数据计算所得。）

较大的替代土地出让收入的作用，但是 2014 年苏州工业园区土地财政依赖度仍有 32.04％，维持在较高水平。

　　苏州工业园区并非我国开发区建设的个案。截至 2015 年 9 月，仅商务部网站上公布的国家级经济技术开发区就达到了 219 个，科技部官方网站上公布了 129 个国家级高新技术产业开发区，在不统计省级、市级、县级两类开发区的情况下，国家级两类开发区已有 348 个。

　　由对苏州工业园区的分析可知，建设开发区的城镇化模式会促使地方政府土地财政依赖度增加，在我国建设众多种类开发区的趋势下，地方政府会更加依赖土地财政收入。

2.3.5　建设城市新区或新城

　　建设城市新区或新城是指在旧城区不能满足人口承载力的情况下，依据城市发展规划，在旧城区以外的地方兴建大型住宅新区，形成城市副中心或者城市新区，以满足城市发展过程中的人口承载力要求。武汉南湖片区位于武汉市武昌区南湖边，片区内景观资源丰富，高校林立，是武汉市近些年来房地产开发的热点区域。2004 年，南湖新城作为武汉市的城市副中心的规划通过了武汉市规划局专家的评审。南湖新城规划面积为 1310 公顷，预计到 2020 年将容纳居民 30 万人。自 2007 年起，南湖片区配套设施逐渐齐全，区域人口承载力逐渐增强。据统计，2008 年南湖片区人口不足 10 万，2010 年时突破 20 万，2014 年已经达到 30 万（肖雯静，2015）。在土地出让方面，南湖片区 2008 年以来已出让 23 宗土地，2008—2011 年南湖片区土地出让面积、成交金额以及土地财政依赖度变动情况如表 2.6 所示。

表 2.6　2008—2011 年南湖片区土地出让及土地财政依赖度情况

年份	出让面积/公顷	成交金额/亿元	土地财政依赖度/％
2008	3.52	1.08	12.22
2009	14.28	10.07	89.85
2010	64.78	31.70	263.43
2011	7.54	5.98	23.31
2012	5.33	8.86	27.28
2013	9.35	8.26	22.51

数据来源:土地出让面积、成交金额根据中国指数研究院土地数据库南湖片区土地出让整理所得。洪山区地方财政收入来于历年《武汉统计年鉴》。土地财政依赖度依据土地出让金额与武汉市洪山区地方财政收入比值计算所得。

注:由于南湖片区地方财政收入难以统计,此处地方政府土地财政依赖度根据南湖片区土地出让金额以及洪山区地方财政收入所得。

2009 年和 2010 年是南湖片区土地出让高峰期。这是因为武汉市政府自 2007 年出台了将主城区人口分流至南湖新城的规划后,便通过出让大量住宅用地获得巨额资金用于南湖片区的基础设施建设。21 世纪初南湖地区还是一块未被开发的荒地,经过十多年的发展,到 2014 年,几十家地产公司 30 多个楼盘相继落户南湖片区(何卉,2014),南湖俨然已成为武昌规模最大的居住组团之一。南湖新城的发展是武汉市城市发展的必然结果,其主要是通过武汉市政府对核心城区外的南湖片区进行规划建设,拆迁获得大量土地,失地农民回迁安置实现城镇化的,同时还将主城区以及外来务工人员导入南湖片区,使得南湖片区快速城镇化,这种建设大型住宅新区推动城镇化的模式也是我国较多城市在发展过程中常常采用的。南湖片区的建设是基于大规模土地出让的,自 2008 年共成交了 23 宗土地。截至 2015 年,南湖新城已经新建了 35 个住宅小区,承载了近 30 万人,起到了分流武汉主城区人口的作用。但南湖新城人口增加的同时,地方政府通过出让大量土地投资建设住宅配套设施,使得南湖片区的城镇化加深了其土地财政依赖度。

随着城市的发展,我国城市新区也快速发展,基本上各城市都会规划 3～4 个城市新区或新城。武汉新兴住宅区有盘龙城、后湖、光谷、四新、白沙洲新城等;杭州的新区有良渚文化村、广厦天都城、丁桥大型居住区、临平新城等。同时许多县也在建设新区或新城,如黄冈市蕲春县城南新城、浙江淳安县千岛湖高铁新区等。我国许多地方都在新建大型住宅新区,而通过南湖新城的建设可以看出,建设新区或新城会加深地方政府土地财政依赖度。

2.3.6 乡镇产业化

乡镇产业化是在乡镇区域培育产业,如工业生产、商贸等,促使农民就地城镇化,并由第一产业工作者向第二、三产业工作者转变的过程。在此以马桥镇通过土地招商引资发展工业的城镇化模式为例(崔伟康,2012;孙仁杰,2010;张琳等,2011;郁志君,2013)。马桥镇是山东淄博市桓台县的一个小镇,位于桓台、邹平、高青三县交界处,面积79.12平方千米,辖52个行政村,常住人口5.8万人。马桥镇将两个或者两个以上的自然村或行政村进行统一规划,组建新的农民居住社区,用复垦出来的多余土地进行招商引资,通过集约、节约用地,调整、优化产业结构,发展农村第二、三产业,促进农民就地就近转移就业,加快缩小城乡差距,让农民享受到跟城市居民一样的公共服务。在土地利用方面,马桥镇镇聘请省城乡规划院,着眼全镇进行了统一的规划,将27个村44.96平方千米全部纳入规划范围。规划了组团居住区、工业集中区、文化商贸区、生态保护区、农业主产区等五大功能区,并将产业向工业区集中,人口向居住区集中。规划前,27个村宅基地有9.33平方千米,户均1000平方米,规划后,四个小区占地面积仅为0.27平方千米,腾空土地近7.00平方千米,不仅节约了土地资源,同时也为工业发展提供了土地。在土地出让方面,马桥镇主要通过低价出让工业用地进行招商引资,2011—2014年马桥镇共出让了5宗工业用地,出让面积为75.99公顷,出让金额约为2.75亿元,根据《桓台县统计年鉴》中马桥镇地方财政收入计算得到的2011—2014年马桥镇土地财政依赖度表明,随着土地出让面积与出让金额的增长,土地财政依赖度也增长(见表2.7),这说明马桥镇的工业用地出让使得其土地财政依赖度增加。

表 2.7 2011—2014 年马桥镇土地出让及土地财政依赖度情况

年份	土地出让面积/公顷	成交金额/万元	土地财政依赖度/%
2011	6.67	1450	4.35
2012	19.99	6051	19.51
2013	48.32	19580	45.53
2014	1.01	410	8.20

数据来源:马桥镇历年工业用地出让数据来源于中国指数研究院数据库;土地财政依赖度依据中国指数研究院数据库所得的工业用地出让收入数据与《桓台县统计年鉴》中马桥镇地方财政收入的比值计算所得。

由于出让价格较低,工业土地出让并不能成为马桥镇城镇化建设资金的主要来源。马桥镇城镇化建设资金主要来源于当地企业的税收收入。截至2014年,马桥镇有销售收入超百亿的金城石化集团和著名的山东博汇集团,这两大企业带动了当地个体私营经济与服务业的发展,全镇有近百家个体私营企业为其提供配套服务,又带动了 1500 余家运输、餐饮等服务业的个体工商户。它们都为马桥镇的财政收入做出了重大贡献。2007 年,马桥镇销售收入达 200 亿元,缴税 7.8 亿元,地方财政收入 2.4 亿元;2012 年,全镇销售收入 520 亿元,缴税 9亿元,地方财政收入 3.1 亿元。城镇化建设方面,工业企业的发展使农村劳动力加快了向非农产业转移的步伐,进一步拓宽了农民增收渠道,截至 2014 年,全镇二、三产业从业人员约 1.6 万人,全镇 80％以上的农村劳动力转移到了二、三产业,实现了充分就业,同时镇政府在获得了大量税收后,进行了许多城镇化基础设施建设,使农民就地享受到跟城市居民一样的公共服务。马桥镇曾经经济较为落后,但在小城镇建设方面走出了"马桥模式",由此经济取得了长足的发展,获得了淄博市、桓台县纳税第一镇和全国重点镇的称号。

马桥镇通过对农村土地的重新规划与腾空复垦获得了大量的土地用于城镇化发展,这不仅解决了新型城镇化发展中最基本的土地问题,还通过低价出让工业用地招商引资,吸引了工业企业入驻,拉动了当地经济的发展,同时工业企业需向政府纳税,这成为地方政府进行城镇化建设的资金来源。但低价出让工业用地的现象,对地方政府土地财政依赖度造成了一定的影响。乡镇产业化并不是个例,这一模式广泛存在于我国新农村建设中,如工业型小镇山东省德州市房寺镇、河北省涿州市松林店镇,商贸型小镇云南省临沧市勐捧镇等。在这一模式下,农民就地城镇化,实现了城镇化水平的提高,然而在城镇化过程中,仍然存在着土地出让的情况,故这一模式会加深地方政府土地财政依赖度。

2.3.7　村庄产业化

村庄产业化是农民就地城镇化模式的一种,是指在村庄中形成一定的产业链,促使农民就地城镇化。在此以广东佛山南海区的农民自建物业出租模式,以及海南琼海市美雅村的乡村旅游模式为例。

(1)广东佛山南海区农民自建物业出租模式(王权典等,2013;刘宪法,2010;唐常春等,2007;李慧君,2011)

农民自建物业出租模式是指村集体、农民以及社会资本成立股份合作组织修建厂房,再将厂房出租给工业企业,村民出资入股,凭股权获得土地增值收益的一种城镇化模式。这一土地开发利用模式主要存在于佛山南海区,南海区是广东省土地改革中有名的"南海模式"的发源地,也是 2015 年确定的全国 33 个农村土地改革试点地区之一。南海区位于佛山市珠江三角洲腹地,土地面积1073.8 平方千米,2010 年总人口 258.88 万人。改革开放以来,南海经济迅速发展,民营经济突飞猛进。2005 年,南海位居全国百强县(市)第六名,经济发展已进入工业化中期阶段的后期。2014 年,南海已在全国百强区中位列第二。

南海区是我国探索集体建设用地流转较早的地区之一。1992 年,南海开始试行土地股份制,即以村为单位将集体土地折算成股份,在此基础上成立股份合作组织,然后合作组织直接将土地出租或者引入社会资本修建工业厂房再出租,而村民通过出资入股,凭股权享受土地增值收益,农民自建物业开发模式如图 2.4 所示。物业建设过程由村集体、村民和社会投资者多个主体参与,形成多元合作的联合开发形式。一般是由开发主体共同出资成立股份开发公司,以开发公司的名义向村集体租用集体土地建设物业,再将物业出租/出让给企业或个人使用,开发公司则按股份比例将红利分配给各投资主体。当集体土地的租赁期限届满时,开发公司可以继续承租土地经营物业,也可以解散公司将集体土地连同地上物业一起返还给村集体。这种方便快捷的土地与厂房供应方式吸引了大量企业,迅速促进了南海的城镇化与工业化。南海土地股份制使得仅限于农业用途的土地延伸出了非农功能,农民还可凭借股权获得土地所带来的增值收益,收入显著提高。

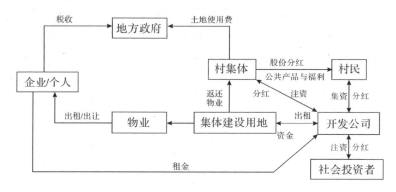

图 2.4　农民自建物业开发模式

2007 年,南海区村社两级可支配收入为 38.19 亿元,其中村集体直接从 240.79 平方千米的经营性建设用地中获得了 2356 亿元租金收入,占村集体可支配收入的 61.69%,平均每 666.7 平方米地收入 6523 元,远高于农用地每 666.7 平方米 1000 元的收入水平。截至 2012 年底,南海区工业总产值为 4226 亿元,集体建设用地占工业用地的比例达 50% 以上。南海区农村居民人均纯收入 2008 年为 1.1 万元,2012 年增加至 1.7 万元;投资主体人均分红 2008 年为 2347 元,2013 年增加至 3516 元。在一些村庄,投资主体每年人均能拿到数万元分红,土地和物业租金收益成为集体经济和村民收入的重要组成部分。

自建物业出租模式实现了城镇化与工业化的同步发展,以工业经济的繁荣促进了当地农民生活水平的提高。南海模式是一种重要的发展模式,它避开了政府征地用于出让的模式,农民通过出租自建物业获取租金收益。因此,该城镇化模式并不会加深土地财政依赖度。

(2)海南琼海市美雅村乡村旅游模式(吴婷婷,2014;周霖华,2015;陈伟光,2015;王进叶等,2014)

乡村旅游产业化是指为顺应我国休闲产业的发展,在原有乡村特色旅游的基础上,兴办农家乐、乡村风情旅馆等来吸引游客,促进当地农民就业和提高其收入水平,从而达到就地城镇化目的的城镇化模式。美雅村位于琼海市博鳌镇,占地面积约 8 万平方米,全村共有 28 户 132 人。为配合博鳌深度游项目的推进,提高村庄旅游服务的功能,2012 年,琼海市市政府在"不砍树、不拆房、不占田、就地城镇化"的原则下,投资 2000 万元对博鳌镇 5 个特色村庄进行连片改造,改造过程中充分保留村庄原有样貌,对其基础设施进行了统一规划和改造,将城镇功能充分融入各村庄之中,美雅村就是这次改造的主要对象。改造前的美雅村虽然紧邻博鳌亚洲论坛会址,自然环境较好,但村庄存在严重的脏乱差现象。美雅村村民中有 20 户以种植水稻、槟榔为生,人均收入为 2000 元,另外 8 户则种植蔬菜,如青椒等,人均收入为 6000 元。改造后的美雅村作为博鳌乡村公园的一部分,以郊野公园、旅游景区、特色风情园等形式,与城市发展紧密相连,成为博鳌旅游的必游景点。同时,当地村民联合推出的农家乐、乡村风情旅馆、乡间自行车游车道吸引了众多游客,年接待游客数量达到 100 万人次。当地村民完成了由从事农业种植到提供旅游服务的转变,有 8 户合办了一家月营业额超过 20 万元的农家乐,解决了 30 名村民的就业问题,同时还有 3 户开办了家庭旅馆,户均月收入超过 1 万元。美雅村改造前后的变化情况如表 2.8 所示。

表 2.8 美雅村改造前后变化情况

改造时段	村庄变化	收入来源	收入水平
改造前	自然风景良好,但脏乱差	种植水稻、槟榔、蔬菜等	2000 元/人(水稻、槟榔)、6000 元/人(青椒)
改造后	田园城市	旅游相关产业,如农家乐、家庭旅馆等	25000 元/户(农家乐)、10000 元/户(家庭旅馆)

从表 2.8 的对比分析中可知,美雅村借助博鳌论坛的影响效应,将乡村开发成为田园城市,实现了博鳌深度游的目的。美雅村的产业由种植业向旅游相关产业转变,促使第三产业成为支柱产业,村民也享受到了旅游开发的利益,实现了"有就业、有工资、有分红"。

美雅村并不是通过花重金来打造乡村旅游景点,也不是通过乡村旅游的方式复垦出土地用于旅游开发。在不征地拆迁、不破坏原有自然环境的基础上,通过完善村里的基础设施,如用古枯木、珊瑚、瓦罐、老式农具等点缀乡村小道,将田园景色与休闲设施相结合,利用原有自然环境与博鳌论坛的影响效应,成立了农民合作社进行乡村旅游项目的开发,实现了农民就地城镇化。因此,美雅村通过乡村旅游的方式实现农民就地城镇化并不会加深地方政府土地财政依赖度。

2.4 基于地方政府土地财政依赖的城镇化模式分类

依据是否加深地方政府土地财政依赖度,我们对七类城镇化模式再进行划分,由此可分为主流城镇化模式和非主流城镇化模式(见图 2.5)。主流城镇化

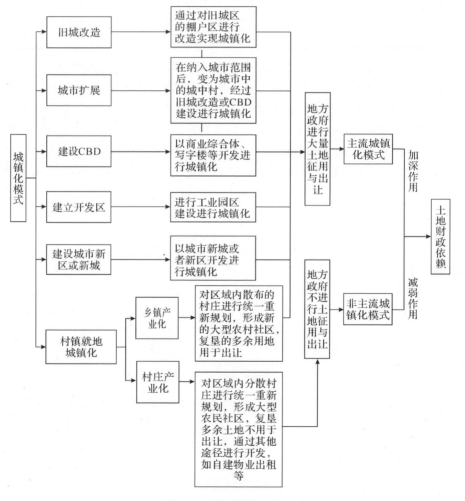

图 2.5 城镇化模式分类

模式对地方政府土地财政依赖度具有加深作用,而非主流城镇化模式对地方政府土地财政依赖度具有减轻效果。

2.4.1　主流城镇化模式

主流城镇化模式的主要特征是政府主导且有土地财政行为的城镇化。它又可分为农民就地城镇化与拆迁失地农民进城实现异地城镇化两种模式。主流城镇化模式包括旧城改造、建设 CBD、城市扩展、建设开发区、建设城市新区或新城、乡镇产业化等六类。

(1)旧城改造主要是指对城中村进行拆迁改造,是市级或区级政府推动的城镇化模式。本章对我国旧城改造过程中的典型案例——保利改造琶洲村进行了分析,旧城改造由于存在农民拆迁,同时伴随着大量土地出让,会促使地方政府土地财政依赖度的增加,故属于主流城镇化模式。

(2)建设 CBD 是由市级政府推动、企业参与,通过建设 CBD 实现城镇化的模式,主要发生在城市内部、新区或新城、开发区内部。杭州市钱江新城是建设 CBD 推动城镇化模式的一个典型代表,但钱江新城主要是通过征迁农民土地、出让大量商业服务土地进行 CBD 建设的,这种模式由于存在征迁与土地出让,会加深地方政府土地财政依赖度,故属于主流城镇化模式。

(3)城市扩展是在城市不断发展过程中出现的常见扩张模式,通常表现为城市一圈一圈地延展,是由市级政府推动的城镇化模式,主要发生在城市内部。本章案例中的北京便是在这种模式下不断外扩的。在外扩的过程中,原本不属于城市范围的地方变为城市内部空间的城中村或棚户区,后期再通过建设 CBD 或者旧城改造的方式来实现城镇化。然而,建设 CBD 和旧城改造这两种模式都会加深地方政府土地财政依赖度,故通过城市扩展实现的城镇化也会加深地方政府土地财政依赖度,属于主流城镇化模式。

(4)建设开发区是指拆迁出让大量工业用地用于工业企业的经营与发展,是由国务院、省级或市级政府推动的城镇化模式,发生在城市郊区。本章案例中的苏州工业园区通过拆迁农民的房屋土地来获得大量用于出让的工业土地。大量工业土地的出让导致地方政府土地出让收入的增加,故建设开发区推动的城镇化模式会加深地方政府土地财政依赖度,属于主流城镇化模式。

(5)建设城市新区或新城主要通过规划新区或新城来实现对主城区人口的分流,该模式是由国务院或者市级政府推动的,发生在城市郊区。本章案例中的南湖新城由于对农民土地进行了征迁,同时进行了大量的土地出让活动,加深了武汉市地方政府土地财政依赖度,可以由此看出这种城镇化属于主流城镇化模式。

(6)乡镇产业化是农民就地城镇化模式的一种,通过将几个村庄重新进行规划形成大的住宅区,多余的土地用于招商引资,该模式是由市、县、乡级政府推动的,发生在乡镇内或村庄内。马桥镇是该模式的典型代表,其通过低价出让或出租土地的方法来吸引投资。这种模式由于存在土地出让或出租的情况,故会加深地方政府土地财政依赖度,属于主流城镇化模式。

这六类城镇化模式皆使得地方政府更加依赖于土地财政,故均被归为主流城镇化模式。它们是我国推进城镇化过程中普遍存在的城镇化模式。

2.4.2　非主流城镇化模式

非主流城镇化模式主要是指不存在政府出让土地情况,但也实现了城镇化的模式,在本章中主要是指通过村庄产业化实现的城镇化。村庄产业化是农民就地城镇化的一种,是由村委会或农民推动的,发生在我国村庄内部的城镇化模式,以南海区自建物业出租和美雅村乡村旅游为代表案例。

(1)南海区用农民以及社会外来资金入股,建造物业用于出租获取的租金,来代替土地出让收入,这一模式是我国城镇化模式的一种创新。与乡镇产业化的区别在于,南海模式下建造的物业大都是工业厂房等,主要将其出租给工业企业,而乡镇产业化是通过重新规划土地并自建住宅,将复垦出来的多余用地用于工业企业开发。由于南海模式通过出租物业获得租金,并不涉及土地出让收入,故被归为非主流城镇化模式。

(2)美雅村乡村旅游是借助博鳌论坛的影响力,对海南博鳌旅游的深化。在政府投入资金对基础设施进行修葺的基础上,当地村民以开办农家乐、咖啡馆、乡村旅馆的形式提高了收入水平,在美雅村享受到了城镇化的待遇,美雅村实现了农民就地城镇化。该模式由于并没有通过出让大量土地来获取城镇化启动资金,故被归为非主流城镇化模式。

非主流城镇化不涉及土地出让收入,故该模式对地方政府土地财政依赖有一定的减轻作用,是一种新的对未来城镇化模式的探索。

2.4.3　主流与非主流城镇化模式的对比

在两种类别下,以七类城镇化模式的特点、推动力量、推进方式、发生区位、城镇化过程中是否存在土地出让、城镇化资金来源,以及城镇化过程中人口增长与拆迁情况为标准,对它们进行系统的比较分析,结果如表2.9所示。

表 2.9　七种城镇化模式的比较分析

模式	特点	推动力量	推进方式	发生区位	土地出让	资金来源	人口增长与拆迁情况	类别
旧城改造	对城市中城中村进行改造,以符合现代城市居住要求	市级、区级政府	自上而下	城市内部	出让大量住宅用地	出让住宅用地获得财政收入	城镇人口实现增长,拆迁农民就地安置	
建设CBD	出让大量商住用地用于建设城市商业中心,失地农民入城	市级政府	自上而下	城市内部、新区、开发区内	出让大量商住用地	出让商服用地获得财政收入	城镇人口实现增长,拆迁农民进城	
城市扩展	为满足老城区人口承载力要求,城市外扩,通过旧城改造或建设CBD实现城镇化	市级政府	双向	城市内部	出让经营性土地	出让经营用地获得财政收入	城镇人口实现增长,拆迁农民就地安置	
建设开发区	拆迁大量土地,出让给工业企业厂房建设,失地农民进城	国务院、省市级政府	自上而下	城市郊区	出让大量工业用地	出让工业用地获得财政收入	城镇人口实现增长,拆迁农民进城	主流城镇化
建设城市新区或新城	为满足城市承载力要求而规划住宅新区,地方政府出让住宅用地用于城镇化建设	国务院、市级政府	自上而下	城市郊区	出让大量住宅用地	出让住宅用地获得财政收入	城镇人口增长,拆迁农民就地安置或进城	
乡镇产业化	对各村重新规划形成居住社区,多余土地用于招商引资等建设,并解决就业问题	市、县、乡级政府	双向	乡镇、村	出让、出租土地	土地出让收入、税收收入	城镇人口增长,重新规划后农民就地安置	
村庄产业化	农民在宅基地上通过引入资金自建工业厂房等出租给工业企业	村委会或农民	自下而上	村庄	不出让土地	物业出租租金收入	城镇人口实现增长,农民就地安置	非主流城镇化

27

2.5 小 结

依据某种城镇化模式对地方政府土地财政依赖度是否有加深作用,本章将李强等(2012)提出的七种城镇化模式归结为主流城镇化模式与非主流城镇化模式。主流城镇化模式存在大量土地征迁的情况,政府进行土地出让以维持财政收支,导致地方政府土地财政依赖度的加深,而非主流城镇化模式不包含大量的土地出让活动,对政府土地出让收入没有直接的贡献,不会加深地方政府的土地财政依赖度。从城镇化模式空间布局来看,主流城镇化模式广泛存在于我国城镇化进程中,而非主流城镇化模式则主要是在村庄的试点,作为主流城镇化的一种路径补充而存在。城镇化模式对地方政府土地财政依赖影响净效应取决于二者的累计效应之和。

城镇化模式是在促进还是减弱地方政府土地财政依赖性,是我们要研究的问题。在此,我们假设主流城镇化模式起主导作用,非主流城镇化模式的作用较小,即从整体上看,我国当前的城镇化模式仍然在加深地方政府的土地财政依赖度。

参考文献

陈伟光,2015.海南琼海就地城镇化:不砍树、不拆房、不占田[N].人民日报,2015-03-26.

崔伟康,2012.山东省经济发达镇改革进展掠影[J].机构与行政(4):7-10.

丁鑫源,2014.城中村改造新常态,开发商主导下的琶洲模式[N].网易房产,2014-12-25.

杜娟,2014.广州3年投100亿整治304条城中村[N].广州日报,2014-05-06.

菲菲,2014.广州政企联合旧改样本:保利琶洲模式如何实现"帕累托改进"[EB/OL].(2014-12-29)[2015-03-12].http://money.163.com/14/1229/04/AEJTGNUS00253B0H.html♯from=keyscan.

何卉,2014.南湖片:雄楚大道品牌房企扎堆 沿线房价"东低西高"[EB/OL].(2014-02-27)[2015-03-12].http://house.fdc.com.cn/pqdg/643037.shtml.

李慧君,2011.南海模式的升级与变迁[N].南方日报,2011-08-26.

李强,陈宇琳,刘精明,2012.中国城镇化"推进模式"研究[J].中国社会科学(7):82-100.

刘俊杰,2015.土地财政与土地金融规模估算及互动机制研究[D].杭州:浙江财经大学.

刘宪法,2010."南海模式"的形成、演变与结局[C].中国制度变迁的案例研究.

龙蕾,2009.保利改造琶洲村有优势,总部在琶洲可连片开发[N].广州日报,
　　2009-10-30.

骆祖春,2012.中国土地财政问题研究[D].南京:南京大学.

孙仁杰,2010.山东快速城市化地区村镇住区规划设计研究[D].济南:山东
　　大学.

谭一鸣,程如,刑思齐,2015.我国城镇化与土地财政相互作用机制探讨[J].现代
　　经济信息(9):3-4.

唐常春,陈烈,王爱民,等,2007.快速工业化区域土地利用变迁机制研究:发展模
　　式视角:以佛山市南海区为例[J].热带地理(1):49-53.

王进叶,陈谊娜,2014.长出来的城镇化:琼海市"三不一就地"城镇化样本调查
　　[J].海南内参(10).

王权典,陈利根,2013.土地股份合作的法经济学分析与实践规制检讨:以广东南
　　海模式为例[J].农村经济(2):32-37.

吴婷婷,2014.乡村旅游发展"琼海模式"值得点赞[EB/OL].(2014-06-10)[2015-
　　03-20].http://www.haikoutour.gov.cninfonews_view.asp?ArticleID=23551.

吴璇,2014.琶洲会展中心未来将25分钟到机场[N].新快报,2014-06-20.

肖雯静,2015.南湖片:房价翻三倍逼近万元线 吓跑刚需改走高端路线[EB/
　　OL].(2015-06-26)[2015-07-10].http://house.fdc.com.cn/pqdg/719828.
　　shtml.

郐志君,2013.马桥模式引领现代化小城镇建设[EB/OL].(2013-06-21)[2015-
　　05-21].http://sd.sdnews.com.cn/yw/201306/t20130621_1253180.htm.

张琳,张昕艺,2011.山东桓台县马桥镇农村土地整治模式探析[J].城市建设理
　　论研究(电子版)(28):1-3.

赵竹建,2015.苏州工业园概况[EB/OL].(2015-06-29)[2015-07-14].http://
　　www.jiaodong.net/news/system/2015/06/29/012770695.shtml.

周霖华,2015.琼海模式为何成为全国典范? 揭开美丽乡村的奥秘[N].
　　(2015-08-21)[2015-07-07].http://boao.leju.com/news/2015/08-24/
　　0859604138297436333971.shtml.

第3章　城镇化水平对地方政府土地财政依赖的影响:实证检验

3.1　城镇化水平对地方政府土地财政依赖影响的经验证据

在城镇化过程中,土地对城市经济增长的作用主要取决于土地的资本化,其作用表现为政府征用并出让国有土地,从而获得巨额土地出让收入,以此方式融资来支持城镇化。因此,从逻辑关系上看,城镇化水平与地方政府土地财政依赖之间应存在典型的统计相关关系。2000—2013 年我国城镇化水平与地方政府土地财政依赖度的变动趋势如图 3.1 所示。

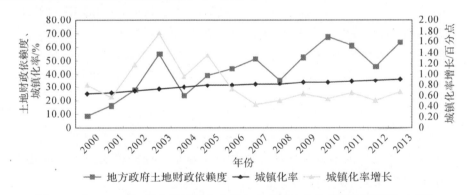

图 3.1　2000—2013 年我国城镇化水平与地方政府土地财政依赖度变动趋势
(数据来源:根据《中国统计年鉴》和《中国国土资源统计年鉴》中的数据计算得到。)

3.2　指标选取、数据来源和模型假设

3.2.1　指标选取

(1)解释变量

本章中解释变量为城镇化,城镇化是指农村人口向城市聚集和农村变为城

市的过程。目前城镇化的主要衡量标准为人口城镇化，使用较多的有两种计量方法：①城镇人口占总人口的比例；②非农业人口占总人口的比例。计量方法①是美国地理学家雷·诺瑟姆（Ray Northam）提出的城镇人口指标法，即用某个国家或地区的城镇人口占总人口的比例来衡量该国或地区的城镇化水平。依据我国统计局的标准，城镇人口指在城镇范围内居住的全部常住人口；常住人口指实际经常居住在某地区超过一定时间（半年以上，含半年）的人口，故城镇人口指标中实际上包含了数量庞大的但并未拥有城市户籍的农民工群体，2000—2013年我国非农业人口、城镇人口占总人口的比例折线图如图 3.2 所示。

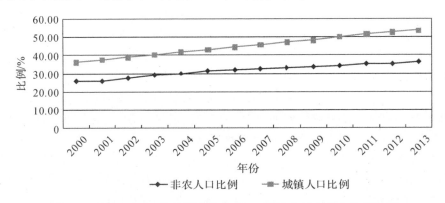

图 3.2　2000—2013 年我国非农业人口、城镇人口占总人口的比例

（数据来源：城镇人口、总人口数据来源于历年《中国统计年鉴》，非农业人口数据来源于历年《中国人口统计年鉴》。）

由图 3.2 可以看出，非农业人口比例与城镇人口比例变化趋势基本一致，两者的相关程度很高。另外，中国城镇人口的确切数据只有在人口普查年份才能得到，其他非人口普查年份的数据则由国家统计局根据人口抽样调查结果推算得到，然而全国各地区由于统计程序上的困难，在非人口普查年份往往不统计城镇人口这一指标。1949 年以后，我国采用的是城乡二元户籍制度，把总人口分为非农业人口和农业人口两类。该指标一直沿用到现在，在数据统计上具有连续性，而且其中的非农业人口更接近于真正意义上的城镇人口——住在市镇范围内，从事非农业生产，拥有城市户籍，享有正常的市民权利和福利待遇，因此更能够反映当前中国真实的人口城镇化水平，也更符合本章所要研究的城镇化内涵。考虑到以上原因，本章考虑用计量方法②，以非农业人口替代城镇人口，来研究各地区的城镇化水平，并用各市的非农业人口与户籍总人口的比值表示城镇化水平，符号为 U。

（2）被解释变量

被解释变量是土地财政依赖度，根据前文的讨论，土地财政的发展模式是地方政府先低价征用农村集体土地,将其变为国有,然后通过招拍挂的方式获取巨额土地出让金收入。近年来,我国土地出让收入直线飙升,耕地占用税和城市土地使用税等与土地直接相关的税费数额却较小,对整体土地财政收入的影响甚微;而且间接税收效应产生的土地收入和抵押土地获得的融资收入数据很难获取。故此处选取土地出让金作为衡量土地财政的指标,以各市土地出让收入与地方政府财政一般预算收入的比值表示各市的土地财政依赖度,符号为 D。

(3)控制变量

一般认为,国内生产总值(gross domestic product,GDP)指向的官员考核制度、经济发展水平、改革后的分税制、我国的土地制度、工业化、第三产业比重等都是影响地方政府土地财政依赖程度的重要因素。由于数据的不可得性等原因,本章重点选取了唯 GDP 指向的官员考核制度、分税制后财政压力、第三产业增加值的比重作为城镇化影响土地财政依赖度的控制变量。有学者利用时间序列模型,用量化的方式验证了地方政府财政压力、GDP 锦标赛以及土地相关制度都是地方政府土地财政依赖的成因(杨娟娟,2013)。在此将 GDP 增长率作为唯 GDP 论的指标,用 G 表示。在地方政府财政压力方面,有学者认为土地财政主要是因为分税制改革之后地方政府的财权与事权不匹配所引起的(程瑶,2009),在此将地方政府预算内收入与地方政府预算内支出的比例作为分税制后财政压力的指标,用 S 表示。一般情况下,地方政府预算内收入与支出应该是相关的:若收入与支出的比值增大,收入大于支出,说明地方财政压力较小;若收入与支出的比值减小,说明地方政府的财政缺口较大,财政压力较大。此外,第三产业比重、工业化水平、GDP 增长率、财政自给率等都是影响土地财政的重要因素,其中第三产业比重增长可能是土地出让收入增长的源泉,这是因为服务业的发展所带来的商业用地需求增长,促使土地出让收入随之增长。在此以第三产业增加值与 GDP 的比值作为表示第三产业比重 FW 的指标。

3.2.2　数据来源

本章利用 2000—2013 年 26 个省会城市及 4 个直辖市的面板数据来研究城镇化与土地财政依赖度之间的关系。其中,非农业人口、地方政府预算内收入以及支出数据来源于各省市历年统计年鉴;土地出让收入数据来自 2001—2014 年《中国国土资源统计年鉴》;各市的 GDP 增长率、第三产业增加值以及 GDP 数据来源于历年《国民经济和社会发展统计公报》。为方便起见,各指标单位皆为%,并保留两位小数。在处理面板数据时选择软件 EViews 6。各市城镇化率与土地财政依赖度指标的统计性描述如表 3.1 所示。

表 3.1　指标的统计性描述

变量	D	U
平均值/%	56.22373	53.05679
标准差/%	41.48849	16.43866
最小值/%	1.10000	19.00000
最大值/%	227.47000	90.48000
观测值个数/个	402	402
截面数/个	30	30

3.2.3　模型假设

现有文献中,张鑫博等(2014)、陈多长等(2012)都指出,随着我国经济的快速发展,城镇化对财政资金的需求不断增大,地方政府作为城市基础设施和公共事业的建设者必然要应对财政资金紧张等问题。这表明,城镇化是加深地方政府土地财政依赖度的重要原因。但城镇化与土地财政依赖度两者的变化趋势并不完全同步,随着城镇化的推进,土地财政依赖度有着明显的倒挂现象。基于已有的研究结果,本章从单指标和多指标两个方面建立模型,验证城镇化对地方政府土地财政依赖度有加深作用。单指标模型方面,假设现阶段城镇化水平加深了地方政府土地财政依赖度。多指标模型方面,把城镇化水平、工业化水平、官员晋升制度、分税制财政压力等作为影响土地财政依赖度的指标。假设城镇化水平、官员晋升制度、分税制财政压力都促使地方政府更加依赖土地财政,同时城镇化水平对地方政府土地财政依赖度的影响较大。

3.3　面板数据模型

面板数据模型通常有三种形式,即混合普通最小二乘(ordinary least squares,OLS)模型、固定效应模型(fixed effects model,FEM)和随机效应模型(random effect model,REM)。

若从时间上看,不同个体之间无显著性差异,同时从不同截面上看,不同截面之间也无显著性差异,则可采用混合 OLS 模型将面板数据混合在一起,用普通最小二乘法估计参数。混合 OLS 模型为

$$D_{it} = \alpha_0 + \alpha_1 U_{it} + \alpha_2 S_{it} + \alpha_3 G_{it} + \alpha_4 \mathrm{FW}_{it} + u_{it}$$

对于不同的截面或者时间序列,其模型的截距是不同的,可以通过在模型中加

虚拟变量的方式来估计回归参数,这种模型称为固定效应模型。固定效应模型为

$$D_{it} = \alpha_0 + \alpha_1 U_{it} + \alpha_2 S_{it} + \alpha_3 G_{it} + \alpha_4 FW_{it} + \varepsilon_{it}$$

式中,α_0,α_1,α_2,α_3,α_4 是对应变量的回归参数;ε_{it} 为随机误差项;下标 i,t 分别代表城市序号、年份。

截距项的下标 i 尽管在不同研究对象之间可能不同,但每个研究对象的截距不会随时间的改变而改变。

若固定效应模型中的截距项包含截面和时间随机误差项的平均效应,且这两个随机误差项均服从正态分布,固定效应模型就变成了随机效应模型。随机效应模型是通过分解误差项来解决被解释变量的信息缺失的。随机效应模型为

$$D_{it} = (\alpha_0 + u_i) + \alpha_1 U_{it} + \alpha_2 S_{it} + \alpha_3 G_{it} + \alpha_4 FW_{it} + \varepsilon_{it}$$

式中,u_i 是反映个体差异的随机干扰项。

3.4 模型检验

3.4.1 单变量模型检验

(1)单位根检验

为避免伪回归,本章拟采用单位根检验与协整检验。单位根检验利用 Fisher-ADF 检验和 LLC(Levin-Lin-Chu)检验,土地财政依赖度与工业化率检验结果如表 3.2 所示。

表 3.2 土地财政依赖度与工业化率单位根检验结果

变量	检验法	t 统计量	显著性水平	平稳性
D	LLC	-0.99946	0.1588	不平稳
	Fisher-ADF	46.19480	0.9049	不平稳
ΔD	LLC	-22.66900	0.0000***	平稳
	Fisher-ADF	425.09700	0.0000***	平稳
U	LLC	9.14260	1.0000	不平稳
	Fisher-ADF	12.39410	1.0000	不平稳
ΔU	LLC	-7.79698	0.0000***	平稳
	Fisher-ADF	141.32900	0.0000***	平稳

注:ΔD、ΔU 分别表示对 D、U 的一阶差分。* 表示 10% 的显著性水平,** 表示 5% 的显著性水平,*** 表示 1% 的显著性水平,下同。

由表 3.2 可知，土地财政依赖度 D、城镇化率 U 的显著性水平在 10% 以下，两者都不能通过检验，表明两个序列的水平值都有单位根，但对其进行一阶差分之后，显著性水平在 1% 以下，通过了平稳性检验。这表明，两者的一阶差分序列是平稳的，即原序列是一阶单整序列而非平稳序列。

（2）协整检验

为考察指标 D 与 U 之间是否存在协整关系，对其进行协整检验，Kao 检验输出结果如表 3.3 所示。可以看到，Kao 检验被拒绝，即拒绝 D 与 U 之间不存在协整关系的假设，因此 D 与 U 存在长期稳定的协整关系。其方程回归残差是平稳的，可在此基础上进行回归分析。

表 3.3　土地财政依赖度与城镇化率协整检验结果

检验法	t 统计量	显著性水平
Fisher-ADF	-2.991459	0.0014^{***}

（3）模型选择

混合 OLS 模型无加权回归结果如表 3.4 所示。其中，C 为常数项。

表 3.4　混合 OLS 模型回归结果

变量	回归系数	t 统计量	显著性水平
C	73.043600	10.52715	0.0000^{***}
U	-0.314564	-2.516368	0.0122^{**}
拟合优度	0.015507	回归标准误差	41.16106
调整拟合优度	0.013058	F 统计量	6.332109
F 统计量收尾概率	0.012246	DW 统计量	0.899729

从结果上看，城镇化率 U 与常数项 C 均在 5% 的显著性水平下通过 t 检验，但是城镇化率 U 的系数为 -0.314564，与验证的假设相反，同时其拟合优度回归系数为 0.015507，且 F 统计量收尾概率为 0.012246，均表明不接受混合 OLS 模型的假设。在此基础上，对模型进行 Hausman 检验。截面随机模型样本的 χ^2 统计量为 47.461091，χ^2 统计量的自由度为 1，显著性水平为 0.0000^{***}，检验结果如表 3.5 所示。

表 3.5 Hausman 检验结果

模型	变量	回归系数	t 统计量	显著性水平
固定效应	C	-63.57214	-3.486650	0.0005^{***}
	U	2.261488	6.608143	0.0000^{***}
	拟合优度	0.336917	F 统计量	6.317459
	调整拟合优度	0.283586	F 统计量收尾概率	0.0000^{***}
随机效应	C	40.11258	3.724043	0.0002^{***}
	U	0.307572	1.605967	0.1091
	拟合优度	0.005720	F 统计量	2.312677
	调整拟合优度	0.003247	F 统计量收尾概率	0.129109

由表 3.5 可知,构造的截面随机效应模型回归结果中,U 的 t 统计量不符合要求,p 值为 0.1091,大于 0.1,故排除随机效应回归模型。同时,混合 OLS 回归模型也不符合要求,因此采用固定效应模型。采用固定效应模型是因为,各城市的土地财政依赖度与城镇化情况差异较大,选择固定效应模型较符合现实。在此,将固定效应模型设为

$$D_{it}=\alpha+\beta U_{it}+\varepsilon_{it}$$

式中,ε 为影响各市土地财政依赖度的随机变量。

(4)回归结果

对面板数据进行固定效应检验,检验结果如表 3.6 所示。

表 3.6 单变量模型统计结果

变量	回归系数	t 统计量	显著性水平
C	-63.57214	-3.486650	0.0005^{***}
U	2.261488	6.608143	0.0000^{***}
拟合优度	0.336917	回归标准误差	41.43247
调整拟合优度	0.283586	F 统计量	6.317459
F 统计量收尾概率	0.000000	DW 统计量	1.343558

表 3.6 中,解释变量城镇化率的回归系数为 2.261488,大于 0,符合理论预期。此外,城镇化率变量的双侧概率为 0.0000,远小于 0.05。检验结果表明,城镇化水平通过显著性检验,初步说明城镇化对地方政府土地财政依赖度具有正向促进作用。

3.4.2　多变量模型检验

选取 G 作为唯 GDP 论的指标，即 GDP 增长率指标；服务化率 FW 为产业结构变化的指标；地方政府财政压力 S 为分税制后地方政府财政压力的指标。数据来源于历年《中国统计年鉴》。加入上述补充解释变量，利用 EViews 6 进行面板数据检验。

（1）单位根检验

Fisher-ADF 检验和 LLC 检验结果如表 3.7 所示。

表 3.7　土地财政依赖度与服务化率等指标单位根检验结果

变量	检验法	t 统计量	显著性水平	平稳性
FW	LLC	2.056410	0.9801	不平稳
	Fisher-ADF	44.73670	0.9293	不平稳
ΔFW	LLC	−23.81530	0.0000***	平稳
	Fisher-ADF	365.93200	0.0000***	平稳
S	LLC	−2.04277	0.0205	不平稳
	Fisher-ADF	75.96010	0.0801	不平稳
ΔS	LLC	−23.41780	0.0000***	平稳
	Fisher-ADF	384.22500	0.0000***	平稳
G	LLC	−1.16336	0.1223	不平稳
	Fisher-ADF	38.70460	0.9852	不平稳
ΔG	LLC	−16.7255	0.0000***	平稳
	Fisher-ADF	333.42800	0.0000***	平稳

注：ΔFW、ΔS、ΔG 分别表示对 FW、S、G 的一阶差分。

由表 3.7 可知，对服务化率 FW、地方政府财政压力 S、G 等指标的单位根检验显著性水平基本都在 5% 以上，各指标都不能通过检验，表明各序列的水平值都含有单位根，但对它们进行一阶差分之后，发现显著性水平在 1% 以下，通过了平稳性检验。这表明，各指标的一阶差分序列是平稳的，即原序列是一阶单整序列而非平稳序列。

（2）协整检验

为考察指标 D 与 U、FW、S、G 之间是否存在协整关系，对其进行协整检验，Kao 检验结果如表 3.8 所示。Kao 检验被拒绝，证明 D 与各指标之间存在长期

表 3.8　土地财政依赖度与各指标之间协整检验结果

检验方法	t 统计量	显著性水平
Fisher-ADF	-2.657867	0.0039^{***}

稳定的协整关系。方程回归残差是平稳的,可在此基础上进行回归分析。

(3)模型选择

同样对面板数据进行混合 OLS 回归模型检验,回归结果如表 3.9 所示。

表 3.9　混合 OLS 模型回归结果统计

变量	回归系数	t 统计量	显著性水平
C	35.031400	1.772030	0.0772^*
U	-0.176485	-1.177854	0.2396
FW	-0.281454	-0.935291	0.3502
S	0.031434	0.263299	0.7925
G	3.212521	4.176285	0.0000^{***}
拟合优度	0.063401	回归标准误差	41.43247
调整拟合优度	0.054012	F 统计量	6.752362
F 统计量收尾概率	0.000029	DW 统计量	0.923062

从结果上看,城镇化率 U 与服务化率 FW、地方政府财政压力 S 的显著水平均在 10% 以上,都未通过检验,而且城镇化率 U 的回归系数为 -0.176485,与验证的假设相反,同时其拟合优度回归系数为 0.0063401,且 F 统计量收尾概率为 0.000029,均表明不接受混合 OLS 模型的假设。在此基础上,对模型进行 Hausman 检验,截面随机模型样本的 χ^2 统计量为 59.404423,χ^2 统计量的自由度为 4,显著性水平为 0.0000^{***},检验结果如表 3.10 所示。

由表 3.10 可知,构造的随机效应模型中,回归结果中 C、U、FW 等指标的 t 统计量不符合要求,p 值过大,表明模型出错的概率较大,回归不符合要求。而在固定效应模型中,各指标回归系数以及统计量都符合要求。因此,多变量模型回归应该采用固定效应模型。

表 3.10　Hausman 检验结果

模型	变量	回归系数	t 统计量	显著性水平
固定效应	C	-83.03590	-2.547835	0.0112**
	U	1.826326	5.253215	0.0000***
	FW	0.963769	2.138906	0.0331**
	S	-0.597060	-3.282161	0.0011***
	G	3.127859	4.0112330	0.0001***
	拟合优度	0.401208	F 统计量	7.512449
	调整拟合优度	0.347802	F 统计量收尾概率	0.0000***
随机效应	C	9.556066	0.404538	0.6860
	U	0.330907	1.594929	0.1115
	FW	0.334209	0.918165	0.3591
	S	-0.400087	-2.775715	0.0058***
	G	3.316578	4.526568	0.0000***
	拟合优度	0.082548	F 统计量	8.975073
	调整拟合优度	0.073541	F 统计量收尾概率	0.0001***

（4）回归估计

在此,将模型设为

$$D_{it} = \alpha_0 + \beta_1 U_{it} + \beta_2 S_{it} + \beta_3 G_{it} + \beta_4 FW_{it} + \gamma_{it}$$

式中,γ 为影响各市土地财政依赖度的随机变量。

加入解释变量进行多变量模型检验,检验结果如表 3.11 所示。

表 3.11　土地财政依赖度与多变量检验回归结果统计

变量	回归系数	t 统计量	显著性水平
C	-83.035900	-2.547835	0.0112**
U	1.826326	5.253215	0.0000***
FW	0.963769	2.138906	0.0331**
S	-0.597060	-3.282161	0.0011***
G	3.127859	4.0112330	0.0001***
拟合优度	0.401208	回归标准误差	33.46035

续表

变量	回归系数	t 统计量	显著性水平
调整拟合优度	0.347802	F 统计量	7.512449
F 统计量收尾概率	0.000000	DW 统计量	1.462759

如表 3.11 所示的回归检验结果表明,城镇化率回归系数显著不为 0,同时双侧概率远小于 5%;地方政府财政压力 S、服务化率 FW、GDP 增长率 G 均通过了显著性检验。

3.4.3 逐步回归统计结果

对模型进行逐步回归估计,仍采用固定效应模型,回归结果如表 3.12 所示。

表 3.12 多变量模型统计结果

变量	模型 1 的回归系数及显著性水平	模型 2 的回归系数及显著性水平	模型 3 的回归系数及显著性水平	模型 4 的回归系数及显著性水平
C	-63.57214 $(-3.486650)^{***}$	-105.17100 $(-5.330687)^{***}$	-145.74840 $(-5.449003)^{***}$	-83.03590 $(-2.547835)^{**}$
U	2.261488 $(6.608143)^{***}$	2.176901 $(6.536515)^{***}$	1.917258 $(5.460911)^{***}$	1.826326 $(5.253215)^{***}$
G		3.528432 $(4.793716)^{***}$	3.910662 $(5.201089)^{***}$	3.127859 $(4.0112330)^{***}$
FW			1.018469 $(2.232636)^{**}$	0.963769 $(2.138906)^{**}$
S				-0.597060 $(-3.282161)^{***}$
拟合优度	0.336917	0.375495	0.383774	0.401208
调整拟合优度	0.283586	0.323453	0.330623	0.347802
F 统计量	$(6.317459)^{***}$	$(7.215211)^{***}$	$(7.220376)^{***}$	$(7.512449)^{***}$

根据上述的回归结果，各模型估计结果如下。

模型 1：
$$D_{it} = -63.57214 + 2.261488 U_{it}$$

模型 2：
$$D_{it} = -105.17100 + 2.176901 U_{it} + 3.528432 G_{it}$$

模型 3：
$$D_{it} = -145.74840 + 1.917258 U_{it} + 3.910662 G_{it} + 1.018469 FW_{it}$$

模型 4：
$$D_{it} = -83.03590 + 1.826326 U_{it} + 3.127859 G_{it} + 0.963769 FW_{it} - 0.597060 S_{it}$$

3.5　回归结果分析

根据上述检验结果，城镇化水平与土地财政依赖度之间的回归系数在四个模型中分别为 2.261488、2.176901、1.917258 与 1.826326，都显著不为 0，且双侧概率都通过了检验，表明城镇化水平与土地财政依赖度之间呈正相关关系。

模型 1 中，土地财政依赖度与城镇化水平之间的回归系数为 2.261488，表明城镇化水平每增加 1 个百分点，地方政府的土地财政依赖度就会提高约 2.26 个百分点。

模型 2 中给出了土地财政依赖度、城镇化水平、GDP 增长率指标之间的关系。从表 3.12 中可以看出，城镇化系数为 2.176901，GDP 增长率的系数为 3.528432，表明城镇化与 GDP 增长率对土地财政依赖都有正向的推动作用，并且与城镇化对土地财政依赖度的影响相比，GDP 增长对土地财政依赖度的推动作用更大。

模型 3 在模型 2 的基础上加入指标服务化率 FW。在该模型中，城镇化水平的回归系数为 1.917258，GDP 增长率的回归系数为 3.910662，服务化率 FW 的回归系数为 1.018469，回归模型中各系数以及 p 值都符合回归要求。同时，该模型中的 GDP 增长率的系数＞城镇化水平的系数＞服务化率的系数，表明模型 3 中的 GDP 增长率对土地财政依赖度的影响更大，城镇化水平的影响次之，服务化率的影响最弱。在该模型中，若城镇化水平增加 1 个百分点，土地财政依赖度就会提高约 1.92 个百分点；若 GDP 增长率提高 1 个百分点，地方政府土地财政依赖度会提高约 3.91 个百分点；若服务化率 FW 提高 1 个百分点，土地财政依赖度会提高约 1.02 个百分点；若三个指标各自增加 1 个百分点，地方政府土地财政依赖度会提高约 6.85 个百分点。

模型 4 中加入了地方政府财政压力 S 这一指标。模型 4 中的城镇化回归系数约为 1.826326,即当城镇化水平增加 1 个百分点时,土地财政依赖度会增加 1.83 个百分点;GDP 增长率的回归系数为 3.127859,即 GDP 增长率每增加 1 个百分点,土地财政依赖度增加 3.13 个百分点;服务化率 FW 的回归系数为 0.963769,即服务化率每增加 1 个百分点,土地财政依赖度会提高 0.96 个百分点;地方政府财政压力 S 的回归系数为 -0.597060,即地方政府财政压力 S 每提高 1 个百分点,土地财政依赖度就会降低 0.60 个百分点;在各指标都增加 1 个百分点的情况下,土地财政依赖度会提高 5.32 个百分点。在模型 4 中,通过对所检验的 4 个指标的回归系数的绝对值进行比较,发现 GDP 增长率 G 系数 >城镇化率 U 系数>服务化率 FW 系数>地方政府财政压力 S 系数,这表明 GDP 增长率对地方政府土地财政依赖度的影响在这 4 个指标中最强,其次为城镇化水平,服务化率 FW 的影响次之,而地方政府财政压力产生的影响相对弱。

以上 4 个模型均证实了城镇化水平的提高对地方政府土地财政依赖度具有正向促进作用,这验证了本章的假设。

3.6 小 结

研究城市化对地方政府土地财政依赖影响的文章主要有陈多长等(2012)。在该文章中,城市化指标是城镇非农业人口与总人口的比例,同时,地方政府土地财政依赖度以地方政府土地出让收入与地方政府财政一般预算收入的比例来衡量。沈莉莉(2012)对工业化、城市化与地方政府土地财政依赖三者的关系进行了研究,发现从工业化、城市化对地方土地财政依赖的影响机制来看,工业化对土地财政依赖的影响是间接的,而城市化的影响则是直接的。利用 1999—2009 年的省际面板数据进行实证分析,结果表明,工业化和城市化对地方政府土地财政依赖都有正向促进效应,在单变量作用情况下,城市化与地方政府土地财政依赖的回归系数为 1.7341,考虑工业化与城市化的共同作用,工业化与城市化的回归系数分别为 0.5751、0.7516。可见,城市化对地方政府土地财政依赖的推动作用要强于工业化。陈多长等(2014)利用 1995—2010 年的省级面板数据分析了工业化与城市化对地方政府土地财政依赖度的影响。在单因素面板数据检验中,城市化的回归系数为 1.9492,工业化的回归系数为 0.7948;在多因素回归面板中,城市化的回归系数为 0.9689。这同样证实了现阶段城市化加深了地方振幅土地财政依赖度。

沈莉莉与陈多长的实证检验结果都表明城市化加深了土地财政依赖度,这与本章中的回归结果一致,也即验证了现阶段我国城镇化对地方政府土地财政依赖度仍然有正向的促进作用。但本章中,在单因素回归模型下,城镇化率的回归系数为 2.261488,而在 4 个逐步回归模型中,城镇化率的回归系数依次降低,在模型 4 中降低至 1.826326。与陈多长等(2014)中的结果对比,本章中城镇化对土地财政依赖度的影响更大,在指标选取基本相同的情况下,这种差异主要是由采用的面板数据的范围差异造成的。由此可见,不管是在单变量还是多变量情况下,我国省会城市的城镇化水平对地方政府土地财政依赖度的回归系数要大于省级城市的回归系数,这表明我国省会城市的城镇化水平对土地财政依赖的影响要强于各省平均水平。因此,要尽快降低地方政府土地财政依赖度,应该从省会城市重点着手。

参考文献

陈多长,沈莉莉,2012.工业化、城市化对地方政府土地财政依赖的影响机制[J].经营与管理(11):73-77.

陈多长,等,2014.地方政府土地财政依赖:形成机理与转型对策:兼论工业化、城市化对土地财政依赖的影响机制[M].杭州:浙江大学出版社:75-76.

程瑶,2009.制度经济学视角下的土地财政[J].经济体制改革(1):31-34.

沈莉莉,2012.工业化、城市化对地方政府土地财政依赖的影响研究[D].杭州:浙江工业大学.

杨娟娟,2013.我国土地财政成因的实证研究[J].金融经济(2):19-22.

张鑫博,杨柳青,2014.破解中国土地财政依赖的路径选择[J].经济研究导刊(12):71-72.

第4章 地方政府土地财政依赖
对城镇化模式的影响

目前我国城镇化发展基本由政府主导,而政府主导的城镇化发展基本都存在征地开发行为。从这个角度来看,目前我国主流的政府主导的城镇化更容易使地方政府产生对土地财政的依赖。根据第2章提到的城镇化模式分类,我国现有的表现形式不同的城镇化模式分为"政府主导的以征地开发为主"的主流城镇化模式,以及"非政府主导或非征地开发为主"的非主流城镇化模式两大类。此分类借鉴了已有文献中"政府主导型"和"市场主导型"的分类方式,同时加入了对地方政府在征地开发中的主导作用方面的考量。

4.1 我国现行主流城镇化模式分类

关于城镇化模式,目前学术界有多种分类方式。从推进城镇化主体的角度,可将城镇化模式分为"政府主导型"和"市场主导型"两类(秦震,2013;蔡继明等,2012);基于城镇化人口流动特征,又可将其分成"异地城镇化"和"就地城镇化"(崔曙平等,2013);按地域范围不同,可分为"苏南模式""珠三角模式""温州模式"和"成都模式"等(于猛等,2013);从城市规模的角度,可分为"小城镇模式""中等城镇模式"和"大城镇模式"(张自然等,2014)。也有学者从多个角度对现行主流城镇化模式进行了综合分类(孔祥云等,2013;Hillman,2013)。

针对我国政府主导的城镇化发展情况,在对目前我国主流城镇化模式进行统计的基础上,本章按照城镇化驱动因素的不同,将主流城镇化模式进一步划分为房地产开发驱动模式、旅游开发驱动模式、工业驱动模式、生态保护驱动模式、大学校区扩张驱动模式以及混合驱动模式六大类(见表4.1)。

(1)房地产开发驱动模式。1980年的住房改革揭开了住房制度市场化改革的序幕。我国在1994年实施了分税制改革,极大地增加了地方政府的财政压力,这也在一定程度上为房地产开发驱动城镇化的模式提供了动力。1998年底,我国福利分房制度终结,住房市场化改革全面推行,为房地产开发扫清了制度障碍。2003年,房地产业被中央政府正式确认为我国国民经济的支柱产业,

表 4.1　现行主流城镇化模式分类及比较

城镇化模式	动力机制	特点	典型案例
房地产开发驱动	通过出让商住用地带动当地经济发展及居住人口增长	速度快,资源限制小,应用地域有一定限制	常州"鬼城"、郑东新区
旅游开发驱动	开发旅游资源和旅游商业带动当地经济发展	速度较慢,资源限制大,应用地域限制大	云南德宏州芒市
工业化驱动	以工业园区、开发区等为载体,引进工业企业推动城镇化	速度快,资源限制小,应用地域广	苏南地区、成都等地
生态保护驱动	改善居住环境及知名度,后通过住宅开发推进城镇化	速度慢,资源限制大,应用地域限制大	杭州西溪湿地、丽江古镇
大学校区扩张驱动	以优惠条件引进大学,以学生群体及学区房建设带动经济发展	速度快,资源限制小,多为中小城镇或城市周边	河北廊坊东方大学城、广州番禺大学城
混合驱动	综合运用前述模式驱动城镇化发展	速度快,应用地域广	珠江三角洲地区

为各地进行大规模房地产开发提供了政策依据。房地产开发模式是继工业化驱动城镇化模式之后的又一个重要发展模式。

（2）旅游开发驱动模式。我国的旅游城镇化开始于 20 世纪末期,城镇化实践早于相关的理论研究。2009 年,中央政府提出将旅游业发展为国民经济支柱产业的战略规划,赋予了旅游产业更重要的发展地位。自此,旅游开发促进城镇化的发展模式被列为主流的新型城镇化发展模式之一,受到学术界的关注。

（3）工业化驱动模式。我国于 1953 年启动了第一个五年计划,实施了"以 156 个重点项目为核心、900 余个大中型项目为重点"的工业化发展计划,城镇化进入了工业化驱动发展阶段。第一个五年计划结束后,全国城市由 1949 年底的 132 个增加到 1958 年的 176 个。之后一段时间,由于我国处在困难时期,城镇化发展相对停滞。改革开放后,乡镇企业快速发展,我国又迎来了工业化驱动城镇化的新阶段。1996 年到 2007 年,各地开始兴办工业园区、经济技术开发区和高新技术开发区等新区,以此来推动城镇化。据统计,在进行开发区整顿前,全国共有各类开发区 6866 个,规划面积达 3.86 万平方千米。中共十八大提出"中国特色新型工业化、信息化、城镇化、农业现代化"的四化结合的发展战略,可见工业化与城镇化发展紧密联系。纵观城镇化发展历史,工业化一直扮演着主要推动力的角色,工业化驱动城镇化是我国主流的城镇化模式。

(4)生态保护驱动模式。中共十八大以来,习总书记曾多次发表关于"生态文明"的讲话,提出了"城镇化就是要让农村和农民享受和城市一样的(公共)服务,必须留住青山绿水"的观点。"绿水青山就是金山银山"将生态保护驱动城镇化发展的模式呈现在社会大众面前,生态保护驱动城镇化成为主流的城镇化驱动模式之一。

(5)大学校区扩张驱动模式。1999 年初,中央政府做出高等学校大扩容的重大决定,各高校招生数量大幅增长,导致原有校园场地及教育设施无法满足教育需求,各高校必须考虑通过校区扩张或设置独立学院等方式推进学校的进一步发展。教育部关于校区占地面积有严格的限制规定。2008 年 2 月,教育部发布了中华人民共和国教育部令第 26 号,规定凡申请设立独立学院,应有"不少于500 亩的国有土地使用证或国有土地建设用地规划许可证"。据此规定,结合城市土地高地价的现状,多数高校选择将校区或独立学院迁至郊区。高校校区扩张在一定程度上带动了郊区及周边地区的城镇化,并逐渐发展成为一种新兴的城镇化模式。

(6)混合驱动模式。相关研究表明,地方政府在城镇化发展过程中具有显著的学习优秀发展经验的趋同性特征。地区资源禀赋优良的地方政府会不断吸收模仿其他地区成功的城镇化发展模式,在当地发展模式的基础上增加模仿其他地区成功经验的模式,因此出现了一个地区并不仅仅只存在一种发展模式的情况,形成了混合驱动模式的城镇化发展模式。

4.2 地方政府土地财政依赖对现行主流城镇化模式的作用机制分析

4.2.1 房地产开发驱动模式

本节将通过理论分析,论证房地产开发对城镇化的驱动作用,同时结合案例研究,阐述地方政府土地财政依赖在房地产开发驱动模式的发展中具有的影响。

据统计,房地产开发用地的比例由 2006 年的 31.7% 增长至 2010 年的35.7%(中华人民共和国自然资源部,2011)。2008 年,因政府出台"国十条"及4 万亿救市计划等调控房地产市场,房地产开发用地比例有所下降,但房地产开发投资额持续增长,与城镇化率增长水平基本保持一致(见图 4.1)。房地产开发与城镇化发展具有密不可分的关系,房地产的开发为城镇发展提供了充足的资金支持,极大地推动了城镇化发展进程。

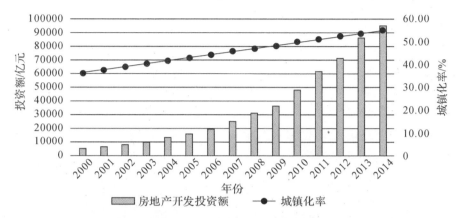

图 4.1　房地产开发投资额与城镇化率比较

(数据来源:《中国统计年鉴》(2001—2014 年)、《中国城市统计年鉴》和《新中国 60 年统计资料汇编》)

在房地产开发驱动模式中,地方政府低价从农民手中征收集体土地,随后通过竞价的方式高价将其出让给房地产开发商作为商业或居住性用地。在农用地转商住用地的过程中,地方政府获得了巨额的价格差收益(土地财政收入),这反映了地方政府的土地财政依赖。地方政府获取的大量土地财政收入为当地城镇化的发展提供了充足的资金保障,同时也完成了相关土地的城镇化发展。地方政府使大量农用地转为商住用地,开发商通过商品住宅和商业设施的开发吸引人口和企业的空间聚集,进而推动当地城镇化发展。因此,在房地产开发驱动模式中存在地方政府土地财政依赖的情况,且地方政府土地财政依赖极大地推动了当地城镇化的发展(发展路径见图 4.2)。

我国多数地方政府通过房地产开发驱动模式来推进当地城镇化的发展,但该模式的短期性造成城镇化发展的不可持续,也使多地出现"鬼城"和"空城",如西部内蒙古鄂尔多斯康巴什新区的"鬼城",东部的江苏常州和丹徒因房地产开发形成的"鬼城"。2010 年,美国《时代周刊》刊登了一篇报道内蒙古鄂尔多斯是一座现代鬼城的文章,引起了轩然大波,鄂尔多斯被扣上"中国第一鬼城"的帽子,饱受争议。鄂尔多斯的康巴什新区耗资 50 多亿元,历经 5 年时间建成(Brown,2010),当地政府于 2006 年迁至康巴什新区后(聂翔宇等,2013),因实际入驻人口与规划相距甚远,多数房屋处于无人居住的闲置状态。受房地产市场走低的影响,当地经济受到极大的打击,城镇化发展进入停滞阶段,鄂尔多斯

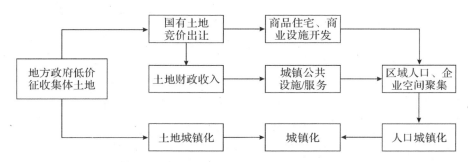

图 4.2　地方政府土地财政动机下的房地产开发驱动的城镇化发展路径

成为第一个进入大众视线的"鬼城",也成为地方政府依赖土地财政进行房地产开发来推动城镇化发展的失败案例之一。江苏常州被认为是东部经济发达地区的"鬼城",也被称为"第二鬼城"。据了解,常州常住人口仅 400 万左右,但其城市综合体项目有 30 余个,过度的房地产开发导致一些项目人流量稀少,令人形成"鬼城"的错觉,但该地区房地产过度开发现象的客观存在是基本被人们认可的。同时,出于炒房目的,大量上海、南京等地的投资者前来买房,据调查,投资买房人口约占到所有购房者的 60%(陈远宏,2013),造成房屋空置率过高。

房地产开发驱动城镇化发展的另一主要形式是新城的建设。据了解,仅在 2012 年和 2013 年两年内,我国 31 个省会(省府)城市(不包括港澳台地区)中,在政府工作报告中提出造城计划的就有 24 个,占 77.4%。这些被规划的新城区的总面积超过 4600 平方千米。同时,国家发改委和小城镇改革发展中心曾做过调查,在 156 个地级以上城市中,提出建设新城新区的有 145 个,占 92.9%,平均每个地级市提出建设 1.5 个新城新区。在我们收集的 83 个新城建设项目中,建设成功的项目仅 19 个,占 22.9%,其余项目均仍在建设或未建设成功(此处未建设成功是指项目建成后被认为是鬼城或空城,未达到原规划人口或企业数量)。而通过新城建设项目,地方政府获得的土地出让金收入占当地财政收入比例的平均值为 31.8%,当地政府通过新城项目的规划,获得了大量城镇化发展资金,即使项目建设未成功,地方政府也已经获得了所需的建设资金,推动了城镇化的发展。正是这种一次性就可获得大量土地财政收入的诱惑,致使越来越多的地方政府开始效仿通过新城建设来推动城镇化发展的模式,即地方政府土地财政依赖促使越来越多的地方政府引进房地产开发驱动城镇化模式,使其成为主流城镇化模式之一。

房地产的过度开发与当地政府土地财政依赖密不可分,即使采用房地产开发驱动模式可能会"造出"鬼城,当地的城市形象会受损,多地政府仍倾向选择该模式来推进城镇化的发展。据了解,我国鬼城数量仍在不断增加,2014 年底标准排名和《投资时报》联合发布了中国大陆城市"鬼城"指数排行榜,并认为 2015 年我国或将出现 50 座"鬼城"。而 2015 年,在贵阳召开的中国城市规划学会年会上,相关专家透露我国新城区规划人口数量高达 34 亿;相关调查显示,我国 12 个省会城市平均每个城市规划 4.6 个新城或新区,144 个地级市平均每个规划建设 1.5 个新城或新区。如此盲目的新城新区规划,原因离不开地方政府的土地财政依赖。

由此可见,在房地产开发驱动模式下,地方政府土地财政依赖为城镇化提供了大量资金支持,极大地推动当地城镇化进程,促使更多地方政府愿意选择该模式来发展城镇化,进而使该模式的运用范围更广泛,使其成为更主流的城镇化发展模式之一。

4.2.2 旅游开发驱动模式[①]

在旅游开发驱动模式中,地方政府低价征收集体土地后,通过自主开发或协议出让景观用地,进行绿化以及相关配套设施的建设来促进当地旅游业发展,从而促进区域人口和企业的集聚。在此期间,地方政府需要投入大量资金进行建设开发。地方政府通过将景观周边的国有土地出让为商品住宅、商业设施建设用地,从中获取一定的土地财政收入,进而为区域人口和企业的聚集创造良好的环境,推动当地的城镇化发展。在该模式中,地方政府获得的土地财政收入分为两部分,一部分是在项目建设的同时出让土地获得的土地财政收入,另一部分是旅游项目聚集了一定的人气后的土地出让收入。获得的土地财政收入为城镇化发展提供了前期的资金支持,而后的土地财政收入为城镇化的进一步发展提供了可能(见图 4.3)。

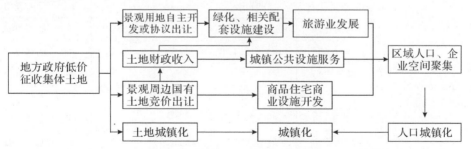

图 4.3 地方政府土地财政动机下的旅游开发驱动的城镇化路径

---

① 关于旅游开发驱动的城镇化模式,除了这里提到的云南德宏州芒市实例和深圳华侨城实例以外,后文将提供一个浙江省临海市尤溪镇的详细案例。

目前,国内旅游资源丰富的地区大多采用此模式推动城镇化发展,如云南德宏州芒市旅游地产综合开发区、云南中甸香格里拉、贵州等地。20世纪60年代起,云南德宏州芒市就有"孔雀之乡""歌舞之乡"的美誉,是云南省建设的四大旅游热区之一。随着旅游业的兴起,芒市政府先后完成芒市广场、芒市大街、芒市体育运动中心、芒市会堂、芒市宾馆、中缅友谊馆、华丰国际商城、芒市花园住宅小区、勐巴娜西珍奇园、勐焕大金塔等一系列建设项目,大力推动当地城镇化建设(杨惟惟等,2012)。据了解,芒市规划于2020年建成城市新区水岸边城项目,通过以旅游业为主的第三产业带动当地城镇化的发展进步。另外,云南中甸的香格里拉也用当地丰富的旅游资源发展旅游产业,通过旅游的发展带动当地零售、餐饮、住宅、购物区的发展,极大地推动了当地城镇化的发展(Hillman,2013)。

在旅游驱动城镇化的模式中,近年又兴起了一种"旅游—地产"模式,旅游—地产模式的典型案例是深圳华侨城(见表4.2)。华侨城最初在深圳宝安的一片荒地中开始建设主题公园,目前已在深圳、上海、北京、香港、重庆等18个城市建立华侨城,其发展模式的成功不仅为公司自身创造了巨大的利润,也为项目进驻地的城镇化提供了资金支持。

表4.2 深圳华侨城部分前期发展项目信息

阶段	项目	开发时间	占地面积/公顷	建筑面积/万平方米	投资金额/元	项目性质
第一阶段:旅游—地产平衡发展(1985—1993年)	锦绣中华	1985年	30.0		1.0亿	乐园投资
	海景花园	1990年	2.9	10.2		地产收益
	民俗文化村	1991年	20.0		1.1亿	乐园投资
第二阶段:旅游对地产的价值提升阶段(1993—2002年)	湖滨花园	1993—1994年	0.9	7.2		地产收益
	桂花苑	1993—1994年	2.5	6.7		地产收益
	世界之窗	1994年	48.0		6.5亿	乐园投资
	中旅广场	1996—1997年	1.6	12.9		地产收益
	欢乐谷	1998—2001年	35.0		8.0亿	乐园投资
	波托菲诺	2001—2002年	80.0	108.0		地产收益

深圳华侨城于1985年开工建设锦绣中华主题公园。锦绣中华主题公园开业第一年便接待游客超过300万人次,9个月收回全部投资。锦绣中华主题公园的成功极大提升了深圳宝安地区的知名度,也为1990年海景花园的建设和销售积聚了良好的人气。随后,企业通过地产收益再建设民俗文化村项目,拓展其

旅游影响力。在 1985 年至 1993 年期间,地方政府运用旅游驱动模式推动当地城镇化建设,但并不仅仅开发旅游项目,而是加入了地产项目的开发,此时房地产收益和旅游投资基本持平,实现了旅游—地产的平衡发展。

在 1993—2002 年的第二阶段内,从建设的所有项目性质来看,地产项目有明显的增加,地产项目占地面积共 85 公顷。同时,旅游业的发展推动了房价的上涨,增加了地产价值。在这一阶段的前期,旅游—地产平衡发展,但旅游的盈利开始逐渐增加,区域价值不断提升(见表 4.3),最终在中后期阶段实现了房地产项目的高投资回报。在该阶段,地方政府增加了地产项目的开发比例,通过出让更多土地获得土地财政收入,完成了土地城镇化的同时积累了城镇化资金,极大地推动了当地的城镇化进程。

表 4.3　深圳华侨城第二阶段地产价格变化

发展阶段	代表楼盘	房产性质	价格区间/元·米$^{-2}$
1996—1997 年	中旅广场	华侨城产业配套	8000
2001—2002 年	波托菲诺	高尚人文住宅社区	9000~15000

自 2004 年起,当地旅游业及房地产业发展已初具成效,该地开始实施基于 LOFT 模式的旧厂房建筑空间形式转换。2006 年 5 月,华侨城创意文化园正式挂牌,当地致力打造创意产业发展优势区域。在这一时期,因为旅游业的发展已经聚集起了足够的人气,地产市场已相对饱和,地方政府基于土地财政依赖的目标需要考虑通过其他产业的发展来获取土地财政收入。文化园、产业园等园区建设就是其中的一种形式。地方政府通过文化产业园的建设,不仅可以实现园区土地的城镇化以及获得土地财政收入的目标,还实现了当地产业转型升级的目标,推动了当地城镇化的发展。如今,随着深圳华侨城知名度的不断提升,企业先后建设了高端文化旅游项目欢乐海岸、复合型滨海主题商业等各类综合性的地产项目。从文化产业园的建设到综合地产项目的开发,虽然两者的产业性质不一样,但两者在实际运作中均诱发了地方政府土地财政依赖问题。产业园和地产项目都需要农村土地的流转,在流转过程中地方政府可以获得巨额的土地财政收入。

总体来看,在旅游驱动城镇化模式中,旅游业发展所积聚的均是流动性人口,其对土地城镇化的推进存在一定的局限性。地方政府需要通过旅游—地产的协同发展来获得大量土地财政收入,进而推动当地城镇化的建设。该模式的发展受资源的限制,但地方政府土地财政依赖促使有资源的地区政府更倾向采用该模式,无资源的地区政府则需要通过寻找文化旅游等其他资源来趋近于该模式,如上海通过建设迪士尼乐园、东方明珠塔等城市地标来吸引旅游人员,进而通过更多的土地出让、房产建设吸引人口定居,完成人口城镇化建设。该模式逐渐成为地方政府选择的主流模式之一。

4.2.3 工业化驱动模式

工业化驱动城镇化是我国 1949 年以来最为重要的城镇化模式。从空间形式来看,其主要以工业园、产业园、经济技术开发区等形式表现出来。1984 年至 1986 年,经国务院批准,首批设立了 14 个国家级经济技术开发区后,到 2015 年 9 月,共设立了 219 个国家级经济技术开发区。

工业化驱动城镇化的机制如图 4.4 所示。地方政府低价从农民手中征收集体土地,推动土地城镇化。对征用的集体土地,地方政府可以通过两种途径进行发展利用。一方面,政府通过自主开发完成园区的相关配套、基础设施建设,用建设完善后的园区吸引企业入驻,实现企业及区域人口的集聚。企业人口的聚集将极大提升周边住房的需求,这需要地方政府出让更多的商住用地。地方政府在更多的土地出让活动中获得大量土地财政收入,同时商住房的建设以及用土地财政收入完成的基础设施建设推动了当地城镇化的发展。另一方面,地方政府直接将征收的土地以协议方式出让给企业,通过招商引资完成企业的空间集聚和人口集聚。

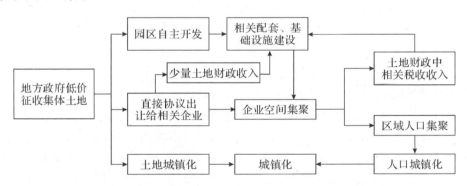

图 4.4　地方政府土地财政动机下的工业驱动的城镇化路径

自改革开放以来,全国多数省份都通过工业化发展促进当地的城镇化发展,如今,大部分省份已经进入后工业化时期。2009 年,国务院通过了《促进中部地区崛起规划》,争取到 2015 年实现中部地区经济发展水平显著提高、可持续发展能力明显提升的目标。湖北省是典型的中部地区,受此次规划的政策利好,其工业化发展得到了极大的推进。天门市是湖北省的直辖市,是武汉城市圈中最具发展潜力的地区之一,因此本章选择湖北省天门市作为研究对象。课题组通过对湖北省天门市的实地走访调查,了解了当地的工业化发展情况,分析了地方政府的土地财政依赖行为在工业化推动城镇发展的模式中的作用。

天门市在2014年大力实施"工业强市"发展战略,扎实推进工业总量做大、结构优化、产业升级、品牌创建。2014年底,全市规模以上工业企业达到296家,比年初净增34家,完成工业总产值750亿元,同比增长13.2%,完成工业增加值188亿元,同比增长10.7%。全市初步形成纺织服装、医药化工、机电汽配和食品加工四大产业板块,这四大产业在2014年完成产值639.35亿元,占工业总产值的85.3%。天门市通过"一区三园"项目的建设,完成总规划用地面积约137.3平方千米的土地城镇化,如表4.4所示。根据当地基准地价,项目全部完成后会为当地政府提供至少约160亿元的土地出让收入;同时全市重点建设的"一区三园"项目在2014年完成税收收入6.32亿元,占全市的35.6%。该项目为当地政府的城镇化发展提供了巨大的财政资金支持,为推动当地城镇化发展做出了极大的贡献。

表4.4 湖北省天门市"一区三园"项目

园区	成立年份	性质	用地面积/平方千米	地价/元·米⁻²	就业人数/万人
天门经济开发区	2005	省级开发区、省级高新技术产业园区	60.0	145	11.59
天门工业园	2005	省级农产品加工产业园	59.3	90	11.59
岳口工业园	2003		6.0	120	
龙尾山工业园	2008		12.0	120	21.80

资料来源:天门实地调研过程中相关人员所提供的参考资料。

1994年分税制前,土地不具有商业属性,地方政府在土地市场中扮演着"政府人"的角色,进行城镇化发展时主要考虑企业贡献的税收收入,从而使工业化驱动模式成为最主要的城镇化发展模式。但是目前土地具有了商业属性,由政府牵头进行工业园区建设不仅不能快速为政府提供土地出让收入,还需要政府在前期投入大量的建设资金。即使受到地域条件及初期土地财政收入的限制,地方政府由于具有土地财政依赖性,仍然期望通过工业化驱动城镇化模式获得大量相关的土地财政收入,因此更倾向于选择该模式。

据了解,天门市在吸引企业入驻的过程中,为企业提供了多项扶持政策。①政府承诺,生产性企业和厂房租赁经营企业从开始经营年度起,可由企业申请、政府批准,享受"四免六减半"的优惠。即自企业投产之日起,政府在前4年内每年给予其相当于实缴所得税市级留成部分总额的资金补助,在第5～10年给予50%的资金补助。②获得省级以上认定的高新技术企业,除享受上述优惠外,由市政府在地方财政收入中安排专项资金,在企业投产之日起前4年内给予其每年相当于实缴增值税5%的资金补助。③针对在重点工业园区一次性固定资产投资1亿元以下的生产型项目,按土地办证成本价供地,针对1亿元以上的生产型项目用地,实行一事一议,提供更优惠的用地政策。同时,针对在重点工业园区内新办的工业企业,由市投资服务中心按照国家、省规定的最低标准的30%对其筹建、基建过程中涉及的行政事业性和服务性费用实行统一收费、统一代办服务。④重点工业园区的工业企业,自注册登记之日起,即可申请加入市中小企业信用协会,市担保公司可以为其提供融资担保服务。

由于提供了各项优惠政策,政府在2014年为全市招商引资引入119个协议项目,其中亿元以上工业项目58个,占项目总数的48.7%。通过开展项目建设"百日会战",启动在建项目106个,47个项目竣工或投产。同时,2014年乡镇规划建设工业小区16个,已落户企业78家,税收过千万元的乡镇数量达9个。

从天门市的案例中可以看出,仅通过工业化园区建设并不能为地方政府创造大量的土地财政收入,还需要地方政府投入巨额的资金。但是即使需要大量投资,多数地方政府仍倾向选择工业化驱动模式来推进城镇化建设,原因在于企业的入驻能极大推动当地的住房需求,进而地方政府可以出让更多商住用地,这不仅能帮助完成当地的土地城镇化发展,也为外来务工人员提供了定居的可能,实现人口城镇化的发展。同时,地方政府获得的大量土地财政收入为城镇化基础设施建设提供了资金保障,推动了城镇化发展。相关的实例可参考专栏4.1。

专栏4.1 工业化(工业园区)驱动的城镇化模式
——以余杭经济技术开发区为例

杭州余杭经济技术开发区是于1993年成立的国家级经济技术开发区,最初规划用地总面积为77平方千米,远期总规划用地面积达到了143平方千米。开发区位于杭州市余杭区政府所在地临平城区,是杭州市离上海最近的国家级开发区。有托管村(社区)33个,总人口约25万人。作为杭州工业发展的重要基地,拥有国家级企业孵化器、省级高新技术产业园区、生物医药高新技术产业园区和浙江省唯一的生物医药产业示范基地。

近几年来,余杭经济技术开发区一直在推行新型城镇化战略。从"十一五"开始,当地政府在开发区内积极实施"大区域拆迁,统征统迁",在净地招商的同时通过集中安置农民,加快推进城镇化进程。据统计,余杭经济技术开发区范围内的拆迁农户超过4500户,征地约8.27平方千米,建设基础设施后可用于工业建设的土地有近 3.33 平方千米。目前,开发区建成区面积超过 51 平方千米,入住人口超过 20 万,城镇化效果显著。

　　推动区域城镇化的主体主要有地方政府(余杭区政府和开发区管理委员会)、入园企业和当地村民等。政府在城镇化过程中起着主导作用,包括进行城镇规划、土地利用规划、土地征用、居民房屋拆迁和村民安置补偿、产业发展规划和招商引资等工作。入园企业包括工业企业、商业企业和房地产开发企业等。这些企业是土地需求者、开发利用者,也是就业和人口积聚的主要引力源。当地村民则是城镇化的被动参与者,他们要配合地方政府的征地拆迁和就业安置、房屋安置等。推动开发区建设和城镇化的主要产业包括工业(制造业)和房地产业等。根据余杭经济技术开发区的资料,开发区按照罗兰·贝格制定的"4+1"产业导向,大力发展装备制造、健康产业、绿色产业、电子通讯和纺织服装业,引进了日立、奥的斯、三菱、霍尼韦尔等 10 余家世界 500 强企业,诺华、葛兰素史克、赛诺菲、礼来等世界 500 强医药巨头,有老板电器、民生药业、诺贝尔集团、南都动力等在内的亿元企业 60 余家,工业企业超过 1000 家。2015 年实现规模工业总产值约 540 亿元,财政收入约 37 亿元。为配合开发区基础设施建设和工业化的顺利推进,房地产业得到了大力发展。浙江绿城、金都、中铁等开发商在开发区兴建多个商品楼盘,2009—2013 年,开发区的土地出让收入中有 80% 来源于房地产开发企业支付的土地出让金。地方政府融资平台(余杭区经济建设公司)承担了开发区内的城镇基础设施投资建设任务。仅 2009—2013 年的 5 年间,开发区城镇基础设施投资达 12 亿元(余杭区财政局课题组,2015),城镇化基础设施配套基本完善。城镇化融资的主要来源是土地出让金,余杭区政府则是实际的城镇化的融资主体。2009—2013 年,余杭经济技术开发区土地出让收入达 65 亿元,80% 以上的城镇建设资金来源于土地出让金(余杭区财政局课题组,2015)。由此可见,开发区城镇化建设对土地财政收入的依赖度非常高。

　　由以上讨论可见,余杭经济技术开发区的城镇化模式,是典型的以工业化推动城镇化的模式。尽管最近开发区的城镇化被冠以新型城镇化的名称,但在本质上它仍然属于地方政府主导的传统城镇化模式的范畴。从城镇化参与者的角度看,地方政府仍是城镇化主体和主要推动者,企业是主动性参与者,而当地被征地村民是被动参与者。从产业角度看,它是一种工业和房地产主导的城镇化。从融资角度看,它是一种土地财政依赖型城镇化。

　　真正的新型城镇化应该是在非政府主导、非征地条件下,由村民和企业主导的城镇化,只有这种意义上的城镇化才不太可能是土地财政依赖型的城镇化。在现行城镇化实践中,"留地安置"模式可能是摆脱土地财政依赖型城镇化的一种较好的过渡性政策选择,如能更大比例、更大范围地在全国推广使用"留地安置"模式,将政府功能主要定位在规划和引导上,便是在不征地条件下对市场自发演进的城镇化模式的一种逼近,这种模式也更加接近新型城镇化模式的内涵。

4.2.4 生态保护驱动模式

生态保护驱动模式与旅游开发驱动模式相似但有不同。旅游开发驱动模式的整个过程中涉及的基本均为经营性用地,即使其中的景观用地会涉及购物、住宿等商业性用地。生态保护驱动模式中,地方政府最初从农民手中征用的用于生态保护区域的土地是公益性用地,政府的最初目的并不是进行商业性开发。生态保护驱动的城镇化发展路径如图4.5所示。

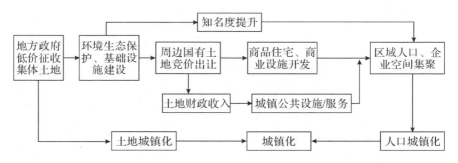

图4.5 地方政府土地财政动机下的生态保护驱动的城镇化路径

在生态保护驱动模式中,地方政府基于保护生态的目的,低价征收集体土地,随后对征用地块进行保护开发及基础设施建设,从而改善城市生态环境。在改善生态环境的过程中,间接提升了城市的知名度。随着社会经济的发展,人们逐渐开始重视追求良好的生存环境,因此,人们为了获得适宜的生存环境或企业周边环境,可能会优先选择进驻生态环境好的地区。随着慕名而来的人数的增加,地方政府可以达到聚集区域人口、企业空间的目的,推动当地住房需求的提升,逐渐带动周边地价的提升。各开发商受到周边生态环境利好的驱动,会承受高地价而选择入驻这些地块进行住宅商业开发。地方政府此时再通过对周边的国有土地进行征用,将其出让给各类开发商来获得更多的土地财政收入,为城镇化发展建设提供资金支持的同时直接推动土地城镇化的发展。地块出让后进行的住宅、商业等项目的开发也会吸引外来人员的进入,进而推动当地人口城镇化的发展。

随着近年我国对生态保护概念的逐渐重视,生态保护驱动的城镇化发展模式被越来越多地运用于实践中,浙江杭州的"西溪国家湿地公园"就是成功案例之一。历史中的杭州西溪湿地占地面积约为60.0平方千米,由于受到当地农民种植的破坏,其面积减至11.5平方千米。西溪湿地面积的不断缩减使政府意识到了保护湿地生态的紧迫性,于是地方政府在 2003 年启动了西溪湿地综合保护工程。该保护工程共分为三期,一期工程在 2005 年完成开放,三期工程在 2008年基本建成投入使用。建成后的西溪湿地成为全国首个国家湿地公园,随着花朝节、干塘节等各类应季文化节日的举办,西溪湿地国家公园声名鹊起,更吸引了《非诚勿扰》等节目组前来拍摄取景,极大提高了杭州西溪湿地的知名度。

自西溪湿地保护工程启动后,当地政府对该项目进行了一定的宣传,逐渐提高了杭州城西板块的知名度。在一期工程完成并开放后,聚集的旅游人气让周边土地的价值得到了提升,地方政府通过对周边大量土地的征用开发,获得了土地财政收入。2005—2015 年,西溪湿地公园周边的蒋村、西溪等单元的地块出让情况如表 4.5 所示。由表 4.5 可知,自西溪湿地保护工程开启后,其周边先后出现了留庄、西溪蝶园、华元和庄、西溪里、西溪晴雪等十余项住宅项目;还完成了西溪印象城等 11 项商业项目。所有住宅及商业项目的土地出让成交价累计约 248 亿元,为当地政府增添了一笔较大的城镇化发展资金,极大地推动了当地城镇化的发展。

表 4.5　2005—2015 年蒋村、西溪等单元的土地出让项目

项目	时间	土地面积/平方米	性质	总价/万元	获得单位
留庄	2005-03-02	51062	住宅	50100	浙江发展房产(绿城)
西溪蝶园	2006-12-13	155838	住宅	145204	万科、坤和
华元和庄	2007-03-08	42131	住宅	29412	浙江华元房地产集团
西溪里	2007-04-23	126046	住宅	122100	坤和建设集团有限公司
西溪晴雪	2007-09-29	55225	住宅	85500	雅戈尔
规划蒋村五号路地块	2008-01-11	74301	商业	59769	杭州蒋村新区建设有限公司
西溪印象城	2008-01-31	85904	商业	19110	杭州润衡投资管理有限公司
	2009-05-19	2222		489	
西溪玫瑰	2008-05-19	75707	商住	43750	杭州中尚联合置业有限公司
	2009-09-15	23816	住宅	16140	

续表

项目	时间	土地面积/平方米	性质	总价/万元	获得单位
西溪诚园	2008-05-06	44664	住宅	100110	绿城房产
	2008-05-06	44870		109990	
	2008-05-14	62972		105800	
	2008-07-29	61461		96060	
	2010-11-25	50013		180600	
富越香溪	2010-05-18	25588	住宅	70600	浙江万厦房地产
西溪明珠	2010-11-25	.71393	住宅	180600	滨江房产
蒋村单元 B－22 地块	2012-09-18	24246	商业	32971	浙江省交通规划设计研究院
蒋村单元 B－21 地块	2012-10-17	53938	商业	74292	浙江亿科智能科技有限公司
万科西庐	2012-12-04	106401	住宅	191723	浙江万科南都房地产有限公司
西溪华府	2012-12-04	73321	住宅	132178	中国海外兴业有限公司
河滨之城	2013-03-12	62760	住宅	196001	浙江中节能绿建环保公司
	2014-02-18	80587		212000	融创
蒋村单元 C－27－1 地块	2013-03-05	24115	商业	24529	浙江中房实业有限公司
蒋村单元 C－39 地块	2013-03-21	14451	商业	9666	杭州东泽实业投资公司
蒋村单元 E－05 地块	2013-06-27	33007	商业	37427	杭州大策投资有限公司
蒋村单元 A12－2 地块	2013-07-30	32590	商业	34137	杭州中宙建工有限公司

项目	时间	土地面积/平方米	性质	总价/万元	获得单位
蒋村单元 D－07－3 地块	2013-08-29	19902	商业	12054	五村联合控股
蒋村单元 B－20 地块	2014-09-30	71303	商业	77193	北京银泰
蒋村单元 XH0603－21	2015-09-15	39703	商业	28110	香港时誉地产有限公司

在生态保护驱动模式中,地方政府需要在前期投入大量的财力物力进行保护开发,且项目开发后聚集的人口量少、流动性强,没有较大程度地实现当地的城镇化发展。但经过一些地区的冒险尝试后,较多地方政府也会选择该模式来推进当地城镇化的发展,原因在于生态项目的开发提升了周边的住房需求及土地价值,促使地方政府可以出让更多的土地来获得土地财政收入,为城镇化发展提供资金支持的同时完成大量土地的城镇化进程,极大推动当地的城镇化建设。

4.2.5 大学校区扩张驱动模式

大学校区扩张驱动的城镇化模式的作用路径如图 4.6 所示(针对高校迁入地城镇化的驱动作用)。在大学校区扩张驱动模式中,高校迁入地的地方政府低价征收集体土地,由政府出资为地块建设相关配套、基础设施,在地块配套设施完善后吸引各类高校入驻,完成区域学生群体等人口的聚集。在确定某高校的入驻计划后,高校迁入地地方政府通过对校区周边国有土地进行协议或竞价出让,以企业入驻、商品住宅开发和商业设施建设等方式形成区域人口、企业的空间聚集效应,而所获得的土地财政收入为城镇化发展提供了充足的资金,可以推动当地城镇化的迅速发展。该城镇化模式的运用不受资源限制,反而会因高校的入驻推动贫资源地区的城镇化进程,因此该发展模式不仅在发达地区存在,也普遍分布于中西部地区。东部的典型案例有广州番禺大学城、河北廊坊东方大学城和杭州下沙大学城等,西部典型案例有甘肃榆中县大学城(兰州大学分校区)和四川成都郫县高新区大学城(西南交通大学分校区)等。

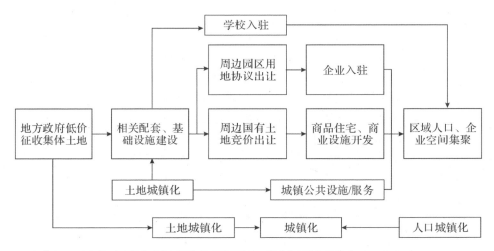

图 4.6　地方政府土地财政动机下的大学校区扩张驱动的城镇化路径

以浙江科技学院中德工程师学院入驻安吉县为例。浙江科技学院与安吉县政府于 2013 年 12 月正式签约,浙江科技学院安吉校区(中德工程师学院)入驻位于安吉孝源街道的安吉县教科文新区。该项目由浙江科技学院与安吉县人民政府合作建设,这是杭州都市圈内首次将优质国际教育资源引入县级市的案例,实现了杭州安吉两地的教育合作。中德工程师学院于 2013 年 7 月动工,2014 年 10 月 8 日投入使用,目前在校学生约 4000 人。中德工程师学院工程建设共分两期,一期占地 33 万平方米,目前已投入使用,二期占地 20 万平方米,目前处于设计阶段。学院一期工程总建筑面积 18 万平方米,已建成行政楼、教学楼、实训中心、图书馆、学生活动中心、风雨操场、室外运动场、学生宿舍和食堂等设施。通过对安吉县政府相关人员的走访,我们了解到该项目总投资 10 亿元,当地政府基本承担了学校建设的全部资金。为了吸引学院的入驻,地方政府给出了极大的优惠条件。地方政府不仅提供了行政划拨的 33 万平方米土地,还将在校区附近新建 200 套教师宿舍,以成本价提供给学校教师。并且承诺在今后 6 年内,每年给出 300 万元的人才补贴专项基金和 130 万元交通补贴。可见,地方政府在引进中德工程师学院的过程中,前期投入了较大的成本,在该阶段,地方政府会一直处于支出状态而无任何相关的土地财政收入。

中德工程师学院的入驻,极大地提高了安吉教科文新区教育项目的含金量,为该新区增加了吸引项目入驻的资本。该新区后来又引进了上影安吉影视产业园、安吉职业教育中心学校、浙江自然博物院等项目(见表 4.6),政府还将通过建设中德科技园来吸引各类科技型创新企业的入驻。

表 4.6　安吉教科文新区其他项目情况(2016 年)

项目	占地面积/万平方米	总建筑面积/万平方米	投资金额/亿元	现状	类型
上影安吉影视产业园	400	200	170.0	建设中,分 3 期 6 年建成,目前项目展示中心已投入使用,名人山庄部分完工,上影电影学院完成概念性方案	综合性品牌影视文化产业基地,浙商回归重点项目
安吉职业教育中心学校	20	12	6.5	2015 年 8 月已完成建设	由原安吉职教中心、安吉艺高、安吉广电大学和教育人力资源管理中心合并
浙江自然博物院	347	6	8.0	主体工程开工前期准备工作在加速推进,项目可研报告编制完毕,环境影响评价、土地预审等进入审批程序,路、桥、土地平整等配套基础设施开始建设,主体馆区的建筑设计方案进一步完善中	浙江省 411 重大文化基础设施工程,浙江文化强省建设示范区引领性项目
安吉教科文新区商业综合体	40			招商中	

数据来源:课题组经实地走访调查,根据相关人员提供的资料整理而得。

　　在调研过程中,据相关负责人介绍,科教文新区已推出 3 宗共 15 万平方米商业用地打造商业综合体,重点引进大型超市、酒店、宾馆、文化娱乐设施等项目。文教新区规划用地平衡表如表 4.7 所示,因为中德工程师学院的入驻而不断引进的各类公益、商业项目,将使安吉教科文新区实现约 1900 万平方米规划用地的土地性质转变,极大推动安吉县的土地城镇化发展进程以及人口城镇化转变。同时,这些土地的住宅商业化利用将为安吉县政府提供大量的土地财政收入。因此,各类公益、商业项目的进驻,或提升了当地知名度,或为政府提供了大量的土地财政收入,大大推动了当地的城镇化建设。

表 4.7　文教新区规划用地平衡

代号	用地名称	用地面积/万平方米	占比/%
R	居住用地	190.90	20.28
R1	一类居住用地	22.68	
R2	二类居住用地	168.22	
A	公共设施用地	246.12	25.04
A1	行政办公用地	2.24	
A2	文化设施用地	17.81	
A31	高等教育用地	104.04	
A33	中小学用地	9.86	
A35	科研用地	108.17	
A5	医疗卫生用地	4.00	
BR	商住混合用地	13.23	1.41
B	商业服务业设施用地	58.74	6.24
B1	商业设施用地	53.67	
B2	商务设施用地	4.37	
B4	公用设施营业网点	0.70	
S	道路广场用地	181.32	19.26
S1	城市道路用地	175.24	
S3	综合交通枢纽用地	0.30	
S4	交通场站用地	5.78	
U	公用设施用地	2.76	0.29
U1	供应设施用地	2.55	
U2	环境设施用地	0.21	
W	仓储用地	4.88	0.52
G	绿地	243.56	25.87
G1	公园绿地	89.93	
G2	防护绿地	153.63	
合计	建设用地	941.51	100.00

代号	用地名称	用地面积/万平方米	占比/%
E	水域及其他	931.47	
E1	水域	54.33	
E2	农林用地	677.41	
E31	预留用地	14.08	
H9	风景园林用地	185.65	
合计	规划范围总用地	1944.39	

数据来源:由安吉人民政府提供的《安吉县教科文新区分区规划》批前公示文件整理汇总而得。

正是因为采用大学校区扩张模式将会获得丰厚的投资回报,各地政府都非常热衷于通过引进高校来推动当地的城镇化发展,即使该发展模式需要当地政府在前期付出巨额的开发成本。

综上所述,在大学校区扩张模式下,高校迁出地的地方政府不仅可以腾出价值极高的城市中心区域土地进行商业性开发以获取更多的土地财政收入,同时高校迁入地的地方政府也能获得大量后期的土地财政收入,推动当地的城镇化发展。对于高校迁出地而言,高校的迁出会造成该地高校人才的流失、高校相关产业流失等不利于当地发展的后果,若当地政府没有土地财政依赖动机,则高校迁出并没有益处,但是依赖土地财政的地方政府会为了获取更多的土地财政收入而选择将高校迁出。对于高校迁入地而言,在大学校区扩张模式的发展前期,地方政府不仅无法获得相关收益,反而需要自出资金对土地进行开发建设。作为理性"经济人",地方政府考虑到后期可以获得的相关土地财政收入,即使回报投资期较长,其仍会冒险尝试通过该模式来推动当地的城镇化发展。因此,本章认为,正是地方政府的土地财政依赖性促使了大学校区扩张驱动的城镇化模式逐渐成为目前我国主流的城镇化发展模式之一。

4.2.6　比较分析

通过对上述五类城镇化驱动模式的理论和案例分析,可以发现每种驱动模式的流行在一定程度上都是因为地方政府的土地财政依赖性。地方政府的土地财政依赖在主流城镇化模式的发展过程中有一定的正向推进作用,但带来的更多的是负面影响。

在房地产开发驱动模式中,地方政府的土地财政依赖导致当地土地的过多出让,抬高地价的同时造成当地房价的上升,增加了当地居民的生存成本,间接阻碍了城镇化的发展。同时,房地产开发驱动模式中,地方政府的土地财政依赖还导致了房产项目的过剩开发与盲目投资,形成了大量"空城""鬼城",造成社会资源的不合理配置和城镇化发展的不可持续。在旅游开发驱动模式中,地方政府的土地财政依赖对城镇化发展有一定的正面影响。如当旅游项目周边的地产开发饱和时,地方政府为了出让土地来获得土地财政收入,会考虑将土地出让后用于建设文化创意园等,从而推动当地产业的转型升级,丰富当地的产业模式,间接推动当地的城镇化发展。在工业驱动模式中,地方政府的土地财政依赖会驱使其进行大量的工业园区开发,并以极低的地价和优惠的政策、制度来吸引企业入驻。这些先大量支出后获得回报的行为和制度都增加了政府的财政风险,进而导致了一定的金融风险。同时,政府基于土地财政依赖目标而提出的招商引资优惠制度在一定程度上影响了当地企业的稳定性。有些企业仅仅为了享受招商引资优惠政策而入驻,在政策优惠结束后就立即撤出该地,进入下一个有优惠政策的区域,间接导致了当地发展的不平衡和不可持续。在生态保护驱动模式中,在完成生态保护后,地方政府可能会盲目出让开发生态区域周边的土地,造成生态环境的二次破坏,导致城镇化发展的不可持续。在大学校区扩张驱动模式中,地方政府会在前期提供大量的优惠制度来吸引校区入驻,因此在前期需要支出大量的政府开支,这在一定程度上会增大政府财政风险。同时,在校区入驻后,地方政府由于对土地财政具有依赖性,可能会进行大量的地产项目的开发,这在一定程度上会造成社会资源的浪费。

综上所述,地方政府的土地财政依赖性在各类主流城镇化发展模式中发挥的负面作用可能大于其正面作用,这也是目前我国主流城镇化模式发展不可持续、发展路径固化等的主要原因之一。

4.3 地方政府土地财政依赖对非主流城镇化模式的影响研究

除主流城镇化模式外,地方政府也曾尝试过不依赖土地财政进行城镇化发展,即采用非主流的城镇化发展模式,如温州龙港的"农民造城模式"[①]、北京郑各庄的"龙头企业带动模式"、余杭天都城的"政企合作、企业主导模式"[②]和成都郊区温江

[①] 这是一个源自新闻媒体的不严格的说法。龙港城镇化的主导性推动力量,特别是启动阶段的主要推动力量,仍然是地方政府。

[②] 天都城模式名义上是政企合作模式,实际上地方政府的介入程度很低,主要是房地产开发企业主导推动的。因此,天都城模式本质上是一种"企业主导的城镇化模式"。

的"幸福田园模式"等。非主流模式的出现为新型城镇化模式创新提供了参考,但地方政府土地财政依赖性对非主流城镇化模式发展的影响仍需进一步探讨。

4.3.1　土地财政依赖对城镇化模式的固化作用:温州龙港模式

温州龙港的农民造城模式作为民间筹资建设发展的典范被广大学者熟知。龙港从 1984 年建镇时的 6000 余人口发展至 2014 年的 36.2 万户籍人口和 43.7 万常住人口,短短 30 年间实现了城市发展的三次大跨越。龙港的第三次跨越使龙港从"产业城"发展为"鳌江流域中心城市",在该阶段,龙港政府计划建立龙港新城,通过新老城同时发展来解决龙港城镇化的瓶颈问题。其中,新城分为中央商务区、现代农业综合开发区、产业集聚区、港口经济区和远景拓展区等部分,新城建成后不仅会吸引内部企业的迁移,更会吸引外部大量企业资本的入驻。新城的建设将会通过 13.1 千米的海涂围垦工程获得 28.7 平方千米的建设土地(陈海兵等,2010),但新城规划总面积为 106.8 平方千米(吴招盘,2014),仍有 78.1 平方千米的土地需从已有建设用地中获取。

经过 30 多年的嬗变,目前龙港发展模式集房地产开发驱动、工业驱动等多种模式为一体,可以列入前述的混合驱动模式中。地方政府此时需要获取的城镇化建设资金无法再通过农民来筹得,因而作为"经济人"的地方政府开始寻求新的渠道。在目前我国地方政府对土地财政依赖盛行的背景下,地方政府会倾向于选择能获得大量土地财政收入的方式,即通过新城的建设,将土地出让给各类企业,吸引其入驻,为政府创造相关税收收入;同时将土地出让给开发商进行地产开发,为政府提供高额的土地出让金收入。

4.3.2　土地财政依赖对城镇化发展的阻滞效应:余杭天都城模式

关于天都城模式的详细分析参见本书第 7 章。此处仅仅说明天都城案例中,企业主导的城镇化发展效果及其成因。

天都城规划占地面积约 467 万平方米,总建筑面积 480 万平方米,规划居住人口 10 万人,其目标是建成一座 21 世纪小康居住生活示范城。但到 2016 年,广厦天都城项目开发了 16 年却仍未完工。浙江广厦集团甚至在 2015 年 8 月 17 日发布公告称,公司决定未来三年内逐步退出房地产行业,外界普遍认为浙江广厦是受累于天都城项目。

天都城项目在 2005 年进入瓶颈期,最主要的原因是还没有与当地政府形成良好的合作,项目没有得到政府部门控规的支撑(石英婧,2015),无法与城市总体规划有效衔接。2009 年底开始的房地产市场调控对天都城项目也产生了很大的影响。天都城的第二波发展最终还是以失败告终。

在调查后发现,天都城项目失败的原因很多,但都离不开地方政府的土地财政依赖。据了解,在 2009 年的很长一段时间里,天都城业主都在联合向余杭区政府、杭州市政府、杭州环保局等相关部门上书反映情况,抗议余杭计划将闲林的诺贝尔瓷砖厂以及超山余杭第一殡仪馆搬迁至天都城附近的决定。虽然业主们的抗议最终起到了效果,但此次事件对天都城住宅的销售产生了很大的负面影响。诺贝尔瓷砖厂的原在地后来被政府以 13.04 亿的价格出让给南京雅居乐开发商。将诺贝尔瓷砖厂迁址后不仅可以将原地块再次出让获得一笔土地收益,并且若该厂未迁出余杭,则余杭政府还能继续获得该厂的相关税收,而让该厂迁至其他地块可能会导致周边未出让地块的价值降低,故地方政府由于土地财政依赖性做出了拟将厂址迁至天都城附近的错误决定。可以说地方政府的土地财政依赖性在一定程度上影响了天都城项目的成功。

天都城项目开发的失败受到很多因素的影响。项目周期过长,政府人员换届,而政府的土地财政依赖性并不会促使其为上一届政府遗留的问题善后。天都城很多土地已被出让,无法为当地政府创造收益,当地政府基于土地财政依赖的性质会忽略天都城地块周边的配套建设,造成交通问题、设施不完善问题等,导致了项目失败。另外,整体宏观政策环境的变化、广厦集团的资金问题以及项目体量过大等也是造成该项目失败的原因。广厦集团的受累最终会影响余杭地区的城镇化建设,政府将会损失各大企业上缴的相关税收收入。但地方政府又不愿意放弃出让广厦目前拥有的大片国有土地,以获得巨大土地财政收入。因此,深度分析本案例可以发现,地方政府的土地财政依赖性是导致天都城项目的"政企合作"建设新城模式失败的本质原因,在一定程度上阻滞了创新型政企合作模式下的城镇化发展。

4.3.3 比较分析

温州龙港镇农民造城的非主流城镇化模式中,政府在建镇初期通过大胆创新推动了城镇的快速发展,但随后城镇化发展速度明显放缓,地方政府在我国土地财政依赖盛行的背景下选择以政府为主导、以工业园区为载体的主流城镇化模式继续发展。在我国城镇化整体高速发展的大环境下,龙港为了促进城镇化的加速发展,最终选择了建设新城来吸引企业入驻、开发商开发的主流城镇化模式。因此,本章认为,如果不根治土地财政依赖问题,即使城镇化模式有所创新,最终的结果都会是逐渐向主流的"政府主导、土地财政依赖"的城镇化模式靠拢。

广厦天都城政企合作的城镇化发展模式虽然在形式上有所创新,但其本质仍是将征用后的土地出让给房地产开发企业,创新之处仅在于以最初极低的土地出让价格吸引企业负责城镇基础设施的建设。宏观政策环境的变化是造成天都城项目失败的外界客观因素之一,其他因素包括没有与当地政府开展良好的合作、政府主导权降低、项目发展与城市总体规划不符以及忽略了企业以营利为主的经营目标。尽管如此,在天都城发展的各个阶段中,都可以找到地方政府土地财政依赖的证据。因此,我们认为在非政府主导的非主流城镇化模式中,地方政府有时候会成为该城镇化模式推进的阻碍因素。

4.4　小　结

本章研究结论如下。

(1)在现行的各类主流城镇化模式中,地方政府所付出的配套设施建设、招商引资等各种成本均有所区别,且地方政府获得的收益多少及回报期长短均不相同。在对地方政府行为的作用路径进行分析后,本章认为各主流城镇化模式中,地方政府具有的共同点就是可以或多或少获得一定的土地财政收入,为城镇化发展提供资金支持,并为地方政府的考核加分。因此,本章认为地方政府土地财政依赖在城镇化模式的选择中具有路径固化效应,即地方政府基于土地财政依赖的目标会主动维护现行的主流城镇化发展模式。

(2)在学者们普遍抨击地方政府土地财政依赖的背景下,城镇化创新模式在一定程度上改变了地方政府的土地财政依赖。然而地方政府可能并不愿意选择创新的城镇化模式。因此,本章认为,地方政府土地财政依赖对城镇化模式的创新具有一定的阻滞作用,即地方政府基于土地财政依赖的目标会选择不进行城镇化模式创新。

(3)在房地产开发驱动模式中,地方政府通过出让土地直接获取大量财政收入,还获得了商业地产开发产生的巨额税收收入,该模式因此成为地方政府最倾向选择的模式。旅游开发驱动和工业驱动模式中,地方政府前期无大量土地出让收入,但后期的税收收入及经济增长是政府需要的回报。大学校区扩张和生态保护驱动模式中,地方政府前期无大量土地财政收入,且后期投资回报较慢,因此这两种模式是地方政府在出于长远战略考虑时才会选择的模式。可见,地方政府更偏好选择房地产开发、工业驱动及旅游开发驱动等模式,是受到其土地财政依赖影响的结果;目前我国主流城镇化模式的出现同样是受地方政府土地财政依赖的影响。

参 考 文 献

蔡继明,王栋,程世勇,2012.政府主导型与农民自主型城市化模式比较[J].经济学动态(5):58-65.

陈海兵,孙优依,2010.龙港:中国城市化标本[J].观察与思考(11):10-25.

陈远宏,2013."鬼城"探秘——揭露"鬼城"成因,抑制房地产泡沫蔓延[J].山西高等学校社会科学学报,25(12):31-35.

崔曙平,赵青宇,2013.苏南就地城镇化模式的启示与思考[J].城市发展研究,20(10):47-51.

孔祥云,王小龙,2013.论改革开放以来我国城镇化的若干模式[J].中国特色社会主义研究(2):49-53.

聂翔宇,刘新静,2013.城市化进程中鬼城的类型分析及其治理研究[J].南通大学学报(社会科学版),29(4):111-117.

秦震,2013.论中国政府主导型城镇化模式[J].华南师范大学学报(社会科学版)(3):24-29.

吴招盘,2014.试论龙港新城规划思路和优势剖析[J].经济师(3):181.

杨惟惟,赖韦达,2012.城市化发展研究与实践:以建设芒市城市新区"水岸边城"为例[J].德宏师范高等专科学校学报,21(1):32-36.

于猛,宋家宁,2013.我国城镇化模式研究综述:基于规模选择和典型模式推广的分析讨论[J].中国土地(3):54-56.

余杭区财政局课题组,2015.新型城镇化建设中投融资机制研究:以余杭经济开发区为例[R].

张自然,张平,刘霞辉,2014.中国城市化模式、演进机制和可持续发展研究[J].经济学动态(2):58-73.

中华人民共和国自然资源部,2011.2010 中国国土资源公报[EB/OL].(2011-10-19)[2013-12-25].http://www.mlr.gov.cnzwgkzytz/201110/t20111019_1001550.htm.

Brown M C. Ordos,China:a modern ghost town[N]. Times,2010-04-02.

Chung H,Unger J,2014. The Guangdong model of urbanisation:collective village land and the making of a new middle class[J]. China Perspectives(3):33-41.

Hillman B,2013. The causes and consequences of rapid urbanisation in an ethnically diverse region:case study of a county town in Yunnan[J]. China Perspectives(3):25-32.

第5章　地方政府土地财政依赖对城镇化水平影响的实证分析

本章运用计量模型就地方政府土地财政依赖对城镇化水平的影响进行实证检验,以证实或证伪土地财政依赖对城镇化的正向促进作用。

5.1　地方政府土地财政依赖与城镇化的关系现状

5.1.1　土地财政依赖发展现状

根据我们的统计计算,2000 年以来,全国地方政府土地财政依赖度除个别年份出现暂时性下降外,总体呈增长态势(见图 5.1、表 5.1)。2003—2013 年的土地财政依赖度均值为 51.63%,2003 年土地财政依赖度达到 55.04%,首次超过 50%,在 2010 年达到了最高值 67.62%。可见,我国土地财政依赖问题异常

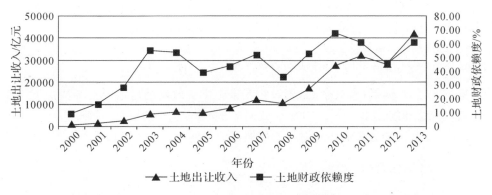

图 5.1　2000—2013 年全国土地出让收入和土地财政依赖度比较

(数据来源:2000—2012 年全国土地出让收入数据来源于《中国国土资源统计年鉴》(2001—2012 年);2013 年土地出让收入数据来源于国土资源部《2013 中国国土资源公报》;2000—2012 年地方财政收入数据来源于《中国统计年鉴》(2000—2012 年);2013 年数据来源于财政部《2013 年财政收支情况》。)

表 5.1   2002—2013 年全国土地财政收入规模

年份	土地出让金/亿元	土地税金/亿元	土地财政收入/亿元	地方财政收入/亿元	(土地出让金/地方财政收入)/%	(土地财政收入/地方财政收入)/%
2002	2417	1235	3652	8515	28.38	42.89
2003	5421	1584	7005	9850	55.04	71.12
2004	6412	2042	8454	11894	53.39	71.08
2005	5884	2648	8532	15100	38.96	56.50
2006	8078	3310	11387	18304	44.13	62.21
2007	12217	4561	16778	23571	51.83	71.18
2008	10260	5780	16040	28650	35.81	55.99
2009	15910	6643	22553	32603	48.80	69.17
2010	27000	8536	35536	40613	67.62	87.50
2011	31500	8228	39728	52434	60.08	75.77
2012	26900	9984	36884	61077	47.32	60.39
2013	41250	12433	53683	68969	59.81	77.84

数据来源:《中国国土资源统计年鉴》(2002—2013 年),《中国财政年鉴》(2002—2013 年)以及财政部网站。其中,土地税金由土地直接税(耕地占用税、土地增值税、城镇土地使用税、契税)和土地间接税(房产税,房地产业以及与土地流转相关的营业税)构成。2013 年土地税金收入为课题组根据 2002—2011 年全国土地税金累计值占同期全国地方财政收入累计值比例的 18.03%,再乘以 2013 年全国地方财政收入而得到的估计值。

严重。2011 年和 2012 年的土地财政依赖度在中央政府的房地产市场调控下曾经一度出现缓和的迹象。但 2013 年的数据却显示,全国土地财政依赖度再次大幅提高,这表明我国地方政府土地财政依赖加重的长期趋势并未得到根本性抑制。

5.1.2   城镇化现状

改革开放以来我国的城镇化轨迹如图 5.2 所示。本章重点考察 2000 年以后的中国城镇化轨迹。自 2000 年开始,中国的城镇化率每年都稳中有升,2000 年全国城镇化率为 36.22%,2014 年已升至 54.77%,年均增幅约为 1.33 个百分点。2011 年我国城镇化率达到 51.27%,首次超过 50%,说明我国城镇化进入了快速发展期。目前我国城镇化发展水平已达中等发达国家水平,且我国城镇化发展的增速比许多发达国家的增速都大,城镇化发展迅速。

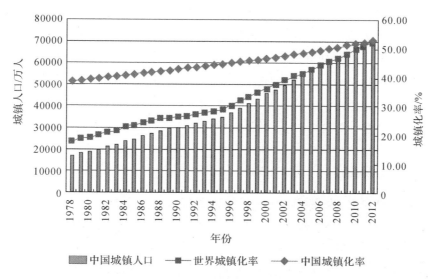

图 5.2　我国城镇化水平变化

（数据来源：根据历年《中国统计年鉴》、世界银行人口预测及联合国《世界城市化展望》提供的城镇化比率计算而得。）

5.1.3　土地财政依赖与城镇化水平关系的统计规律

从全国层面看，2000 年以来，地方政府土地财政依赖度呈现波动性增长，而城镇化水平则呈现出比较平稳的持续上升趋势（见图 5.3）。进一步观察却发

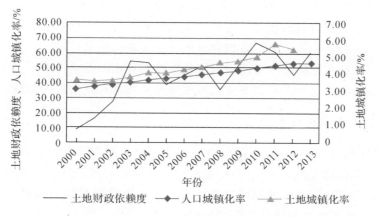

图 5.3　全国土地财政依赖度与城镇化率比较

（数据来源：城镇化率数据系根据国家统计局网站数据库、历年《中国统计年鉴》和《新中国 60 年统计资料汇编》提供的原始数据处理得到。土地财政依赖度数据根据历年《中国国土资源统计年鉴》和《2013 中国国土资源公报》提供的数据计算得到。）

现,土地财政依赖度变化的长期趋势与城镇化率的增长轨迹大体上是一致的。至于地方政府土地财政依赖对城镇化发展的影响程度究竟如何,仅仅通过对全国总量数据的简单统计分析难以得出可靠的结论,还需要做进一步的理论分析,并利用省级面板数据进行更为深入的计量经济学实证检验。

5.2 省际面板数据模型分析

5.2.1 研究假设

通过文献研究,发现城镇化的影响因素很多。本章根据已有文献及课题研究目的,选取城镇化的主要影响因素作为控制变量,利用多元回归模型再次验证土地财政依赖对城镇化的影响。在以往的研究中,工业化是学者们公认的主要城镇化影响因素,工业化被认为是城镇化发展的基本动力(岳文海,2013),但工业化对城镇化的正向推动作用是在特定的工业化发展阶段中(主要在工业化初期、中期)发挥的(郑长德等,2004;张自然,2008)。另外,经济发展水平是城镇化的主要驱动力(Cartier,2002),也是城市化的内在动力(盛广耀,2012),在城镇化过程中发挥着重要的推动作用。事实上,城镇化既是一种动态的、历史的社会经济现象,也是多种社会、经济因素综合作用的结果。除经济发展水平外,城乡居民收入的差距(吴先华,2011;吴江等,2012;吴超,2013;崔军等,2014)、产业结构特征(张学东等,2015)等对城镇化均有显著影响,更有多数学者认为服务业是城镇化发展的后续动力(张自然等,2014)。基于上述分析,提出如下待检验的理论假设。

假设一:土地财政依赖对土地城镇化水平和人口城镇化水平均有正向影响。

假设二:经济发展水平对城镇化发展有显著正向推动作用。

假设三:城乡居民收入差距对城镇化发展具有正向推动作用。

假设四:工业化水平与服务业对城镇化发展均具有正向推动作用。

5.2.2 数据来源和模型构建

在数据收集过程中,发现西藏自治区有多年的数据无变动,本章在全国 31 个省区市(不包括港澳台地区)中剔除西藏自治区的数据,运用 2000—2012 年全国 30 个省(区、市)的面板数据研究地方政府土地财政依赖度对城镇化水平的影响。先进行单指标回归模型计算,模型构建如下:

$$UR_{it} = \alpha_0 + \beta_0 Dep_{it} + \varepsilon_{0it}$$
$$UT_{it} = \alpha_1 + \beta_1 Dep_{it} + \varepsilon_{1it}$$

式中,UR 为人口城镇化水平,以城镇常住人口与总人口的比值表示;UT 为土地城镇化水平,以城镇建成区面积与市辖区面积的比值来表示,其中市辖区面积包括农村区域面积(以浙江省杭州市为例,市辖区面积是包括富阳、萧山在内的大杭州概念下的区域面积),但因为历年统计年鉴间的统计口径并不完全统一及搜集相关数据的困难性,本章均对城市历年年鉴的数据进行处理,研究获得的土地城镇化水平的相对性数据;β_0、β_1代表方程中自变量土地财政依赖度的回归系数;Dep 为各省地方政府土地财政依赖度,以各省土地出让收入与地方政府一般预算内收入的比值表示;ε 为影响各省城镇化水平的随机变量。以上指标都以%为单位。

在加入控制变量的多元回归模型中,选取人均 GDP 作为衡量经济发展的指标,为了降低区域差异影响,即异方差现象,模型中对 GDP 进行对数化处理。城乡收入差距(Gap)为城镇居民人均可支配收入和农村人均纯收入的差值,同样对其进行对数化处理。用工业增加值与 GDP 的比值表示工业化率,用第三产业增加值与 GDP 的比值表示服务化率 FW。

在模型的试运算过程中,工业化率和取对数后的 GDP 值为 1 阶单整序列,对其进行差分后加入模型,发现这两个参数在人口城镇化和土地城镇化两个模型中均未通过显著性检验。这说明我国工业化对城镇化的影响可能正处于不显著阶段,即位于张自然等(2014)等学者提出的倒 U 形模型的拐点处。因此,本章最终加入服务化率和城乡收入差距两个控制变量,利用 2000—2012 年全国30 个省(区市)的数据,建立如下多元线性回归模型:

$$UR_{it} = \alpha_2 + \beta_2 Dep_{it} + \beta_3 FW_{it} + \beta_4 \ln Gap_{it} + \varepsilon_{2it}$$
$$UT_{it} = \alpha_3 + \beta_5 Dep_{it} + \beta_6 FW_{it} + \beta_7 \ln Gap_{it} + \varepsilon_{3it}$$

式中,β_2 至 β_7 代表方程中对应变量的回归系数。

本章所有数据来源于 2001—2013 年《中国统计年鉴》《中国城市统计年鉴》《中国国土资源年鉴》,以及《新中国 60 年统计资料汇编》和各城市历年相关年鉴。本章选用软件 EViews 8 处理面板数据模型。关于模型中的主要自变量土地财政依赖度,以及两个因变量人口城镇化率、土地城镇化率的描述性统计如表 5.2 所示。

表 5.2　指标的统计性描述

变量	人口城镇化率(UR)	土地城镇化率(UT)	土地财政依赖度(Dep)
平均值/%	45.49962	6.015462	39.46354
标准差/%	14.93352	4.851598	27.90064
最小值/%	17.86000	0.474000	0.350000

续表

变量	人口城镇化率（UR）	土地城镇化率（UT）	土地财政依赖度（Dep）
最大值/%	89.33000	27.11200	170.4700
观测值个数/个	390	390	390
截面数/个	30	30	30

5.2.3　实证检验

（1）单位根检验

单位根检验共分两大类。一类是假设 $a_i=0$ 的相同根检验，主要有 LLC 检验、Breitung 检验和 Hadri 检验；另一类是允许 a_i 跨截面变化的不同根检验，主要有 Im-Pesaran-Skin 检验、Fisher-ADF 检验和 Fisher-PP 检验。本章利用不同单位根检验 Fisher-ADF 检验、Fisher-PP 检验以及相同单位根检验 LLC 检验对变量做平稳性检验，结果如表 5.3 所示。

表 5.3　城镇化水平与土地财政依赖度单位根检验结果

变量	检验法	t 统计量	显著性水平	平稳性
人口城镇化水平 UR	LLC	−8.63539	0.0000***	平稳
	Fisher-ADF	89.7191	0.0077***	平稳
	Fisher-PP	88.4506	0.0099***	平稳
土地城镇化水平 UT	LLC	−11.2864	0.0000***	平稳
	Fisher-ADF	125.636	0.0000***	平稳
	Fisher-PP	161.355	0.0000***	平稳
土地财政依赖度 Dep	LLC	−7.93278	0.0000***	平稳
	Fisher-ADF	101.900	0.0006***	平稳
	Fisher-PP	139.956	0.0000***	平稳
服务化率 FW	LLC	−6.97397	0.0000***	平稳
	Fisher-ADF	95.0364	0.0027***	平稳
	Fisher-PP	165.123	0.0000***	平稳
城乡收入差距 lnGap	LLC	−7.86288	0.0000***	平稳
	Fisher-ADF	84.5424	0.0201**	平稳
	Fisher-PP	83.4432	0.0244**	平稳

由表 5.3 可知,对人口城镇化水平 UR、土地城镇化水平 UT、土地财政依赖度 Dep、服务化率 FW 以及城乡收入差距 lnGap 进行单位根检验的结果是显著性水平在 5% 以下,指标均通过了平稳性检验。这表明各项指标均为 0 阶单整序列,即为平稳序列。对平稳序列可不进行协整检验而可以直接回归,因此本章跳过协整检验。

(2)面板模型选择

根据截距项的不同可以将变截距模型分为固定效应模型和随机效应模型,模型效应关系到最终结果是否为无偏估计量,因此准确判断模型效应非常重要。根据 Hausman 检验结果判断模型的随机和固定效应,检验结果如表 5.4 所示。

表 5.4　Hausman 检验结果

χ^2 统计量	χ^2 统计量自由度	概率
13.035414	3	0.0408

根据表 5.4 的判断结果可知,在 5% 的显著性水平下,模型拒绝用随机效应的原假设,因此本章选择固定效应模型。限于文章篇幅,在此不一一列举对其他一元回归及以土地城镇化水平为因变量的多元回归模型的选择判断过程。根据判断,本章所用模型均为固定效应的变截距模型。

(3)实证检验

根据前文的判断与假设,首先对单指标的一元回归模型进行计量检验,判断土地财政依赖与人口城镇化水平和土地城镇化水平间的关系。对 2000—2012 年全国 30 个省(区市)的数据回归结果如表 5.5 所示。

表 5.5　一元线性回归结果

变量	土地城镇化模型的回归系数及显著性水平	人口城镇化模型的回归系数及显著性水平
C	6.487811 (28.18996)***	62.43900 (19.58129)***
Dep	-0.001802 (-3.557761)**	-0.045927 (-6.090719)***
AR(1)	0.651352 (16.56721)***	0.895417 (46.65613)***
拟合优度	0.956362	0.968528
调整后拟合优度	0.952238	0.965554

续表

变量	土地城镇化模型的回归系数及显著性水平	人口城镇化模型的回归系数及显著性水平
回归标准误差	1.070646	2.741672
F 统计量	231.8831***	325.6151***
DW 统计量	2.197600	2.290792

根据表 5.5 中的回归结果,土地财政依赖对土地城镇化水平和人口城镇化水平的影响系数均为负值,分别为 -0.001802 和 -0.045927。这表明,地方政府土地财政依赖度每提高 1.0 个百分点,土地城镇化率会降低约 0.18 个百分点,人口城镇化率会降低约 4.59 个百分点。该回归结果与本章的假设一情况相反,但这可能是因为遗漏了其他重要影响因素而导致回归结果准确性降低,回归结果出现偏差。因此,本章根据已有文献的结论及本书研究目的,选取相关性较大的服务化率和城乡收入差距两个指标作为控制变量加入回归模型,进行多元回归分析,结果如表 5.6 所示。

表 5.6　多元线性模型回归结果

变量	土地城镇化模型的回归系数及显著性水平	人口城镇化模型的回归系数及显著性水平
C	-7.437904 (-10.95740)***	-60.61225 (-4.635955)***
Dep	-0.003909 (-2.662170)***	-0.044460 (-5.507927)***
FW	-0.013843 (-5.801797)***	-0.029020 (-1.718676)*
lnGap	1.616251 (22.28843)***	12.37155 (8.888503)***
AR(1)		0.734849 (21.73079)***
拟合优度	0.965121	0.970204
调整后拟合优度	0.961994	0.967188
F 统计量	308.6968***	321.6670***
DW 统计量	0.795767	2.139185

由表 5.6 所示的结果可知,地方政府土地财政依赖对土地城镇化水平和人口城镇化水平的影响仍为负值,系数分别为－0.003909 和－0.044460。这表明土地财政依赖度每提高 1.0 个百分点,土地城镇化率会降低约 0.39 个百分点,人口城镇化率会降低约 4.45 个百分点。多元回归结果与一元回归结果一致,可以排除因遗漏变量导致回归结果偏差的可能性。但回归结果与研究假设一相悖,也与多数学者的已有研究结果不同。通过再次查阅大量的相关文献,发现有部分学者认为土地财政依赖度对城镇化的影响可能呈倒 U 形,即存在一定的拐点(张自然等,2014)。在拐点前的阶段,土地财政依赖度对城镇化水平具有正向推动作用,而在拐点后有负向抑制作用。基于此假设,运用单指标数据进行二项式模型回归,以判断两者间是否具有存在拐点的可能,回归结果如表 5.7 所示。

表 5.7　倒 U 形模型回归结果

变量	土地城镇化模型的回归系数及显著性水平	人口城镇化模型的回归系数及显著性水平
C	4.873466 (24.58724)***	34.33431 (41.21867)***
Dep	0.042578 (5.539943)***	0.447241 (13.84706)***
Dep^2	－0.000231 (－3.664739)***	－0.002778 (－10.50519)***
拟合优度	0.916949	0.845189
调整后拟合优度	0.909757	0.831783
回归标准误差	1.457440	6.124869
F 统计量	127.5033***	63.04811***
DW 统计量	0.800086	0.602580

从表 5.7 可知,在二项式模型的回归结果中,土地财政依赖度的二次项对土地城镇化水平和人口城镇化水平的影响系数均为负值,且土地财政依赖度的一次项对城镇化水平的影响系数为正。该回归结果说明,土地财政依赖度对城镇化水平的影响呈倒 U 形,即存在拐点。二项式模型的回归结果解释了现阶段土地财政依赖度对城镇化水平的影响系数为负值的合理性。

根据倒 U 形模型的回归结果计算得出,当土地财政依赖度为 92.2% 时,土地财政依赖度对土地城镇化水平的影响达到最大值;当土地财政依赖度为80.5%时,土地财政依赖对人口城镇化水平的影响达到最大值。但此处根据模型回归结果计算出的点仅为数学中的极值点而非拐点。通过对拐点计算等相关文献进行研究,发现经济学中的拐点与数学中的拐点并非完全一致,而根据本课题组目前已搜集到的数据,无法准确计算出该倒 U 形模型的拐点值,因此该模型仅为验证负向结果的合理性。

从回归结果可看出,二项式模型的拟合优度、DW 统计量等各项指标均劣于线性模型,且本章搜集到的数据的时间序列较短,进行二项式回归可能存在数据样本量不足而出现回归误差。因此,本章后续的回归分析仍采用线性模型来验证现阶段土地财政依赖度对城镇化水平的影响,此处的二项式模型回归仅为了验证土地财政依赖度和城镇化水平间拐点存在的可能性,以解释负向结果的合理性。

5.2.4　回归结果分析和结论

分析模型的回归结果,得出如下结论。

(1)在一元和多元回归模型中,土地财政依赖度对土地城镇化水平的影响系数为负值,即土地财政依赖度的提高会导致土地城镇化水平的降低。该结果可能源于两方面的原因。①本章中的土地财政依赖度为地方政府土地出让收入与当年政府一般预算财政收入的比值,土地财政依赖度的提高来自土地财政收入的提高,土地财政收入的提高可能是由于土地出让规模的增大或土地出让单价的增长。随着近年商住用地出让价格的不断上涨,地方政府土地财政依赖度不断提高,但可能土地出让规模并没有增加,因此土地城镇化水平也没有增加。②本章的土地城镇化水平为城市建成区面积与市辖区面积的比值,该值是否增长与城市建成区面积有极大关系。近年来,地方政府为追求土地财政收入而大量出让农用地,但政府在获得土地出让金后可能会缺乏监督出让土地项目的积极性,导致出让土地项目不能按期建成。因此,虽然土地财政依赖度不断增长,但出让土地项目的未建成可能导致土地城镇化水平不增反减。

(2)在一元和多元回归模型中,地方政府土地财政依赖对人口城镇化水平的影响同样为负值。土地财政依赖度的提高导致城市土地出让价格增加,房地产开发商成本增加,从而抬升了城市的房价水平,增加了城市居民的生活成本,这在一定程度上提高了外来人员在城市定居的门槛,导致人口城镇化率的降低。另外,地方政府获得了大量土地财政收入后轻松完成政府的相关考核,这可能会使地方政府减少对其他较慢提高政绩工作的关注度,如户籍制度的改革、基础设施的建设等工作,各项政策福利的缺失会阻碍外来人员到城市定居,最终导致人口城镇化水平的降低。

（3）地方政府长期的土地财政依赖对城镇化水平的影响可能呈存在拐点的倒 U 形，即在地方政府对土地财政产生依赖的前期，土地财政依赖可能会推动城镇化的发展。因为地方政府获得了土地财政收入后，为城镇化发展提供了资金支持并可以引入各类工商业企业，推动经济发展，进而推动城镇化。但在地方政府对土地财政具有依赖性的中后期，地方政府盲目地获取土地财政收入会抑制城镇化发展。

5.3　东中西部地区计量分析

从全国层面数据的回归结果来看，地方政府土地财政依赖度对城镇化水平具有负向影响。然而我国幅员辽阔，拥有众多的省区市，各地区的经济发展水平差异较大，各地区的土地财政依赖性对城镇化水平的影响可能具有差异。在对全国层面的数据进行分析的基础上，本节分别对东中西部代表省区市的数据进行计量检验。

5.3.1　模型假设

关于土地财政依赖度的区域差异，多数学者认为，土地财政依赖度具有东高西低的特征，即经济发达地区的地方政府对土地财政的依赖现象更明显（顾乃华等，2011；朱丽娜等，2010）。王子龙（2013）从房地产相关税收依赖以及国有土地出让收入依赖两个角度进行评价，发现中西部地区地方政府对土地财政的依赖程度不高。王玉波等（2013）、王玉波（2014，2015）通过分析1999—2010 年中国 31 个省（区市）的土地财政收入数据，发现这 12 年间，全国土地财政收入总规模最大的地区为东南沿海省份以及经济发达地区（包括江苏、浙江、山东、广东、辽宁、上海、北京、四川、福建、安徽等地），而总规模排名靠后的省份大部分属于经济不发达的西部地区，并将各省土地财政状况划分为发展阶段、旺盛阶段、中期阶段和淡出阶段 4 种。可见，经济越发达的地区对土地财政收入的依赖程度越高，经济越不发达地区对土地财政收入的依赖程度越小。多数学者的研究认为，经济发展水平与各地区土地财政依赖度有密切的关。也有学者通过实地案例调研发现，工业化水平与各地政府土地财政依赖度有关，即处在工业化后期阶段的省（区市）的土地财政依赖度相对较低（唐在富，2014）。

综上分析，学界基本认同土地财政依赖度东高西低，以及经济越发达地区土地财政依赖度越高的结论。结合前文的实证分析，本章认为土地财政依赖度对城镇化水平的影响呈倒 U 形,即在地方政府具有土地财政依赖性的前期,土地财政依赖度对城镇化水平具有正向影响作用,而在中后期对城镇化水平存在负向影响。基于此,本章提出如下假设。

假设一:东部地区土地财政依赖度对城镇化水平有负向影响。

假设二:中西部地区土地财政依赖度对城镇化水平有正向影响。

5.3.2　数据来源和模型构建

根据前文土地财政依赖度和城镇化水平的单指标线性模型和二项式模型的回归结果,线性模型的拟合结果更优。因此在研究东中西部地区土地财政依赖度对城镇化水平的影响时,设立简单线性单指标回归模型,模型方程式如下:

$$UR_{itx} = c_1 + \beta Dep_{itx} + \mu_1$$
$$UT_{itx} = c_2 + \beta Dep_{itx} + \mu_2$$

式中,c_1 和 c_2 为常数项,μ_1 和 μ_2 为随机误差项,指标下标的 x 表示西部,还可以被替换成 d,z 表示东部、中部。

关于东中西部的划分,我们参考国家统计局提供的划分依据,以及从《中共中央、国务院关于促进中部地区崛起的若干意见》《国务院关于西部大开发若干政策措施的通知》和中共十六大报告精神中提炼出东中西部的城市划分依据。我们选取的东部代表城市分布在北京、天津、河北、上海、江苏、浙江、福建、山东、广东和海南等地,中部城市涵盖山西、安徽、江西、河南、湖北、湖南、吉林和黑龙江等省(区市),西部城市分布于内蒙古、广西、重庆、四川、贵州、云南、陕西、甘肃、青海、宁夏和新疆等省(区市)。数据来源于 2001—2013 年《中国统计年鉴》《中国城市统计年鉴》《中国国土资源年鉴》,《新中国 60 年统计资料汇编》及各城市历年相关年鉴。

5.3.3　实证检验

在进行实证检验前,分别对东中西部各项指标进行描述性统计,结果如表 5.8 所示。从表 5.8 中可见,人口城镇化水平、土地城镇化水平以及土地财政依赖度的均值大小顺序均为东部地区＞中部地区＞西部地区;东部地区三项指标的最大值明显大于中西部地区,而中西部地区的指标数值差距不大。可见东部地区各项指标数据与中西部地区各项指标数据存在一定的差异。

模型的 Hausman 检验和 F 统计量检验过程与前文类似,在此不再赘述。根据 Hausman 检验和 F 统计量检验结果,东中西部的回归结果均选用变截距的固定效应模型分析,回归结果如表 5.9 所示。

表 5.8　东中西部指标描述性统计结果

地区	指标	平均值/%	标准差/%	最大值/%	最小值/%	观测值数量/个	截面数/个
东部	人口城镇化水平（UR）	55.59	18.31	89.33	23.51	130	10
	土地城镇化水平（UT）	9.03	5.39	27.11	0.47	130	10
	土地财政依赖度（Dep）	49.16	32.56	170.47	0.52	130	10
中部	人口城镇化水平（UR）	42.18	8.37	56.91	23.2	104	8
	土地城镇化水平（UT）	4.65	2.19	11.95	1.67	104	8
	土地财政依赖度（Dep）	37.15	23.53	95.09	0.35	104	8
西部	人口城镇化水平（UR）	37.52	8.52	57.75	17.86	143	11
	土地城镇化水平（UT）	3.94	4.39	19.74	1.04	143	11
	土地财政依赖度（Dep）	31.24	22.83	99.2	2.19	143	11

表 5.9　东中西部回归结果

变量	东部		中部		西部	
	人口城镇化模型的回归系数及显著性水平	土地城镇化模型的回归系数及显著性水平	人口城镇化模型的回归系数及显著性水平	土地城镇化模型的回归系数及显著性水平	人口城镇化模型的回归系数及显著性水平	土地城镇化模型的回归系数及显著性水平
C	-73.21717	10.27872	35.44283	3.484946	31.57385	3.713567
	$(15.94198)^{***}$	$(17.70218)^{***}$	$(41.22477)^{***}$	$(18.89526)^{***}$	$(43.07644)^{***}$	$(19.05966)^{***}$
Dep	-0.071583	-0.002843	0.181379	0.031403	0.190336	0.007315
	$(-4.618290)^{***}$	$(-3.700891)^{**}$	$(8.756180)^{***}$	$(7.066945)^{***}$	$(9.377532)^{***}$	$(2.355817)^{*}$
拟合优度	0.946275	0.962977	0.798938	0.865197	0.754287	0.934673
调整后拟合优度	0.940803	0.959206	0.782007	0.853845	0.733655	0.929188
回归标准误差	4.348868	1.105709	3.908262	0.838411	4.398911	1.169321
F 统计量	172.9318***	255.3737***	47.18640***	76.21620***	36.55847***	170.3909***
DW 统计量	2.280976	1.975711	0.530466	0.498700	0.627829	1.840130

从回归结果可见,东部地区的土地财政依赖度对人口城镇化水平和土地城镇化水平的影响系数分别为－0.071583 和－0.002843,为负向影响;中西部地区土地财政依赖度对人口城镇化水平和土地城镇化水平的影响系数均为正值,为正向影响。模型的回归拟合优度说明各模型的拟合效果都较好,回归结果可信度较高。

5.3.4　研究发现

根据东中西部地区的模型回归分析,得出如下结论。

(1)东部土地财政依赖度对人口城镇化水平和土地城镇化水平的影响系数为负,说明在东部地区,土地财政依赖度的提高会抑制城镇化水平的提高。这一结果与全国层面的结果一致,说明东部地区土地财政依赖度已进入拐点之后的中后期阶段,对城镇化发展产生了抑制作用。

(2)中西部地区的土地财政依赖度对人口城镇化水平和土地城镇化水平的影响系数均为正,说明目前我国中西部地区土地财政依赖度的提高会推动当地的城镇化发展。中西部地区的经济发展相对于东部地区而言较为落后,其土地财政依赖度仍处于拐点前的前期阶段,地方政府可以通过出让土地来筹集发展资金,进而推动当地的城镇化发展。

5.4　小　结

本章对地方政府土地财政依赖度对城镇化水平的影响进行了实证分析,主要研究结果如下。

(1)描述地方政府土地财政依赖度和城镇化发展现状,通过数据的直观图形表达推断两者间可能存在正相关关系,并结合已有文献的研究成果提出本章的研究假设。运用全国 30 个省(区市)2000—2012 年的数据进行回归分析,根据单指标线性回归模型和多指标回归模型的回归结果得出结论:在全国层面,地方政府土地财政依赖度的提高会抑制人口城镇化和土地城镇化发展。

(2)因回归结果与研究假设相悖,根据已有文献的结论,进行了土地财政依赖度对城镇化水平影响的单指标二项式模型回归分析。回归结果表明,地方政府土地财政依赖度对人口城镇化水平和土地城镇化水平的影响可能呈倒 U 形,即存在拐点,因此将影响分为前期的推动和中后期的抑制两阶段。根据全国层面的线性回归结果可得,目前我国地方政府的土地财政依赖度正处于拐点后的中后期阶段,此时土地财政依赖度提高会导致人口城镇化和土地城镇化水平的下降。

　　(3)结合我国地区经济发展水平差距较大的实际国情,分别对东中西部代表城市的数据进行线性回归分析。回归结果显示,地方政府土地财政依赖度对城镇化发展水平的影响存在区域差异。东部城市经济发达,其土地财政依赖度已发展到拐点后的中后期阶段,因此其土地财政依赖度对人口城镇化水平和土地城镇化水平均有负向影响;中西部城市经济发展相对落后,这些地区的地方政府对土地财政的依赖并不严重,这些地区的土地财政依赖度仍处于拐点前的前期阶段,对人口城镇化和土地城镇化水平均有正向作用。

　　综上所述,现阶段地方政府土地财政依赖度对土地城镇化和人口城镇化发展具有一定的阻滞作用,特别是在东部等经济发达地区,地方政府需要通过寻求其他途径来推动城镇化发展。对于中西部地区来说,虽然土地财政依赖度对城镇化发展仍具有正向推动作用,但地方政府不能过度依赖土地财政,否则会进入土地财政依赖度抑制城镇化发展的阶段。

参考文献

崔军,杨琪,2014.新世纪以来土地财政对城镇化扭曲效应的实证研究——来自一二线城市的经验证据[J].中国人民大学学报(1):55-64.

顾乃华,王小霞,陈雄辉,2011.我国土地财政的区域差异与成因——基于省际面板数据的实证研究[J].产经评论(2):103-112.

盛广耀,2012.关于城市化模式的理论分析[J].江淮论坛,(1):24-30.

唐在富,苏明,2014.土地财政案例分析[J].中国财政(10):21-24.

王玉波,2014.基于地域差异的后土地财政时期有效过渡研究[J].中国土地科学,28(4):18-25.

王玉波,2015.土地财政与城市用地规模关系地域差异研究[J].中国人口资源与环境,25(4):76-83.

王玉波,唐莹,2013.中国土地财政地域差异与转型研究[J].中国人口资源与环境,23(10):151-159.

王子龙,2013.地区比较角度的地方政府土地财政依赖研究[J].经济与管理,27(11):13-17.

吴超,2013.城镇化影响因素及发展路径研究——以浙江省为对象[D].杭州:浙江工业大学.

吴江,申丽娟,2012.重庆新型城镇化路径选择影响因素的实证分析[J].西南大学学报(社会科学版),38(2):151-155.

吴先华,2011.城镇化、市民化与城乡收入差距关系的实证研究——基于山东省时间序列数据及面板数据的实证分析[J].地理科学,31(1):68-73.

岳文海,2013.中国新型城镇化发展研究[D].武汉:武汉大学.

张学东,李志翠,2015.中国城市化与产业结构优化升级互动研究[J].技术经济与管理研究(2):117-120.

张自然,2008.中国服务业增长与城市化的实证分析[J].经济研究导刊(1):180-182.

张自然,张平,刘霞辉,2014.中国城市化模式、演进机制和可持续发展研究[J].经济学动态(2):58-73.

郑长德,刘晓鹰,2004.中国城镇化与工业化关系的实证分析[J].西南民族大学学报,25(4):102-111.

朱丽娜,石晓平,2010.中国土地出让制度改革对地方财政收入的影响分析[J].中国土地科学(7):23-29.

Cartier C,2002. Transnational urbanism in the reform-era Chinese city:landscapes from Shenzhen[J]. Urban Studies,39(9):1513-1532.

第6章 村委会/村民主导的工业化 驱动的城镇化模式案例分析

山东青州南张楼村城镇化是目前国内唯一的一个由外国组织援助启动,诱发当地政府支持,以村委会和村民为主导的发生在偏僻农村地区的村庄城镇化案例。从驱动产业的角度看,这种模式仍然是一种工业化驱动的城镇模式。从人口转移的角度看,它又是一种典型的就地城镇化模式。从治理地方政府土地财政依赖的角度看,这种城镇化模式有一定的创新意义,值得对其深入调查并进行详细分析。

6.1 案例分析对象简介

本案例的分析对象南张楼村,地处山东省潍坊青州市何官镇境内,目前是何官镇最大的一个行政村。南张楼村距山东潍坊南苑机场 68 千米,距青州市区约 40 千米,距青州长途汽车站约 26 千米(乘城乡公交班车车程大约 40 分钟),距青州火车站 24 千米(车程大约 35 分钟)。南张楼村土地总面积大约为 9.8 平方千米,耕地面积为 4.2 平方千米。截至 2016 年 7 月,全村共有 1260 个农户,4210 口人①,这是一个人均耕地较少、缺少矿产资源、交通条件一般、相对远离城市中心、区位条件也不算优越的北方平原村落。

1987 年,山东省和德国巴伐利亚州确定友好省州关系。1988 年,双方签约实施"中德土地整理和村庄革新"合作项目(刘成友等,2010),在南张楼村建立"中德土地整理与农村发展合作试验区"。德国方面,由汉斯·赛德基金会负责项目的实施,旨在尝试将德国巴伐利亚州"城乡等值"的实践经验复制到中国的南张楼村。"城乡等值"试验的主要目的是,通过土地整理,加大农村基础设施投资来改善农村的基础设施条件,提高农村公共服务的水平,进而提高农民的生活品质,缩小城乡差别,减弱农村人口流向大城市的动力。中德合作项目从 1990 年开始正式实施,主要内容包括村庄分区规划、土地整理、农业机械化耕作、农村基础设施建设(包括

---

① 数据来源于青州市党务村务公开网中的《南张楼村审计报告》。

村庄和田间道路修建)、村庄环境整治、兴办学校和培训村民等。经过二十多年的实践,南张楼村在村庄基础设施、环境条件、农业生产设施等方面均有极大的改善,村庄社会经济发展水平和村民的生活品质有了显著提高。经过评估,德国方面认为,南张楼村的"城乡等值"试验,是巴伐利亚州经验在全球范围内的众多试验项目中最有成效的。我们认为,以中德合作项目的实施为契机,南张楼村的发展既可以作为我国新农村建设的一个比较有成效的案例,也可以作为新型城镇化,尤其是基于治理地方政府土地财政依赖目标的城镇化模式创新的重要案例①。

6.2　南张楼村巴伐利亚试验的城镇化效果

经过二十多年的试验,南张楼村的基础设施和公共服务、村庄生活环境和社会经济结构等均发生了重大变化。尽管与传统的集体土地国有化前提下的土地城镇化,以及农村户籍人口转变为城镇户籍人口前提下的人口城镇化概念有所不同,南张楼村在土地利用、劳动就业、基础设施与公共服务,以及村庄社会经济结构和形态等方面均表现出了类似城镇化的特征。因此,本章仍然从城镇化概念和特征的视角讨论南张楼村村庄革新、土地整理试验的效果。

6.2.1　南张楼村人口城镇化特征

在巴伐利亚试验开始之前的 1989 年,南张楼村的人口总数为 4258 人(高文等,2004),2013 年,全村人口总数为 4260 人(彭俊勇,2014),2016 年 7 月,人口总数为 4219 人。二十多年来,村庄面貌发生了巨大变化,但村庄人口总数并未发生明显变化。但是,从人口的就业结构来看,1989 年,全村 2500 多劳动力中,从事农业生产的劳动力占劳动力总数的 88.4%,从事非农产业的劳动力仅占 13.6%;在巴伐利亚试验启动十三年之后的 2003 年,全村从事非农产业的劳动力就已经占到了劳动人口的 80% 以上(彭俊勇,2014),劳动力的就业结构已经完全具备了发展非农产业化的城镇化特征。目前,南张楼村的劳动力在非农业部门就业的比重保守估计在 90% 以上,除了 200 多人在海外务工和部分大学生之外,本村劳动力基本实现了"就地非农产业就业",这一点基本符合"农村人口就地城镇化"的特征。

---

① 为了了解南张楼村的近况,2016 年 10 月 14 日到 16 日,课题组到青州南张楼村进行了实地考察。南张楼村总体发展不错,但并未看到部分媒体描述的村庄极其繁荣的景象。村庄的基础设施和环境状况确实好于一般的、未实施国际合作项目的村庄,但现在就说它建得非常成功,已经实现了城乡等值,还为时尚早。

6.2.2　南张楼村土地城镇化特征

在德国方面专家的指导下,南张楼村实施了村庄统一规划和土地整理,实现了土地资源的分区利用、科学利用。1988 年,德国专家来到南张楼村指导,直接参与制定了《南张楼村发展规划》。按照该规划,南张楼村的土地分为居住用地、农业用地、公共服务用地等三种类型。1990 年的秋天,在德国专家的指导下,南张楼村开始启动土地整理项目,就是把全村零星分布的 267 块土地和经过"削高填低"新增的 40 万平方米耕地整理划分为 300 米×350 米规格的 57 块大块土地(刘成友等,2010)。其中,由 120 万平方米荒湾、河道、废弃窑场整理得来的耕地用于建设村办工业园区和奶牛养殖业小区(李增刚,2015)。建设村办工业园区并非德国专家的意愿,而是南张楼村村委会坚持规划的。目前,南张楼村的土地利用形态共有以下四种类型:工业用地(形成村西工业区)[①]、农业用地(形成村东和村南农业区)、公共服务用地(形成村北公共服务区)和村民居住用地(形成村中部生活区)[②]。目前,南张楼村基本实现了生活区安静无污染、公共服务区功能完备、工业区水电路配套齐全、农业区完全机械化作业。因此,就土地利用规划和土地整理的效果来看,目前南张楼村除了农业土地利用形态之外,其他三种土地利用形态,包括工业用地、公共服务用地和居住用地,均与城镇化区域的土地利用形态无异。换言之,从土地利用角度看,南张楼村非农业土地利用的土地已经实现了空间城镇化。

6.2.3　南张楼村基础设施和公共服务的城镇化特征

南张楼村基础设施和公共服务的城镇化特征主要表现在以下四个方面。①道路硬化和规整化。中德合作的巴伐利亚试验项目开始之后,从 1990 年到 2005 年,南张楼村用了十五年的时间将全村非用生产和生活区的道路按照统一规划的标准全部修建完成,并实现水泥硬化处理。目前,村庄道路总体上看起来比较规整,与城镇道路已经没有显著差异。②全村统一供水、供电。全村低压电线全部埋设地下,高压电线只出现在村道主干道两边。全村卫生饮用水入户率

---

① 早在 2006 年之前,工业园区就已经开发利用了大约 10 万平方米工业用地(彭莉莉. 山东青州市南张楼村新农村建设考察报告[J]. 武汉学刊,2006(6):35-38.)。根据我们的实地考察,目前仍有两家占地面积较大的工业企业在兴建之中,再加上最近十年已经建成的企业,全村工业用地面积应该在 33 万平方米以上。

② 资料来源于中央电视台"第一时间"栏目于 2015 年 11 月报道的"魅力中国小康村镇:南张楼村农民过上城里人生活的中德样本",课题组结合实地调研对材料进行了修正。

达到了100％。③公共服务设施。南张楼村建设有社区服务中心、公园、村办幼儿园、村办小学、青州市民俗博物馆(投资100万余元)、篮球场、文化活动中心、村医院(可实现医疗费现场报销)和村养老服务中心等公共服务设施。④金融、商业服务类设施。南张楼村目前在村内设有银行、投资理财公司、驾驶培训代理机构、化妆品专卖店、服装鞋帽商场、移动通讯营业厅、供奶站、图书文具商店、综合性超市等现代城市居民所必需的商业服务机构①。

从村庄基础设施、公共服务和商业服务设施的健全程度以及村民生活的方便程度来看,目前南张楼村的村民完全能实现不出村就可以享受基本的、与城镇居民所享受的等值的公共服务和商业服务。

6.2.4 南张楼村村民居住条件的城镇化特征

在考察中我们发现,南张楼村村民住宅有三种建筑风格:①慕尼黑别墅小区,是按欧洲风格建筑的两层小楼;②传统住宅区,是红瓦白墙的中式别墅区;③多层楼房,多为6层楼房,位于传统住宅区的旁边(相隔一条马路)。部分村民拥有2套以上住宅。外村在本村务工人员可以用20万～30万元购置一套多层楼房。

从村民住宅和居住的空间形态来看,南张楼村目前的农村聚落与现代城镇聚落特征已经没有本质上的差异,南张楼村村民的居住环境已经基本实现了城镇化。

6.2.5 南张楼村村落经济形态和村民收入的城镇化特征

自从1990年中德合作项目实施以来,南张楼村的经济结构发生了巨大的变化。尽管耕地保护得到强化,农业生产机械化、农业基础设施现代化促进农业生产效率极大地提高,农业经济总量显著提升,村庄经济总量中工业经济依然逐渐占据了主导地位。仅仅在中德合作项目实施十四年后的2004年,南张楼村工业总产值就达到了2.5亿元,占全村经济产值的70％;2005年,全村工业总产值达到2.51亿元,占全村经济产值的70％以上(胡平等,2008;彭莉莉,2006)。可以说,农业现代化是南张楼村社会经济稳定发展的重要保障,发展工业经济则是实现村民富裕的重要手段。从村民收入角度看,1989年,南张楼村年人均收入只有1950元,2014年人均收入已经达到了19000元(见表6.1),高于全国农村居民人均收入(10489元)、山东省农村居民人均收入(11882元)、潍坊市农村居民

---

① 资料来源于中央电视台《第一时间》栏目于2015年11月报道的"魅力中国小康村镇:南张楼村农民过上城里人生活的中德样本",课题组结合实地调研对材料进行了修正。

人均收入(14776 元)和青州市农村居民人均收入(14936 元)。

表 6.1　南张楼村部分年份村民年人均收入

年份	年人均收入/元	年份	年人均收入/元
1989	1950	2007	8100
1996	3808	2009	10900
2001	4600	2011	12000
2003	5080	2012	13500
2005	6080	2014	19000

6.2.6　南张楼村人口管理的社区化

城镇化的另一个重要特征是人口管理组织形式的社区化。根据调查,南张楼村的人口管理除了仍然保留着村委会这种典型的农村基层组织形式以外,目前已经初步建成了社区化管理机构并被青州市政府纳入统一的社区化管理的城镇化基层管理组织体系。

按照新型城镇化发展规划,近几年青州市一直在重点推进以南张楼村为中心,将附近 42 个村庄统一规划入中德合作土地整理项目区,并计划逐步建成 6 个大型农村社区,平均每个社区服务 7 个村庄、6600 人,服务半径在 2 千米以内(刘成友等,2010)。南张楼村的社区化建设其实早在 2013 年 2 月就已经启动,等完全建成之后,南张楼村将成为周边 7 个村的经济、文化、居住和人口管理的多功能中心(宋学宝,2013)。

6.3　南张楼村城镇化模式解析

尽管目前国内有文献把南张楼村的巴伐利亚试验及社会经济发展实践作为社会主义新农村建设的范例(杨晓杰等,2013;胡平等,2008;邹永文等,2006;李水山,2007;刘文革,2008),但从其社会经济发展特征角度来考察,我们仍然倾向于把南张楼村的城镇化作为我国新型城镇化的典型案例来讨论。特别值得注意的是,南张楼村的社会经济发展实践和城镇化路径,实际上可以为我国根治地方政府土地财政依赖的城镇化模式创新提供重要的经验依据和政策启示。基于这种认识,本节继续沿用城镇化模式的分析框架,从参与主体、推进产业、融资特征等角度来剖析南张楼村的城镇化模式。

6.3.1　南张楼村城镇化的参与主体及其功能

南张楼村的城镇化过程由多个主体共同参与,包括作为德国巴伐利亚州政府代表的汉斯·赛德基金会,中国的各级政府,南张楼村村委会、村民以及各类工商企业。

从参与主体的性质来看,代表德国巴伐利亚州政府的赛德基金会可以看作国外主体或外国组织;中国的各级政府,包括中央政府、山东省政府、潍坊市政府、青州市政府以及何官镇政府(所谓的省级及其以下的地方政府),是国内的公共主体;南张楼村村委会是集体组织;南张楼村村民和各类工商企业属于典型的私人主体。不同性质的参与主体在城镇化过程中追求的利益目标不同,参与意愿也有所不同。私人主体以追求经济利益最大化为行动原则,而政府部门作为公共主体,以追求非营利性质的社会目标或政治目标为主。

从参与主体的功能类型或其在城镇化过程中发挥作用的主观能动性角度看,作为合作项目外方代表的德国汉斯·赛德基金会、中方代表的南张楼村村委会,是南张楼村城镇化最积极主动的推动者,中央政府和山东省级以下地方政府是在中德合作项目实施后才开始参与的公共主体,它们刚开始是被诱导参与的,到后来才具有一定的主动性。受经济利益的驱动,各类私人主体性质的工商企业、带有准公共主体性质的集体企业都具有自愿性、主动参与城镇化的特征。作为私人主体的南张楼村村民,在中德合作项目实施的初期和城镇化启动阶段,由于看不到村庄统一规划、土地整理和村庄革新的经济收益前景,在这一阶段事实上处于被动参与的状态。在德国方面和村委会广泛征询村庄发展意见、耐心解释和充分交流的基础上[①],尤其是逐渐观察到中德合作推动"城乡等值"试验的初步效果之后,村民们才逐渐转变观念,主动参与到村庄革新实验和城镇化建设过程中。

各类主体的性质和功能见表 6.2。

因此,南张楼村的城镇化是以村委会和村民意愿为主,由德国合作方、南张楼村村委会和村民主导推动的,而非以地方政府意愿为主推动的。这与当前我国主流的以地方政府意愿为主推进的强制性城镇化模式不同。

---

① 南张楼村城镇化的成功经验之一就是,在村庄土地整理、村庄发展规划制定等方面能够广泛听取各类别、各层次村民的意见,让村民理解、支持上述行动计划,逐渐让村民由被动型参与转变为主动性参与并积极支持村庄革新实验和城镇化建设。

表 6.2　南张楼村城镇化的推进主体性质及功能

主体名称	主体类型	参与意愿	主要功能
德国汉斯·赛德基金会	外国组织	主动推进	负责村庄规划、设计;支持村民教育、培训;推动土地整理;监督村庄规划实施;提供城镇化启动资金;宣传城乡等值观念等
各级政府	公共主体	诱导参与	提供土地利用、新农村建设、城镇化政策支持;提供部分土地整治、环境整理、基础设施建设资金;提供技术支持
南张楼村村委会	集体组织	主动推进	争取中德合作土地整理和村庄革新项目;主动争取德方和中国各级政府资金、政策支持;鼓动村民参与;招商引资发展工业;推动基础设施和公共服务设施建设;实施村庄发展规划等
工商企业	集体经济(早期)私人主体(后期)	主动参与	村办集体企业为村基础设施和公共服务融资,提供就业机会;私营企业提供就业机会,增加村民收入,为地方政府提供税收收入
南张楼村村民	私人主体	被动参与→主动推进	配合村委会实施"等值实验"项目;支持土地整理;支持村庄规划和革新;发展现代农业和村办工业;接受教育培训;国际劳务输出、完成工业化资本原始积累

资料来源:课题组根据文献调研和实地考察的结果整理而成。

6.3.2　促进南张楼村城镇化的产业因素

根据文献调研和实地调研,我们发现,推动南张楼村城镇化的产业主要有以下几个:①农业,农业为村庄主导产业和农业劳动力的非农化提供物质基础和前提条件;②工业,工业是南张楼村城镇化的直接推动力量;③商业、服务业,商业、服务业是人口城镇化和村民生活城镇化的重要推进力量,除了吸纳村民就业以外,其作用主要是提升城镇化的质量。

(1)农业现代化为南张楼村经济非农化、劳动力非农化和城镇化提供了重要物质基础

南张楼村的城镇化起步于德国巴伐利亚州"城乡等值"经验在该村庄的推广。初始的合作内容和工作目标包括"村庄土地整理"和"农业生产的机械化、现

代化"等。在德国方面专家的指导下,经过规划、实施和资金投入,村庄土地整理的目标很好地完成了,农业生产的基础设施极大地改善了,农业机械化作业已经实现。目前,南张楼村的生产、生活用输水管道和电力线路全部实现地下埋设,每 350 米×300 米土地建机井 3～4 眼,农业用地下输水管线长达 5 万米,实现了遥控灌溉农田,铺设地下电线 10 万米,有效地保障了全村农业生产安全用电,方便了大型机械连片作业(王伟,2014)。

农业生产的基础设施条件的改善、农业机械化程度的提高和农业现代化作业,极大地提高了农业生产效率,把过去束缚在农业土地上面的大批劳动力释放出来,为农业劳动力的非农业化提供了必要条件,也间接地推动了南张楼村农村人口城镇化的进程。

(2)工业(化)是南张楼村人口城镇化和土地城镇化的最直接、最主要的推动因素

与农业相比,工业对于南张楼村城镇化的推动作用更加直接,推动效果也更加显著。相关调研资料显示,南张楼村的工业起步于 1984 年的"青州南张石油机械厂"。到 1990 年中德合作项目开始实施时,全村已经有了 14 家村办工业企业(徐楠,2014;李增刚,2015)。目前,南张楼村的工业园区内一共分布着近 100 家工业企业,吸纳本村约 400 人、周边村 300 多人就业,使 80% 的农村劳动力转变为产业工人(施友谊,2006;王伟,2014)。从产业类型看,南张楼村的工业涉及机械加工、农产品加工保鲜、化工、塑料制品等多个行业。

工业化对南张楼村城镇化的重要推动作用主要表现在以下三个方面:①开辟了几十万平方米的村办工业园区,实现了农业土地利用方式的非农化和空间城镇化;②大量接受从农业生产解放出来的工人,留住了本地农业剩余劳动力,实现了农业人口的就地非农化和村民就地城镇化;③增加了村民收入,为村民生活方式和生活水平城镇化提供了必要的物质基础。就地就业的南张楼村村民月收入大概是 4000 元,工厂熟练工的月收入可达 8000 元(李增刚,2015)。

由此可见,工业是推动南张楼村城镇化最主要、最直接的产业因素。可以说,没有工业化,南张楼村的中德合作项目成果就难以长久维持;没有工业化,南张楼村的城镇化也不会取得目前的成效。也正是在这个意义上,南张楼村的城镇化在"巴伐利亚城乡等值试验"的中后期,已经蜕变并渐渐趋同于中国主流的工业化驱动城镇化的传统模式。这种趋同现象表明,南张楼村的城镇化效果事实上已经严重偏离了中德合作项目德国方面"城乡等值"的初衷。

(3)商业、服务业提高了南张楼村城镇化的质量

商业、服务业的发展为农村剩余劳动力提供了不少就业机会,进一步推动了农村人口城镇化的深化。目前,南张楼村第三产业吸纳劳动力 600 人以上,年产

值 3000 余万元(宋学宝,2013)。

　　不仅如此,商业、服务业在城镇化过程中的作用还表现在保障南张楼村村民能够过上与城镇居民等值的生活,以及提升生活品质、巩固城镇化效果、提升城镇化质量等方面。现代农业生产效率的提高、村办工业的快速发展使村民的收入迅猛增加,为现代商业、服务业的发展提供了重要的需求条件;商业和服务业在南张楼村的发展反过来为村民就业增加、收入增长、城镇化生活品质提高提供了物质保障和实现的可能。目前南张楼村拥有的设施从超市、银行、移动通讯营业厅到加油站、驾驶培训代理中心、博物馆、图书室、健身设施、垃圾处理设施、美容美发中心、饭店、婚庆楼、文化中心、旅游服务中心、医疗和养老服务机构等,城镇居民可享受的基本商业服务和公共服务,南张楼村村民也基本可以享受。从这个意义上看,巴伐利亚州“城乡等值”试验是成功的。

　　总之,商业、服务业对南张楼村城镇化的推动作用主要表现在两个方面:①有效吸纳了农村剩余劳动力,促进人口城镇化的深度发展;②保证了村民生活方式和生活品质的城镇化,提升了城镇化的质量。

6.3.3　南张楼村城镇化融资模式

　　从一定意义上讲,融资特征决定了一个地区城镇化模式的特征。因此,要研究南张楼村的城镇化模式,必须清楚地了解其城镇化的启动资金、城镇化建设的后续资金的来源及其结构。

　　根据文献调研和实地考察,我们发现南张楼村城镇化的融资模式具有一定的特殊性。主要表现为,它是一个在中德合作项目支持背景下的融资发展过程,启动资金主要来源于德国合作方。启动资金约 450 万元人民币,德国合作方前后注入资金不超过 1000 万元人民币(胡平等,2008),但后来诱发了中国各级政府一定数量的资金支持(大约 3000 万元人民币),又有南张楼村集体的大量资金跟进(仅在 1990—2005 年,村委会就筹集了 3500 万)(彭莉莉,2006;高文等,2004),以及村民利用国际劳务输出积累的大量原始资金(这部分资金被投入到村办工业和住宅建设中)①。南张楼村城镇化的主要融资来源、性质及功能如表 6.3 所示。

---

　　①　相关调研资料表明,南张楼村村民到国外打工 3～5 年,可获得 25 万～30 万元人民币的收入(何志强,2008)。到 2005 年,全村国际劳务创收 7000 多万元人民币,这是村庄城镇化、工业化的重要的原始资金来源(彭莉莉,2006)。

表 6.3　南张楼村城镇化的融资信息

融资来源	融资年份	资金类型	资金用途
南张楼村村委会	1984—2001	村集体企业收入	村庄基础设施建设;提供公共服务和村民社会保障;村委会日常运行费用等
	1984—2016[①]	村集体土地租赁收入、村集体资产租赁收入	
南张楼村村民	1984—2016	村民国际劳务输出获得的私人收入	改善家庭居住条件;为民营企业融资(特别是为工业化提供启动资金)
德国汉斯·赛德基金会	1990—2005	国外政府援助资金	用于村庄城镇化启动;村庄发展规划、土地整理、修建道路等基础设施;村民教育和培训
各级政府	1990—2005	政府性援助资金	补充村庄土地整理、环境整治、基础设施建设资金

资料来源:课题组根据文献调研和实地考察的结果整理而成。

①2001年南张楼村的集体企业几乎全部私有化,仅剩南张石油机械厂村集体仍持有其49%的股份(徐楠,2004)。

　　从各类资金投入的时间来看,德国方面的援助资金及中国政府方面的资金投入,主要在南张楼村城镇化的启动阶段起到了关键性作用(1990—2005年)。村集体企业积累的资金主要在2001年前为南张楼村基础设施、公共服务和村民社会保障融资。当2001年村集体企业几乎全部民营化之时,主要以集体企业收入来为城镇化融资的时代终结,村委会(村集体组织)筹集的收入,包括村集体资产出租收入、村集体土地出租收入,以及部分改制企业中集体股份收入[石油机械厂股份收入约100万元/年(马丛丛,2014)]开始在南张楼村城镇化的过程中发挥重要的支撑性融资功能。南张楼村村民通过国际劳务输出获得的大量收入,在中德合作项目实施后及时反哺了村庄革新和工业企业的发展,加速了村庄环境的改善和村庄的工业化进程。村办工业的崛起,又在很大程度上促进了南张楼村人口就地城镇化和土地城镇化的进程。

　　特别值得注意的是,尽管南张楼村有近100家村办工业企业,但按照我国现行的税收体制,村级组织无权获取村办企业的税收收入,这其实是目前南张楼村城镇化正面临的缺乏可持续融资来源的严峻问题。2014—2016年南张楼村城镇化和村庄集体收入的主要来源如表6.4所示。

表 6.4　南张楼村村级收入一览(2014 年 8 月至 2016 年 8 月)

收入类型	收入/元	收入类型	收入/元
土地收入	523857	出售杨树	15196
村级经费收入	100407	楼区款和拆迁款	580000
工厂租赁和股份收入	1758000	赞助款	10000
政府拨款	542900	提代管资金	607674
村级组织服务收费	34646	合计	4172680

数据来源:根据《青州市何官镇南张楼村财务收支公示》(2014—2016 年)整理得到。

注:①土地收入包括土地租赁、土地承包费、地基转让、土地使用费等直接来自土地使用权出让的收入。

②政府拨款包括村里获得的上级财政拨款、道路补偿款、道路补助款、社区环境综合整治费和财政移民工作经费等。

③村级组织服务费包括市场地基转让鉴证费、市场集市卫生管理费、会议费、房屋转让手续费等。

综上可见,从城镇化的融资特征来看,南张楼村的城镇化其实是以外国组织援助资金启动,诱发中国各级政府巨额资金投入,村集体组织自筹大量资金持续跟进,村民国际劳务输出完成工业化原始资金积累等多种来源资金共同发挥效力为典型特征的城镇化模式。可以说,没有国外资金的撬动和中国各级政府资金的大力支持,南张楼村的城镇化融资就不可能如此顺利,城镇化进程的推进也不可能如此迅速。因此,南张楼村的城镇化其实是国外援助、政府支持和村集体、村民共同努力,合作推进的结果。

特别值得关注的是,南张楼村城镇化融资来源中虽然也有村集体土地出租收入,但这与目前流行的地方政府主导下的以征地开发为前提、以地方政府为土地批租方和直接获利人的财政收入模式有根本的不同,南张楼村的集体经济组织出租集体所有的或者说是所有村民自己的土地获取资产收益,来为城镇化融资,与所谓"地方政府土地财政"模式毫不相干。这给我们提供的重要政策启示是,不征地条件下的村民自愿的、自发的城镇化应该是治理土地财政依赖的新型城镇化模式的理想选择。

6.4 结论与政策启示

6.4.1 研究结论

(1)南张楼村目前在人口就业、土地利用、基础设施与公共服务、村民居住环境、村落经济结构和村民收入状况以及人口管理的组织形式等方面均已具有典型的城镇化特征。

(2)从城镇化的推进主体角度看,德国巴伐利亚州汉斯·赛德基金会、南张楼村村委会及村民、各级政府和村办工商企业共同推动了南张楼村的城镇化。这是一种由德国合作方诱发、中国政府大力支持、工商企业主动参与、南张楼村村委会和汉斯·赛德基金会主导,在尊重村民意愿的前提下所实施的主动型城镇化。这与当前我国广泛存在的地方政府主导的以地方政府意愿为主强制性推进的被动型城镇化模式有根本的不同。

(3)从推进城镇化的产业角度看,南张楼村的城镇化是土地整理和农业现代化提供劳动力和土地空间条件,工业化主导推动,商业服务业吸纳剩余劳动力、提升村民生活质量的城镇化。南张楼村的城镇化与目前我国大多数地区都有的工业化驱动城镇化的模式,唯一不同的是,南张楼村的工业化、城镇化所占用的土地是在保持集体土地所有权不变的前提下,只改变了土地规划用途的非农业用地。

(4)从融资模式看,南张楼村的城镇化融资模式是一种由外国组织提供启动资金,诱发中国各级政府提供配套资金,村集体依托集体企业、集体土地和集体资产自筹更多资金跟进,村民国际劳务输出完成工业化原始资本积累的多元化融资推进模式。国外资金、中国政府援助资金和村委会自筹资金主要用于村庄基础设施建设、公共服务提供、村民教育培训、土地整理、村庄发展规划和环境整治等方面,而工业化的启动资金,尤其是民营工业企业的启动资金以村民自筹为主要来源。从数量上看,国外资金远少于国内资金,但它是推动南张楼村城镇化的重要启动性、诱导性资金。如果没有这笔国外资金,南张楼村的土地整理、村庄革新、村庄发展规划、农业现代化等就无从启动,南张楼村的快速城镇化也就无从谈起。此外,南张楼村的城镇化融资模式的创新点还在于,它完全摆脱了地方政府土地财政模式。

6.4.2 政策启示

(1)土地整理和农业现代化间接地推动了乡村的城镇化,此经验我国其他地区可以复制。土地整理可以在保持耕地资源不变,或者适当增加的前提下,为村庄非农产业,尤其是工业发展提供足够的建设土地,推进农村地区城镇化。农业现代化不仅可以增加村民的收入,而且还可以释放出更多的劳动力,以此支持工业化,进而促进乡村城镇化。南张楼村土地整理、村庄发展规划、推进农业现代化的成功经验可以被我国类似的农村地区借鉴。

(2)工业化目前仍是推动农村地区城镇化最直接、最重要的动力。尽管不是所有地区都可以复制南张楼村工业化驱动城镇化的模式,但至少有同类农村地区通过农村经济非农化(可以是,但不一定是工业化),以及增加农村居民收入,吸纳更多农村剩余劳动力参与非农就业等方式促进城镇化。

(3)无论是什么因素推动的城镇化,最初的启动资金支持都非常重要。我们不能期望所有村庄都像南张楼村那样获得国外启动资金的支持,但地方政府基于良好的村庄发展规划,对符合条件的村庄提供必要的启动资金支持,是促进这些落后的农村地区经济快速发展,实现新型城镇化战略目标的可行政策选择。不过,南张楼村的城镇化经验同时表明,无论有多少外部资金的支持,村庄自力更生、持续地筹集资金仍然是城镇化可持续发展的主导性资金来源①。

(4)按照传统的城镇化定义,南张楼村的城镇化其实是一种"等值城镇化"。它是一种发生在远离城市的纯粹农业区域,没有土地征用和集体土地所有权性质变更,非地方政府主导的城镇化。这种"等值城镇化",在科学的村庄发展规划和土地利用规划指导下,严格遵循经济发展与环境保护并重的原则,由村民或村民委员会自发推动,可以在地方政府引导和支持下,在我国其他类似的农村地区推广,以扩大就地城镇化人口的比例,减弱农村人口过度向特大城市、大城市集中的动力。

(5)南张楼村的城镇化模式为治理我国当前城镇化过程中日渐严重的地方政府土地财政依赖问题提供了一个宝贵的、可行的政策思路。评价一个城镇化模式是否成功可以有很多标准,但从治理地方政府土地财政依赖有效性的角度来评价,我们认为,南张楼村模式是成功的,其发展经验应引起政府的高度重视。

---

①　2001年前,南张楼村集体企业的收益是建设村庄基础设施、改善公共服务和村民社会保障的重要资金来源,为南张楼村的城镇化做出了突出贡献。2001年,村办集体企业几乎全部民营化,由于没有企业税收权,此后城镇化融资变得困难起来。由此看来,集体企业的全部私有化对南张楼村城镇化的持续发展并非好事。此外,集体企业全部民营化并非普适的企业制度改革方案。河南临颍县南街村城镇化的成功经验表明,在一定的制度安排下,集体企业同样可以兴旺发达,并可将收益源源不断地用于支持村基础设施建设、公共服务改善、村民福利提高和乡村城镇化。在无法筹建新的集体企业的情况下,建议村里向地方政府争取返还更多的村办工商企业的税收。

（6）外部力量支持（包括国外组织、地方政府等的资金、技术、智力支持等）对启动我国贫困农村地区城镇化、促进地区经济发展非常重要，但此类支持仍应以村民或村委会自愿参与、积极主动地推进为发生效力的前提。外部力量，尤其是地方政府，不可以自己的意愿为主强制性推进城镇化，而应该将功能应定位在提供村庄发展规划与设计方面的技术支持、土地利用政策和产业政策支持，以及必要的基础设施和公共服务设施建设启动资金等方面。成功的城镇化一定是在充分尊重村民意愿的前提下，以提高村民收入和生活品质为目标的城镇化。南张楼村的城镇化经验也表明，城镇化在一定意义上是一种社会经济发展的结果，而非人为强制性推动的，尤其不应当是地方政府主观地、强制性地推动的结果。然而，在我国现行的政府治理结构、地方官员政绩考核体制和激烈的地区竞争格局下，要想推行村民自发的而非地方政府主导的、非强制性的城镇化，仍然有很长的改革之路要走。

参考文献

高文，夏珺，2004.南张楼小村步入现代化[N].人民日报，2004-11-29.

何志强，2008.南张楼村：德式乡村试验[J].中国土地(8)：19-21.

胡平，胡振亚，2007."城乡等值化"实验及其对我国新农村建设的启示与借鉴价值[J].湖北行政学院学报，20(s2)：117-120.

李水山，2007.新农村建设是咱农民的头等大事——南张楼村、春兴村新农村建设调查纪实[J].中国农村教育(10)：8-9.

李增刚，2015.以城乡等值化实现就地城镇化——山东青州南张楼村的案例研究[J].理论导刊(8)：110-115.

刘成友，刘婵，2010.南张楼混血乡村的未完答卷[N].人民日报，2010-08-06.

刘文革，2008.青州市南张楼新农村建设模式研究[J].潍坊工程职业学院学报，21(3)：3-6.

马丛丛，2014.潍坊青州南张楼：普通村庄就地城镇化实验[EB/OL]（2014-01-23）[2014-02-23].http://sd.ifeng.com/zt/sdczhtsljdetail_2014_01/23/1778152_0.shtml.

彭俊勇，2014.南张楼：德国模式的中国化[N].新金融观察，2014-02-17.

彭莉莉，2006.山东青州市南张楼村新农村建设考察报告[J].武汉学刊(6)：35-38.

施友谊，2006.南张楼村的"巴伐利亚试验"[N].三峡日报，2006-06-09.

宋学宝，2013.山东青州南张楼——一个就地城镇化的样本[EB/OL].（2013-05-

05)〔2014-05-06〕.http：//paper. dzwww. com/dzrb/content/20130505/
　　Articel05002MT. htm.

王伟,2014.探访南张楼村：如何留人,就地城镇化提幸福指数〔N〕.经济导报,
　　2014-03-12.

徐楠,2006.南张楼没有答案——一个"城乡等值化"试验的中国现实〔J〕.农村经
　　济与科技,17(4)：8-11.

杨晓杰,王红艳,姜宁,等,2013.山东三种新农村建设模式解析〔J〕.山东农业科
　　学,45(6)：142-147.

邹勇文,汤慧,2006.中国式"巴伐利亚试验"的实践及对新农村建设的启示〔J〕.
　　江西社会科学(10)：151-154.

第 7 章　政企合作、企业主导的房地产 开发驱动的城镇化模式案例分析

20 世纪 90 年代以来,房地产开发驱动的城镇化成为我国继工业化主导驱动城镇化之后的又一个重要的城镇化驱动模式。无论是在大城市,还是在中小城市,甚至在远离城市的各类经济技术开发区,都可以看到房地产开发驱动的城镇化。从推动主体角度来看,我国房地产开发驱动的城镇化又有不同的驱动类型:①政府主导推动的模式;②政府、企业合作,由企业主导推动的城镇化。由于土地征用和土地出让一定是地方政府主导的公共行政行为,因此,纯粹的企业主导而无政府参与的城镇化实际上是不存在的。浙江杭州广厦天都城建设属于政府与企业合作,但企业全程参与了集体土地的征用、拆迁和村民安置,承担了城镇化基础设施和公共服务建设,主导了区域房地产开发。因此,这是一个"名义上是政企合作",实际上是企业主导的城镇化典型案例。

浙江省自改革开放以来,一直都是我国改革与创新的"先行、先试"地区。本课题组有关房地产开发驱动的城镇化模式重点选择了政企合作、企业主导的"浙江广厦天都城模式"和政府主导的"杭州丁桥模式"(见第 8 章)。浙江案例在全国同类城镇化模式中具有典型性和代表性,浙江经验可上升到国家高度,从而有助于指导全国其他地区的城镇化实践。

7.1　案例分析对象简介

本案例分析对象浙江广厦天都城位于杭州主城区和余杭区临平副城之间的余杭区星桥街道(2001 年 8 月以前为星桥镇)范围内。星桥街道位于余杭黄鹤山东南山麓,东依余杭区政府所在地临平街道,西临杭州市江干区丁兰街道(原丁桥镇),南接乔司铁路编组站,北靠余杭风景名胜区超山景区,距离杭州主城区大约 15 千米,距离上海 171 千米。星桥街道常住人口 3.659 万人,土地总面积 17.62 平方千米。从行政区划的角度看,早在 2008 年 4 月,星桥街道就已经完成了当时剩余的全部 10 个村的撤村建居工作,成为余杭区第一个纯社区性质的街道。目前全街道管辖有安乐、星桥、周杨、星都、民乐、贾家、杜山、香榭等 15 个

社区。其中,香榭社区就是分布在现在天都城建成区内的社区。

天都城一期项目用地主要分布于星桥街道安乐社区范围内。天都城距离杭州主城区中心大约有 18 千米,总规划占地面积达到了 512 万平方米(许成宏,2012),占星桥街道土地总面积的 29%;规划的总建筑面积为 480 万平方米,规划入住总人口 8 万~10 万人。从区域建筑风格和景观特征来看,这是一个高度模仿法国巴黎文化景观的、以居住功能为主的新城区。其远期发展目标是建设成为 21 世纪小康居住生活示范城和具有现代文明水准的现代化新城。截至 2015 年底,天都城区域的房地产开发和新城建设时间已经超过了 15 年,一些主要的房地产开发项目尚未完全建成,城镇的配套基础设施项目仍在完善之中,居民的入住率不高,人气不旺,本来预计 6~10 年就可以完成的开发目标目前远未实现,城镇化进程也尚未结束。

天都城是一个以房地产开发为主,驱动农村区域城镇化的典型案例。根据我们的调查,除了天都城以外,仅仅在杭州主城区及其周边地区,此类由房地产开发驱动的城镇化案例还有蒋村商住区、金凤凰城和良渚文化村等三个,前两个在杭州绕城高速公路以内,广厦天都城和良渚文化村在绕城高速公路以外,位于余杭区境内。

事实上,天都城案例不仅是在杭州,就是在全国范围内也有一定的典型意义。在北京主城区的周边,如北京昌平区、通州区,乃至燕郊等地,都分布着一座座庞大的"睡城"。其中,以北京昌平区回龙观大型居住区和北京地铁 5 号线终点的天通苑最为著名[①],北京昌平区回龙观文化居住区情况参考专栏 7.1。

专栏 7.1 北京回龙观文化居住区

回龙观文化居住区位于北京市昌平区南部,北京五环之外,八达岭高速路的东侧,东起黄土南店,西北至二拨子,南为海淀区东北旺乡上地村,因观得名回龙观。回龙观文化居住区南距德胜门约 16 千米,北距昌平城约 18 千米,号称亚洲

---

① 除回龙观居住区外,"天通苑居住小区"是北京市另一个著名的大型经济适用住房小区,它位于北京市昌平区亚运村往北大约 5 千米处,在京承高速公路和八达岭高速公路之间,由北京顺天通房地产开发集团负责整体性开发。整个居住区共包括天通苑(6 个区)、天通北苑(3 个区)、天通西苑(3 个区)、天通东苑(3 个区)和天通中苑(4 个区),居住区规划面积约 770 万平方米,建设用地 423 万平方米,总建筑面积 600 多万平方米,规划居住人口 18 万人。到 2004 年,住进天通苑住房的人数达到 10 万,到 2010 年初,天通苑的常住人口已经达到 30 万人(参考万君哲.天通苑经济适用房小区的问题与政策应对研究[J].北京规划建设,2013 (6):116-121.)。到 2015 年,天通苑常住人口有近 40 万人,目前已经成为北京市,乃至亚洲居民量最大的社区之一。

第一大住宅小区、全国规模最大的经济适用房小区。居住区规划占地面积为1300万平方米[1]，规划建筑面积有大约850万平方米，规划建设40余个社区，规划入住人口30万人（李强等，2007）。

回龙观文化居住区社区开发建设规模空前，而且全部为天鸿集团公司一家进行整体性开发建设，注重充分把握开发节奏，稳步、有序地推进土地及住宅的有序供应，开发组织管理工作到位，并且注重成片开发、市政管线先行，确保了大盘开发建设的有条不紊。目前，大型居住区内学校、农贸市场、购物中心、文化体育设施等配套基础设施大部分都已建成。以这个大型居住区为中心，整个回龙观地区积聚的人口已经达到45万余人（林金坤，2015）[2]。

（资料来源：许敦莲，2015.政府主导下城市边缘大型居住区开发模式研究：以杭州市丁桥大型居住区为例[D].杭州：浙江工业大学.）

剖析天都城案例对理解我国企业主导的房地产开发驱动的城镇化模式的运行机制，发现各类主体在城镇化过程中的作用，正确认识土地财政在城镇化过程中的功能，都具有重要理论意义和政策应用价值。

7.2　广厦天都城城镇化历程

按学术界主流观点，城镇化一般是指农村集体土地转变为国有建设用地，以及农村居民转变为城镇居民或外来人口，向城镇积聚的过程，即城镇化是一个包含土地城镇化和人口城镇化的二维概念。事实上，从世界范围内看，完整意义上的城镇化除土地和人口两个要素的城镇化以外，还应包括基础设施和公共服务的城镇化，以及居民组织管理形式的社区化等含义。因此，完整的城镇化概念意味着三个转变：①农村区域向城镇的转变（包括土地的城镇化和基础设施、公共服务的城镇化）；②农民向市民的转变；③人口管理由村委会向社区转变。

7.2.1　广厦天都城城镇化阶断

课题组调研发现，余杭天都城区域城镇化过程大致可以分为三个阶段。

---

① 根据文献（林金坤.北京回龙观地区交通拥堵原因分析及改善对策[J].市政技术，2015(2):17-21.）提供的数据计算，目前整个回龙观地区的总占地面积（城镇化面积）达到了3450万平方米。

② 另据2014年11月北京市人口抽样数据推算，北京回龙观地区社会总人口为41.1万人，其中，常住人口超过37.1万人，户籍人口近7万人，该地区已经建成的自然小区数达到106个（参考赵婷婷.北京超大社区回龙观将一分为三，现有镇政府撤销[EB/OL].(2015-07-22)[2015-12-20.]http://news.ifeng.com/a/20150722/44216434_0.shtml.）。

(1)第一阶段:城镇化起步阶段(1998—2000年)

1998年,当时的杭州余杭市星桥镇开发区管理委员会筹集资金兴建了余杭东方科学乐园,项目的一期工程占地大约58万平方米,预留约100万平方米山地作为二期发展用地,远期用地规模则控制在167万平方米左右。根据余杭区工商局的注册资料,余杭东方科学乐园当时注册的经营范围仅为旅游和农业。星桥镇开发区管委会前后投入了数百万元,但因为交通不便、配套基础设施条件落后等问题一直没有得到根本性解决,项目的推进速度极其缓慢,难以为继(安蓉泉,2004;何晓晴,2007)。1999年4月,浙江广厦集团向余杭区政府提出买断东方科学乐园的请求。同年,东方科学乐园变更注册登记事项,公司的经营范围中增加了房地产开发一项。1999年4月,浙江广厦集团与盈华实业公司合资成立浙江天都实业有限公司(以下简称"天都实业"),天都实业于2000年10月"西湖博览会"期间与余杭区政府正式签约,承诺开发天都城区域约439万平方米土地范围内的全部城镇基础设施和公共设施配套项目,包括"三通一平"和水、电、热、气、公交、通信、园林、环卫、基础教育设施和医院等公建项目。远期规划用地约512万平方米,开发周期10年,预计总投资在100亿元以上,规划居住人口8万~10万人(许成宏,2012)。

由以上资料可以看出,在天都城区域城镇化的第一个阶段,实际城镇化的土地面积尚不足67万平方米(即东方科学乐园的58万平方米土地),基础设施投资也不过数百万元,城镇基础设施建设尚处于初级阶段。在此阶段内,地方政府因为东方科学乐园项目受挫,市政基础设施建设融资困难,城镇化推进速度十分缓慢。此时,房地产开发商天都实业提出要与政府合作,承诺"先做市政基础设施配套,后开发房地产"。此后,该区域的城镇化才进入由房地产开发企业主导的新的发展阶段。

(2)第二阶段:城镇化快速发展阶段(2001—2005年)

2001年,天都城区域开发和城镇化开始进入快速发展轨道。天都实业当初预想的区域开发路径是:企业承担城镇化的基础设施建设成本→优先得到土地开发权或低价取得建设用地使用权→开发经营性房地产盈利→反哺市政建设和运营成本(吕小田,2009)。按照"先做环境再做房地产"的承诺,天都实业率先启动了重要的城镇基础设施配套项目"欢乐四季公园"的开发和区域内道路的建设。仅公园项目占地就高达67万平方米,投资3.2亿元,2002年10月建成并对外开放。几乎同时开始实施的就是天都实业最核心的项目——商业性房地产开发。2001年12月,香榭花园项目开始土建施工,2003年开始了一期楼房的销售。随后开工的住宅项目有天河苑、天风苑、天泉苑等商品住宅组团。

在这个阶段,由于前期的公园、区内道路等基础设施项目推进迅速,再加上此阶段杭州,乃至全国房地产市场形势良好,商品住宅销售顺畅,整个天都城区域的造城计划进展顺利,城镇化的进程加速。从土地城镇化角度看,截至2005年12月31日,天都实业有限公司已经取得国有土地使用权证的土地面积达到了163万平方米。这就意味着,从法律角度上看,这些土地已经实现了农村集体土地的国有化、城镇化。

(3)第三阶段:城镇化质量缓慢提升阶段(2006—)

从2006年开始,由于国家土地出让政策的剧烈变化、杭州地铁规划线路大幅度变更、天都新城的发展规划定位不明确(特别是天都城区域控制性详细规划没有很好地与杭州主城区对接),以及房地产市场形势变化等多种因素综合作用,天都城区域房地产开发开始进入瓶颈期。相应地,天都城区域城镇化的进程也严重被拖累,开始逐渐步入城镇化质量缓慢提升阶段。按照天都城最初的发展规划,计划利用不到10年(最快6年)的时间完成整个天都城区域的开发建设任务。到2016年,整个区域的开发时间已经超过了15年,但开发总量只占到总规划数量的50%。特别地,由于2009年开始的新一轮房地产市场调控,再加上国家宏观经济景气循环进入衰退期,处于杭州远郊的天都城板块房地产市场景气形势急剧衰退,直接导致了开始于2007年的天都城第二轮房地产开发最终没有能够按照预期的进度顺利完成,房地产开发驱动的区域城镇化也开始进入缓慢发展阶段。从主要矛盾角度看,国家房地产调控和宏观经济周期下的房地产市场景气循环带动了天都城房地产开发的景气波动,进而影响了天都城区域整体的城镇化稳定发展。

由以上分析可见,在天都城区域城镇化的三个阶段中,第一个阶段实际上是由地方政府主导推动的,但其推进速度十分缓慢;第二阶段主要由房地产开发企业(天都实业)主导推动[①],城镇化进程加快;第三阶段仍由企业主导推动,但城镇化质量提升速度缓慢,天都城区域的城镇化进程仍未结束。

7.2.2 天都城区域的城镇化水平

按照前文对城镇化的定义来分析当前天都城区域的城镇化水平。根据调研资料,天都城规划的约467万平方米开发建设用地大部分已经征用,由农村集体

---

① 可以预计,未来天都城区域城镇化质量的提升,仍将由企业主导、房地产开发商驱动,但城镇基础设施和公共服务设施的改善,将不仅依赖于企业自身的继续投入,还有赖于地方政府的规划支持,包括利用区域内土地竞价出让所获取的土地出让金进行大力的财政支持。此外,区域乃至周边实体产业的布局和持续发展将有利于区域人气的快速积聚。

土地转变为城镇国有建设用地。到 2015 年底,已经办理国有土地使用权出让手续的土地就已经达到了大约 213 万平方米。其中,天都城一期项目建设用地涉及 3 个行政村,7 个自然村,近 300 户村民,共 50 万平方米土地①,早在 2009 年以前就已经完成了全征、全拆。在 2008 年 4 月,星桥镇就已经完成了全镇剩余的 10 个村的"撤村建居"工作,成为纯社区性质的街道。目前星桥镇已经改为星桥街道,被征地拆迁的行政村被改制为"安乐社区"。安乐社区管辖 4 个居民小组、居民288 户、1120 人。天都实业已经为所有被征地、拆迁的村民办理了养老保险,还利用企业自身资源为失地农民提供尽可能多的就业机会。例如,天都城欢乐四季公园约 60% 的工作岗位提供给了当地被征地村民。目前除安乐社区外,在天都城建成区内已成立了星桥街道香榭社区。

可见,天都城区域土地的城镇化和本地农村人口(被征地、拆迁的村民)的城镇化大部分已经完成,基层组织管理形式也已经由村委会制转变为城镇社区制。当然,区域内市政基础设施和公共服务的城镇化仍在持续完善之中②。仅就城镇化的传统定义来看,天都城区域的城镇化大部分已经完成。

但值得注意的是,天都城区域城镇化的质量仍然不高,主要表现在以下几个方面。①城镇基础设施配套尚不完善,尤其是交通设施(缺乏便捷、低通勤成本的地铁、轻轨线路和站点)、公立中小学、大型购物场所等都需要进一步完善或提升。②区域内产业的积聚不明显。目前天都城主要以房地产开发为主导来推动区域城镇化,并且房地产开发也远未达到预期的规模(目前的开发量仅为规划的总开发量的 50%)。③入住人口远没有达到预期的人口积聚规模,外来人口的城镇化进程缓慢。根据 2013 年 8 月的数据,当时天都城入住人口仅为7100 人,其中 2700 人为余杭区户籍人口,其他则主要是杭州主城区的人口(陆丰,2013)。

另据我们 2015 年底对天都城区域内房地产中介的调查,天都城入住人口应在 2 万人左右(约 7000 户)。即使加上天都城内就业人员,区域内总人口也不会超过 3 万人,远未达到 10 万人的规划人口规模。据此可以认为,天都城区域的城镇化实际上只是一种粗放的初级阶段的城镇化。

---

①　这 50 万平方米集体土地被征用之后,用于留地安置、发展集体经济的土地有 1.4 万平方米。

②　天都城区域已经完成的城镇基础设施和公共服务设施情况见后文。

7.3　广厦天都城城镇化驱动模式

7.3.1　三类主体参与,企业主导

天都城区域城镇化过程中的推动主体有三类:地方政府、房地产开发商和被征地拆迁的村民。其中,前两类是主动型主体,第三类则是被动型主体。

(1)地方政府

地方政府包括余杭区政府、星桥镇政府和杭州市政府。在这三个层级的地方政府中,星桥镇政府和余杭区政府的参与力度最大,城镇化的意愿也最为强烈。前文的分析已经指出,天都城项目的前身"余杭东方科学乐园",是在余杭市星桥镇开发区管委会的主导下于 1998 年筹资兴建的。以发展地方经济的名义,通过大规模征地、拆迁兴办各类经济技术开发区、科学园区或工业园区,是 20 世纪 80 年代改革开放以来一直到 21 世纪初期,各地方政府推动农村区域工业化、城镇化的主导性手段。

2001 年 2 月 2 日,国务院批准撤销余杭市,设立杭州市余杭区,此后余杭开始从行政区划意义上正式并入杭州市的版图。行政区划的调整为余杭农村区域城镇化提供了新的动力。2001 年 8 月,余杭区星桥镇撤镇设立街道。此举为星桥镇的农村区域城镇化提供了进一步的行政区划支持和居民组织管理形式的政府支持。2001 年 12 月,星桥被原建设部列为"全国小城镇建设试点镇",广厦天都城则是星桥全国小城镇建设试点镇的重要支撑性项目。2007 年 3 月,由杭州市政府主导、广厦集团通力合作编制完成的《天都城控制性详细规划》通过了杭州市人民政府的审批[1],实现了杭州主城区与临平副城之间的无缝对接[2],这标志着天都城区域开发和城镇化被正式纳入杭州市城市发展总体规划和杭州市域城镇化总体发展战略框架中。

---

① 《何勇:围绕一个目标实现五大任务落实六项措施》(《浙江天都实业有限公司 2007 年度总结报告》)。

② 根据杭州超越城市规划研究所公布的控规介绍,天都城控规涉及的土地面积为 380 万平方米,规划以当时天都城区域的自然、区位等特征为基础,遵循市场开发原则,结合杭州人居建设发展的基本趋势,提出区域共生和谐、复合功能、彰显个性、"企业、政府、社会"三方共赢、适度控制的基本理念,将其定位为杭州主城边缘依山傍水、设施完善、融汇地方特质与法兰西风情的生态型、高品质居住区。整体形象策划为:"天堂都市、东方巴黎""浪漫法兰西""天都城——可居、可游、可学、可创业"。

但值得注意的是,在天都城区域的城镇化过程中,余杭区政府和星桥镇政府的推动作用主要体现在区域城镇化的早期阶段,主要作用是协助企业进行征地、拆迁和失地农民的安置;杭州市政府的规划支持则主要体现在城镇化的第三阶段。在广厦集团介入之后,作为房地产开发商的天都实业就成为区域城镇化第二、第三阶段的主导力量,余杭和星桥政府的作用则渐渐减弱。

(2)房地产开发商

房地产开发企业天都实业是本案例城镇化过程中的主导、主动型推动者。2000年10月,天都实业与余杭市政府正式签约开发天都城区域,2001年项目正式启动,此后天都城区域开发和城镇化开始进入"企业主导模式",主要表现在三个方面:①负责城镇化基础设施和公共服务设施的建设;②在地方政府指导和监督下,负责区域内征地、拆迁、安置的具体实施;③主导了房地产开发(其实是垄断了区域内的房地产开发)。此处重点讨论前两个方面。

根据天都实业与余杭市政府所签合同的约定,天都城区域内全部的城镇基础设施和公用事业配套设施均由天都实业独立投资兴建,公建总面积达17万平方米,预计总投资80亿～100亿元,仅天都城欢乐四季公园就投入了3.2亿元。此外,2005年到2007年三年房地产市场调控期间,学校、医院、宾馆等低效益,甚至无效益产业投资大约10亿元,其中,学校、医院等公益性基础设施投资达到5亿元(叶国靖,2007)。

按照传统的城镇化推进路径,城镇基础设施和公共服务设施一般由地方政府投资完成。但在天都城区域城镇化推进过程中,天都实业事实上承担了区域内全部城镇基础设施的建设成本①。不仅如此,在天都城区域城镇化过程中,涉农征地、拆迁以及失地农民的补偿和就业安置等问题,除了地方政府的指导和参与之外,这些环节天都实业公司都深度介入,全程参与,具体负责实施。由此可见,天都实业在城镇化过程中承担了第一主体的功能,地方政府则是第二主体。

(3)被征地拆迁的村民

星桥镇被征地拆迁的村民中,一期用地涉及的主要是现在的星桥街道安乐社区的村民。从天都城前身东方科学乐园58万平方米土地的征收、拆迁,到后来天都城数百万平方米集体土地的征收、拆迁,土地城镇化和人口城镇化的过程由地方政府主导转变为政企合作、企业主导,在整个城镇化过程中,被征地、拆迁的村民一直处于被动、服从的地位。

综上所述,可以认为天都城区域城镇化是以地方政府和房地产开发商的意

---

① 当然,以兴建城镇基础设施为代价,如果最终可以从地方政府的手中用协议批租形式取得土地使用权或土地开发权以获利,从另外一个角度看这种成本,其本质是一种"实物地租"。

愿为主,由房地产开发商主导推动,当地村民被动服从的城镇化。从本质上看,这仍然是一种强制性的城镇化模式。城镇化过程中三类主体的类型及其在城镇化过程中的功能如表7.1所示。

表7.1　广厦天都城区域城镇化过程中各参与主体的功能

主体名称	主体类型	作用类型	城镇化中的功能
地方政府	公共主体	主动型	城市规划支持、与企业合作实施征地拆迁和补偿,土地出让方
天都实业	私人主体	主动型主导型	协助政府征地拆迁;基础设施建设;经营性土地受让方,商业地产项目的实施者,以营利为目的
星桥村民	私人主体	被动型	城镇化的对象:配合、服从地方政府的征地、拆迁和安置

7.3.2　房地产开发:天都城城镇化的主导产业驱动力

广义房地产通常包括公共房地产(为城镇化和住宅区开发配套的公共建筑,主要存在于天都城区域城镇化的初期和中期阶段)和商业房地产两类。其中,商业房地产开发又分为旅游房地产(在天都城城镇化早期阶段)和商品房(在天都城城镇化的中后期)开发等形式。

按照当初的发展规划,天都城区域总建筑面积480万平方米,法定的公共建筑面积应达到17万平方米。在项目实施过程中,天都城实际规划了66万平方米的公共建筑配套(李永生,2007;石英婧,2015)。目前60余万平方米的公建配套已经基本完成,主要包括新城内多条道路、联华超市、天都农贸市场、天都城小学、幼儿园、卫生服务站、天都公园、天都广场、欢乐广场、文化体育中心(5万平方米)等(见表7.2)。公共房地产开发既是城镇化的重要内容,又是天都城商业房地产开发的重要支撑性前提条件。

表7.2　广厦天都城目前已有的公共设施和配套项目

项目类型	具体项目	投资主体
公共道路	天都大道、欢乐大道、天鹤路、600米香榭大街、上塘河游步道等	天都实业
公共交通	公交站点,767、K535、K371、335、345、762路,地铁专线	天都实业市公交公司

项目类型	具体项目	投资主体
教育设施	北山幼儿园天都城分园、时代小学天都城校区(收费学校)	天都实业
医疗设施	星桥街道天都城社区卫生服务站(办公场所)	天都实业
社区管理	星桥街道香榭社区(办公场所)	天都实业
生活设施	联华超市、天都城农贸市场、天都城度假酒店	天都实业
娱乐设施	欢乐四季公园、欢乐广场、天都广场、上塘河景观带	天都实业
其他市政设施	给排水、供电、供气、邮电、通信、环卫设施等	天都实业

商业房地产开发是天都实业公司发展规划中回收巨额前期投资、实现其最终营利目标的重要支撑性产业,也是推动天都城区域城镇化向纵深发展的重要驱动因素。根据我们的调查,天都城商业房地产开发项目以商品住宅开发为主(见表 7.3)。

表 7.3　广厦天都城主要商品住宅项目一览

小区名称	建筑年份	土地面积/万平方米	建筑面积/万平方米
天都城天湖苑一期	2004	18.0	20.0
天都城天湖苑二期	2005	10.0	12.0
天都城天泉苑	2007	4.5	3.8
天都城天河苑	2007	10.3	12.6
天都城天月苑	2008	7.0	7.0
天都城爱丽山庄	2008	7.4	3.4
天都城天水苑	2009	9.8	20.0
天都城天星苑	2009	2.4	6.3
天都城温莎公园	2012	2.3	6.5
天都城爱尚公寓	2012	1.5	5.2
天都城紫韵公寓苑	2015	3.5	13.6
天都城蓝调公寓	2015	4.2	16.8
天都城爵士花园	2015	4.3	10.3

续表

小区名称	建筑年份	土地面积/万平方米	建筑面积/万平方米
天都城锦上豪庭	2015	8.7	26.4
天都城宾果公寓	2017	2.3	7.3

注:本表没有统计其他在建或规划待建的楼盘,如爱丽山庄二期、福鼎庄园、青橙公寓、法式排屋组团、苏荷花园、枫桥公馆、芦笛公寓和戈蓝公寓等,这些也都是以商品住宅为主的房地产开发项目。

到 2015 年底,已经开发完成了 14 个以商品住宅为主的中、大规模的住宅苑区,总建筑面积达到了 171 余万平方米。如果再加上已经完成的 66 万平方米的公共建筑,目前天都城实际完成的总建筑量大约占规划总建筑面积的 50%。

由此可见,尽管天都城区域开发和城镇化进程是以旅游产业开发和城镇基础设施建设启动的,但最终仍以商业房地产开发,特别是商品住宅开发为主要内容和城镇化的主要驱动力,这与 20 世纪盛行于我国很多地区的工业为主驱动的城镇化模式根本不同。

7.4 广厦天都城城镇化融资模式及土地财政的作用

(1)企业是城镇化的投资、融资主体

根据前文的分析,在天都城区域城镇化过程中,天都实业应当在当地政府城镇化发展规划和合同约定的用地范围内,从"三通一平"到各项公用事业配套,负责全部的投资兴建。当地政府则主要负责规划城镇化发展战略,管理和监督城镇发展规划的实施,协助并监督企业的征地、拆迁和安置行为。

从调研情况看,天都城区域城镇化的过程中,天都实业确实独立承担了为城镇基础设施和公共事业配套进行融资、投资的任务。仅天都城欢乐四季公园、学校和医院的投资就超过了 8 亿元,包括道路和公共事业配套设施等在内,保守估计目前已经投入超过 15 亿元。这些为城镇化服务的市政基础设施和公共服务设施,在传统的城镇化融资模式下一般都由当地政府投资兴建,是农村区域城镇化的应付成本。

可见,天都城区域城镇化过程中,城镇基础设施、公共设施和成片住宅的开发融资都由天都实业独立完成。从此意义上看,天都城的城镇化本质上是企业融资主导的城镇化。

(2)土地财政及其功能

通过调研发现,在天都城区域的城镇化过程中,以 2002 年 7 月 1 日为时间节点,土地出让经历了前后两种完全不同的出让方式:早期的土地协议出让和后期的挂牌出让。在两种不同的土地出让方式下,地价差异悬殊,地方政府获得的土地财政收入变化极大。

当初地方政府与天都实业之间以协议合同形式约定了天都城区域约 467 万平方米土地由天都实业进行独立的整体性开发,土地以协议出让方式批租,企业必须先进行基础设施建设,先行开发旅游产业,然后再进行商业房地产开发。因此,在天都城一期开发时,地方政府以协议出让方式批租了建设用地。但是,根据 2002 年 7 月 1 日实施的国土资源部〔2002〕第 11 号令《招标拍卖挂牌出让国有土地使用权规定》,一切经营性国有建设用地均须通过竞价方式来出让。此后,天都城区域的国有建设用地,凡是用于经营性房地产开发的土地都以挂牌方式出让。

根据课题组的调研,到 2015 年,天都城区域批租土地以及地方政府获取的土地财政收入情况如表 7.4、表 7.5 所示。从表 7.4 中可以看出,自从天都城项目启动以来,土地使用权批租总面积为 213.25 万平方米,土地出让金总额约 34.20 亿元。

表 7.4　广厦天都城土地出让及地方政府获取的土地财政收入情况

出让年份	出让方式	用途	土地面积/万平方米	总价/亿元
2002 年以前	协议出让	旅游/商业/住宅	100.00	2.340
2003—2005	挂牌出让	商业/住宅	63.13	9.470
2007	挂牌出让	住宅	41.49	18.510
2010	挂牌出让	商业/住宅	2.32	1.218
2013	挂牌出让	住宅	6.31	2.658

数据来源:2002 年以前土地出让数据来源于何晓晴. ST 广厦心病天都城[N]. 中国经济时报. 2007-05-23;2003—2005 年数据系课题组根据叶国靖. 浙江广厦集团董事局主席楼忠福:天都城的问题是开发条件的问题[N]. 第一财经日报. 2007-06-15:(C05)提供的数据和课题组调研数据估算得到;其他数据根据表 7.5 中的数据整理得到(2014—2015 年天都城区域没有土地出让)。

①天都实业以此极低的协议地价拿到的是所谓的"毛地",企业实际的用地成本除了支付给当地政府的 234 元/平方米的土地价款之外,还包括投资建设基础设施等在内的"实物地租",以及在协助政府拆迁、补偿、安置过程中支付的相关费用。根据课题组的调查,在天都实业一期项目的征地过程中,土地征用和拆迁补偿标准由农村标准改为了城镇标准,每平方米征地费用增加了 60 元。但无论如何,协议地价加上其他的成本,企业实际拿地成本仍应低于土地使用权公开竞价出让的价格。

表 7.5　2007 年以来广厦天都城土地出让信息(仅统计挂牌出让信息)

交易日期	地块名称	用途	占地面积/万平方米	总价/亿元	土地地址
2013-04-02	余政储出〔2013〕9 号	住宅	6.31	2.6580	天都城 A-07 地块
2007-10-22	余政挂出〔2007〕50 号	住宅	2.35	0.7613	安乐村
2007-10-22	余政挂出〔2007〕49 号	住宅	4.29	1.4124	万乐村、安乐村
2007-10-22	余政挂出〔2007〕48 号	住宅	4.27	1.4680	万乐村、安乐村
2007-10-19	余政挂出〔2007〕47 号	住宅	3.64	1.2010	安乐村
2007-10-19	余政挂出〔2007〕46 号	住宅	2.28	0.7863	万乐村
2007-11-18	余政挂出〔2007〕43 号	住宅	8.69	4.5501	万乐村
2007-11-08	余政挂出〔2007〕42 号	住宅	5.63	2.9401	星桥村
2007-11-08	余政挂出〔2007〕41 号	住宅	5.19	2.6951	星桥村
2007-11-08	余政挂出〔2007〕40 号	住宅	5.16	2.6951	万乐村、安乐村

　　按照传统的土地财政运行和城镇化融资模式,地方政府因土地出让而获得的巨额土地出让金,应优先用于投资天都城区域的城镇基础设施,或者补偿天都城区域的城镇基础设施建设成本。值得注意的是,尽管天都城区域地方政府土地财政收入效应非常显著,但目前尚没有证据表明这些土地财政收入被直接用于推动天都城区域的城镇化,特别是用于天都城区域城镇基础设施和公共事业配套设施的投资和建设上[1]。正如前文所述,在天都城区域城镇化的初期和中期阶段,区域内主要的城镇基础设施和公共服务设施全部由天都实业投资兴建,并大部分已经完成[2]。

　　从市政基础设施融资主体的角度来看,天都城区域城镇化并未完全依赖地方政府的土地财政收入。这与紧邻天都城的杭州江干区丁桥镇的城镇化模式显著不同,在丁桥城镇化过程中,由地方政府主导、市属国有做地公司负责操作,区

---

　　[1]　当然,根据国家关于土地出让金收支政策的相关规定,天都城区域的土地出让金有一定比例用于被征地、拆迁农民的补偿和安置。但在调研中,当地政府和企业都未提供相关的数据。

　　[2]　企业代政府投资建设了城镇基础设施,然后又以低协议地价取得了一定数量的土地的使用权,这种代建的城镇基础设施通常被看作"实物地租",其本质是政府土地让利的实物表现。如果我们把"实物地租"也看作广义土地财政,那么,天都城区域的城镇化即使没有直接依赖土地财政收入,也在一定程度上间接地依赖了土地财政收入。

域内土地出让收入几乎全部用于为城镇基础设施融资,丁桥模式是一个典型的地方政府主导的依赖土地财政收入融资的城镇化模式。

7.5　结论与政策启示

7.5.1　天都城的城镇化模式及其典型特征

天都城区域城镇化是一种以地方政府和企业意愿为主、农民被动服从,政府与企业合作、企业主导(企业自主融资、自建基础设施),以房地产开发为主要驱动因素的强制性城镇化模式,主要特征可以概括如下。

(1)区位特征。发生于我国东部发达地区大城市边缘(杭州主城区外围),农业经济主导的镇域范围内。这一点与杭州市江干区丁桥镇的城镇化类似,但天都城更加远离杭州主城区,受杭州市政府的规划支持、基础设施配套支持和人文、经济辐射程度更低一些。

(2)主体特征。天都城区域城镇化有三类驱动主体:地方政府(杭州市政府、余杭区政府和星桥镇政府)、天都实业和被城镇化的村民或集体土地所有者。从对城镇化的贡献来看,天都实业是城镇化的主导者和第一主动参与者,地方政府除了规划和指导征地、拆迁和补偿以外,基本退出了城镇化主导者的序列,基本没有直接参与城镇基础设施建设,是第二主动参与者。第三参与者即被征地、拆迁的农民和集体经济组织,基本处于被动服从地位。从第三参与主体的意愿角度来看,天都城的城镇化仍然属于强制性城镇化的一个变种。

(3)融资特征。天都城区域城镇化过程中,城镇基础设施和公共服务设施都是由天都实业自主融资、投资建设完成的,因此,是企业主导了该区域的城镇化融资。这与国内目前大多数地区主要是地方政府主导,基于土地财政为城镇化融资的典型模式不同。

(4)驱动因素。天都城区域城镇化尽管以旅游产业发展、旅游地产开发和城镇基础设施建设(公共房地产范畴)来启动,但城镇化的中后期阶段基本上转变为了以经营性房地产,尤其是商品住宅开发为主的城镇化模式。这也体现了企业主动推进城镇化的真正目的就是大规模开发经营性房地产以获取最大化的商业利益。可以预见,如果未来几年天都实业仍然继续经营天都城区域,它必然继续以商业房地产开发为主,企图尽快回收巨额的前期基础设施投资,同时争取尽可能多地获取商业地产利润。当然,在房地产开发商持续追求商业利益的同时,客观上也可推动天都城区域城镇基础设施的完善和城镇化质量的提高。

7.5.2 天都城区域城镇化的主要经验教训

（1）缺乏当地村民的自发支持是天都城区域城镇化推进缓慢、城镇化质量不高的重要原因之一。天都城区域城镇化的启动和推进以地方政府和房地产开发企业的意愿为主，属于强制性城镇化的一种。这种强制性的城镇化如果没有给当地村民带来显著的利益增加，必然失去其强力的支持。

（2）房地产开发企业与政府在城镇化过程中的分工和职能定位不尽合理，城镇化过程缺乏地方政府足够的、有力的支持。应当承认，政企合作是一种很好的推进城镇化的创新形式。但在天都城区域城镇化的整个过程中，企业和地方政府都没有科学地界定自己的责任和职能。首先，天都城很晚才融入杭州市居住区发展规划，天都城控制性详细规划很晚才在杭州市政府支持下编制完成并得到政府审批，天都城在建设期间经历了杭州市轨道交通线路的巨大变更等，都暴露出天都城区域开发和城镇化发展缺乏地方政府统一的、前瞻性的规划支持。其次，大规模的城镇基础设施和公共事业配套设施本该一开始就在余杭区政府、星桥镇政府的大力支持下及早地实现与杭州主城区的对接，而在这方面地方政府的支持却十分有限。最后，企业永远以营利为最高宗旨。非营利性质的城镇化基础设施和公共服务设施的提供应该是政府的责任。企业之所以愿意提供，是想以低地价取得大片商业性用地使用权和开发权，通过商业性房地产开发牟取远期的商业利润。一旦不能满足这个诉求，企业建设投资的积极性必然受到影响，直接拖累整个区域的开发和城镇化进程。

（3）天都实业对房地产开发业过度依赖，严重拖累了企业自身发展和天都城区域的城镇化进程。国家土地出让政策巨变、房地产市场景气形势的剧烈波动等导致天都实业盈利水平持续走低，资金链条紧张，经营异常困难，由此导致后续的房地产开发和基础设施与公共服务设施配套改善异常缓慢，人口积聚缓慢，城镇化发展受阻，城镇化质量很低。

（4）单一居住功能，周边缺乏产业配套，"职住分离"问题严重，城镇化质量提升前景堪忧。天都城区域内及邻近临平副城的周边地区都没有足够多的实体产业支撑城镇化人口的就业，目前的天都城其实就是一个远离杭州主城区的只有单一居住功能的远郊"卧城"。尽管天都城在城镇化的早期阶段开发了一定的旅游产业项目，但这个项目本身并非就业密集型产业，它吸纳的就业人口十分有限；后期天都实业只专注于商业地产开发，这类项目吸纳的主要是临时性就业人口（主要分布于与房地产开发紧密关联的建筑业），物业服务企业虽然可以创造就业岗位，但创造的岗位数量也不太多。天都城周边目前仍然缺乏地方政府的产业发展规划支撑，房地产开发之外的能够长期、稳定地吸纳城镇化就业人口的产业极少。目前天都城内仅有一些服务性的行业,超市、小饭店、物业服务企业和房地产交易中介门店等。入住人口大多是到杭州主城区就业的青壮年,由此造成了突出的"职住分离"问题,这是天都城区域人口积聚缓慢、城镇化质量不高且提升困难的重要原因之一。

7.5.3 土地财政依赖及其在天都城区域城镇化过程中的作用

本案例研究结果表明,只要有国有土地使用权批租行为发生,就会给地方政府带来土地财政收入。只是土地出让方式不同,产生的土地财政收入多少不同而已。根据前文的论述,天都城区域早期以协议出让方式批租土地使用权,政府获取的土地财政收入较少(地价低、毛出让);后期尤其是在2007年之后,天都城区域的国有土地使用权均以挂牌形式出让,给地方政府带来了巨大的土地财政收入(毛收入)。但天都城区域的城镇基础设施事实上全部由天都实业投资兴建,由于前期基础设施的高投入可以在一定程度上以低地价获得土地使用权来弥补,在此意义上,这种城镇基础设施可看作"实物地租"(也可称之为"广义土地财政")。后期地方政府利用挂牌出让方式获取了巨额土地财政收入,虽然没有直接证据表明地方政府把它定向用在了天都城区域城镇基础设施和公共服务设施建设上,但不可否认,按照国家土地出让金支出的有关政策规定,地方政府所获土地出让收入应有一定比例用于天都城区域的征地、拆迁补偿和失地农民的就业安置。尽管天都城区域城镇化表面上看在一定程度上减弱了地方政府对土地财政收入的依赖[①],但在本质上并未真正地摆脱。

7.5.4 政策启示

(1)对治理土地财政依赖的政策启示

天都城案例分析表明,以征地为前提,以房地产开发为主导驱动因素的城镇化模式中,只要国有土地使用权交易市场存在,地方政府土地财政收入模式就不会发生根本性改变。

从治理地方政府土地财政依赖的角度看,有三个方面值得关注。①天都城案例只是在表面上减弱了地方政府土地财政依赖的程度。②地方政府土地财政收入的形式发生了异化,主要表现为天都城区域城镇化过程中,土地财政收入的形式表现为隐性的"实物地租"和显性的公开出让获取的土地出让金(包括协议出让和挂牌出让两种形式获取的土地出让金)并存。③虽然土地财政依赖的程

---

① 当然,我们也可以合理地推断,天都城区域挂牌出让国有土地使用权所获得的土地财政收入中,土地出让净收益极有可能被用于天都城以外的区域。

度相对于其他地区(如丁桥镇)要低,但土地财政依赖并未根本消失,并且由于土地财政收入(尤其是后期竞价出让获取的土地财政收入)并未真正被定向投入到天都城区域基础设施的完善和提升上,土地财政模式对城镇化的推进效果反而比丁桥镇等地更差。

因此,只要征地、拆迁制度仍然存在,只要城镇化的前提仍然是集体土地所有权的国有化,只要土地增值收益没有被全部返还给失地农民,则无论是政府主导的城镇化,还是政企合作、企业主导的城镇化,地方政府土地财政依赖问题就依然存在。并且从城镇化的效果来看,企业主导的城镇化反而不如政府主导的城镇化。

此案例进一步启示我们,要想根治地方政府土地财政依赖,必须从土地制度这个根源着手,即改革现行的土地二元所有制下,土地必须经过征用变成国有土地才能城镇化的法律和法规。同时要改变现行城镇化的定义,至少要扩大现行土地城镇化概念的范围,使其不仅仅包括集体土地国有化意义上的城镇化,也包括农村集体土地变为城镇化集体建设用地意义的城镇化。

(2)对我国城镇化模式创新的政策启示

尽管天都城区域城镇化模式目前还不算成功,也没有彻底脱离土地征用前提下强制性城镇化模式的范畴,但它在城镇化推进主体方面进行了政企合作、企业主导的创新性尝试,这一点还是值得肯定的。该案例的重要政策含义是,各地可以尝试在只改变土地规划用途而不改变集体土地所有权属性的前提下,将目前的"政企合作、企业主导"城镇化模式转化为"政府指导,农村集体经济组织与企业合作"的城镇化推进模式。政府在农村区域城镇化的过程中,应当担负城市发展规划和土地利用规划、基础设施的大配套建设和产业政策与发展规划等方面的政策指导和公共服务责任。企业和农村集体经济组织(或农民集体)在自愿的前提下,充分利用市场机制进行合作,共同进行土地开发、基础设施建设和产业发展,以此推进城镇化并在城镇化过程中较充分地分享土地增值利益。这种模式下的城镇化,显然是以集体土地所有者和企业意愿为主,变强制性城镇化为自愿性的城镇化,变房地产开发主导驱动为多产业驱动。

当政府逐渐退出城镇化第一主导者序列时,城镇化所必需的基础设施建设资金主要由企业和农村集体经济组织主导筹集。短期内企业和集体经济组织可利用自身资源、资产进行融资,包括土地租赁、土地抵押、土地入股、企业自有资本和企业质押贷款等,长期内靠产业发展带来的利润积累持续融资,最终实现产业与城镇融合发展。地方政府提供公共服务的资金来源可以是新城镇化地区产业发展所创造的税收收入和不动产增值所产生的不动产相关税收收入等。由此可归纳出基于治理土地财政依赖目标的新型城镇化模式可以具备以下几种特点。①非强制性。城镇化主要以村民或农村集体土地所有者和企业的意愿为依归,由农民、集体土地所有者或企业自愿推进、主动发展,而非其他主体强制推进。②非政府主导性。采取"农企合作"、政府辅助的城镇化推进模式。③非土地财政依赖型。在城镇化的基础设施融资过程中,由农民集体或集体经济组织和企业共同合作融资,利用市场化手段自主融资。④驱动产业的非房地产主导性。采取多元产业协调发展策略,改变房地产依赖型城镇化驱动模式,有效解决"职住分离"。⑤集体建设用地所有权的非国有化。集体土地非农化并不以改变土地的所有权性质为前提。⑥农民市民化、人口管理组织的社区化,基础设施和公共服务的城镇化。

参考文献

安蓉泉,2004.民间资本助推城市化的有益探索[J].中共杭州市委党校学报(4):
　　25-29.

何晓晴,2007.ST 广厦心病天都城[N].中国经济时报,2007-05-23.

李强,李晓林,2007.北京市近郊大型居住区居民上班出行特征分析[J].城市问
　　题(7):55-59.

李永生,2007.天都城又火了[N].浙江日报,2007-04-10.

林金坤,2015.北京回龙观地区交通拥堵原因分析及改善对策[J].市政技术(2):
　　17-21.

吕小田,2009.举重若轻造天都[J].中国发展观察(9):62-64.

石英婧,2015.十年造城 广厦天都城现鬼城魅影[N].中国经营报,2015-01-19.

许成宏,2012.在造城运动中实现多赢[J].施工企业管理(3):48.

叶国靖,2007.浙江广厦集团董事局主席楼忠福:天都城的问题是开发条件的问
　　题[N].第一财经日报,2007-06-15(C05).

第8章 政府主导的房地产开发驱动的城镇化模式案例分析

本章的杭州丁桥城镇案例(简称"丁桥案例")与前文的"天都城案例"虽然都属于发生在大城市边缘地区,由房地产开发驱动的城镇化,但天都城案例是企业主导融资建设城镇基础设施,而丁桥案例采取了政府主导、国有企业负责建设基础设施的模式。两个案例的共同特征是,地方政府土地财政依赖问题依然存在。此外,丁桥案例是当时国家推荐的大城市郊区城镇化的成功案例,也是土地储备、土地一级开发成功样本之一。丁桥城镇化模式在全国大城市周边地区普遍存在,具有一定的典型性、代表性。

20世纪90年代以来,伴随着房地产开发的持续繁荣,我国很多地区,尤其是大城市边缘地区的城镇化进程日益加快,并逐渐成为拉动区域经济快速增长的重要引擎。在规模持续扩大的房地产开发和城镇化浪潮中,地方政府一直发挥着主导性作用。其中的一个重要表现就是,以集体土地征用、拆迁、基础设施建设和经营性土地的出让为主要手段的地方政府土地财政行为贯穿了城镇化的全过程。房地产开发、土地财政和区域城镇化以其固有的内在逻辑相互耦合在了一起,揭示三者之间的这种内在逻辑关系,科学定位房地产开发、土地财政在区域城镇化过程中的功能,以推动地方政府土地财政依赖的治理并创新城镇化的模式,就成为政府和学术界均高度关注的重大理论和现实热点问题。

本章以浙江省杭州市丁桥镇/丁桥大型居住区为例(简称"丁桥案例"),基于充分的实地调研和文献调研,企图弄清楚在丁桥案例中,大型居住区开发或房地产开发是如何推进位于杭州市边缘地区的农业经济小镇——丁桥镇的城镇化的,探讨有哪些主体参与了城镇化,解析丁桥城镇化过程中主导的融资模式——地方政府土地财政模式是如何运作以及土地财政是如何支撑丁桥的城镇化的;试图总结丁桥城镇化模式的特征、成功经验、存在的问题及其在全国其他地区的实用性;归纳房地产开发、土地财政和区域城镇化三者之间的逻辑关系;最后尝试回答丁桥城镇化模式是否有助于根本治理或有效缓解饱受诟病的地方政府土地财政依赖问题,以期为我国今后的土地政策改革、房地产有序开发、城镇化模式的创新和土地财政依赖的治理提供理论依据。

8.1 丁桥案例分析对象简介

8.1.1 行政区划意义上的丁桥

行政区划意义上的丁桥多指"丁桥镇",目前其行政区划已调整为"丁兰街道"。1984 年 5 月,丁桥人民公社改称"丁桥乡",1991 年 6 月,丁桥乡改称"丁桥镇"。2014 年 12 月 25 日,杭州市政府发布《杭州市人民政府关于江干区部分行政区划调整的批复》(杭政函〔2014〕194 号)文件,提出为适应城镇化管理的需要,丁桥镇正式改为城镇管理体制下的"丁兰街道"。由于本案例分析的时间起点是 2003 年,当时分析对象仍然是"丁桥镇",本章在涉及行政区划概念时仍然沿用旧称"丁桥镇"而不用现在的"丁兰街道"。根据《2014 年江干区国民经济和社会发展统计公报》,丁桥镇共有 24 个社区、村,户籍人口达 3.334 万人,辖区土地面积达 15.5 万平方千米。全镇目前已经完成整建制征地、拆迁,城镇面貌由纯农村乡镇快速演变为杭州城北新城的核心功能区,镇财政收入已经由 2005 年的 1.0 亿元增加到 2014 年的 6.8 亿元[①]。

8.1.2 城市规划意义上的丁桥

城市规划意义上的丁桥全称为"杭州丁桥大型居住区"(简称"丁桥居住区")。丁桥居住区的核心位于丁桥镇行政范围内,区域规划为向东至杭州绕城高速公路,北依杭州半山国家森林公园,西至秋石高架桥,南至石大快速路,总规划用地面积约 1149 万平方米,总建筑面积 1000 万平方米,住宅 700 万平方米,公共建筑 300 万平方米,预计容纳 21 万人,是一个旨在分流杭州主城区过度集中的人口,主要承担居住功能的大型居住功能区。按照杭州市控制性城市规划,丁桥居住区细分为丁桥单元、丁桥东单元、丁桥西单元和田园单元等 4 个功能区块和土地单元。

8.1.3 本案例分析中的丁桥

如果没有特别说明,本案例分析中的丁桥一般是指"丁桥镇"。分析的重点问题是丁桥居住区房地产开发的土地财政效应、城镇化效应,以探讨房地产开发驱动的大城市边缘地区城镇化模式和土地财政在城镇化过程中的功能,特别关注丁桥城镇化模式的特征及其对治理地方政府土地财政依赖的重要政策启示。

---

① 数据来源于杭州市江干区政府网的"丁兰街道基本情况介绍"。

在案例分析中,有关土地征用、拆迁、城镇基础设施建设、土地出让面积和土地出让收入等土地财政数据、房地产开发的相关数据,统计范围均以丁桥居住区分布于丁桥镇域范围内的土地为界限;关于丁桥镇人口城镇化和土地城镇化的数据,统计范围覆盖丁桥镇域全部土地。这样做的原因一方面在于,丁桥大型居住区规划用地范围内同协路以西至秋石高架桥、石大快速路以北、上塘河以南围成的土地区块,在行政区划上属于下城区石桥街道,不属于江干区丁桥镇。另一方面,从城市功能区规划角度看,丁桥镇的土地已经归两个大型居住区:一个是本章案例分析对象"丁桥大型居住区";另一个是杭州长睦大型居住区,规划用地面积为 280 万平方米,属于丁桥镇的土地有 248 万平方米,属于余杭区星桥镇的土地有 32 万平方米。但无论属于哪个大型居住区,丁桥镇域内的人口和土地都已经整建制城镇化了。

8.2 丁桥城镇化过程、驱动主体和驱动产业

按照学术界对城镇化分析的通用逻辑框架(赵伟,2013),本节的分析旨在回答以下几个问题:①丁桥城镇化的历程和水平如何? ②是什么力量推动了丁桥的城镇化? 这其中具体包括,推动丁桥城镇化的主体有哪些? 城镇化过程以哪些/哪个参与主体的意愿为主? 丁桥城镇化的主要驱动因素是什么?

本章定义的城镇化是指,农村集体土地转变为城市国有建设用地以及农村人口转变为城镇人口或外来人口向丁桥镇积聚的过程。简言之,此处定义的城镇化包括土地城镇化和人口城镇化双层含义。这与目前文献中仅从人口城镇化角度定义的城镇化概念有所不同。

8.2.1 丁桥城镇化历程和水平

根据课题组的调研,丁桥镇城镇化大致经历了以下三个阶段。

(1)城镇化起步阶段(2003—2006 年)。2003 年丁桥镇还是一个纯粹农业型小镇。当年总人口为 12762 人,以农民为主,其中非农业人口仅为 1764 人[①],按此情况计算的丁桥镇域城镇化率仅 13.82%。城镇的硬件方面,道路、管网等城市基础设施条件十分落后,交通条件很差。2003 年以前,丁桥镇仅有一条城镇道路笕丁路,一条通过杭州市主城区的公交线路。2003 年 12 月,杭州市政府启动了以丁桥镇为中心规划建设杭州市大型居住区的民生工程。2004 年开始全面启动征用土地、拆迁等前期基础工作,2005—2006 年启动拆迁安置用房的建

① 数据来源于杭州市统计局《杭州统计年鉴》(2004)。

设,为顺利推进土地征用和拆迁进行了必要的准备。

(2)城镇化快速发展阶段(2007—2012年)。2007年丁桥拆迁安置用房建成投入使用,大批被征地拆迁的农民搬迁到新建的安置房中,由此推动丁桥大型居住区的征地、拆迁工作得以全面、快速地推进。在此阶段,丁桥一期道路、城镇基础管网全部建成,公交线路增加到12条,使得丁桥镇的交通区位条件极大地改善,丁桥镇与杭州主城区的联系更加便捷。与大型居住功能区配套的学校、幼儿园、农贸市场、城市公园等城镇居民所必需的基础设施和公共建筑也相继建成,此阶段丁桥常住人口已经达到了6万余人。

(3)城镇化质量提升阶段(2013—)。2013年以来,丁桥一期公共投入继续加大,城镇基础设施更加完善。丁桥二期工程启动,居住区规划设计更加人性化,丁桥居住区的功能更加全面、合理。从交通条件来看,地铁三号线的建设将极大地改善丁桥到主城区的通勤条件。丁桥二期工程中除安排6.67万平方米的保障房建设用地以外,中央水景公园、文体中心、市民中心、重点中学和三甲医院等五大功能项目用地大约为46.67万平方米。目前,这些功能项目都已经建成投入使用。

开发建设丁桥居住区的城镇化效应是十分显著的。从土地城镇化角度考察,在丁桥一期、二期工程实施的过程中,一共征收集体土地约1875万平方米,征地工作于2015年6月已经全部完成。连同杭州长睦大型居住区征用的丁桥镇土地,目前丁桥镇范围内的集体土地已经全部完成城镇化。从人口城镇化的角度看,根据杭州市城市土地发展有限公司提供的数据,2015年6月底,丁桥镇(丁兰街道)户籍人口达到3.3533万人,暂住人口为2.3667万人,常住但还未办理户口迁移的人口大约有2.5万人,一共有超过8万的人口积聚到了丁桥居住区。由于当地被征地农民已经全部转化为城镇居民,农民人口城镇化率已经达到100%。

从集体土地城镇化和农民户籍人口城镇化两个指标来看,目前丁桥镇域范围内已经完成了数量意义上的城镇化,目前正处于城镇化质量提升阶段。

8.2.2 丁桥城镇化的推动力量

推动及参与丁桥城镇化的主体主要有四类:①地方政府,包括杭州市政府、江干区政府和丁桥镇政府;②杭州市属国有做地公司——杭州市城市土地发展有限公司;③被征地农民和农村集体经济组织;④房地产开发商。丁桥城镇化过程中四类主体及其在丁桥城镇化过程中的功能如表8.1所示。

表 8.1　丁桥城镇化过程中各主体的功能

主体名称	主体类型	作用类型	在城镇化中的功能
地方政府	公共主体	主动型	城市规划、征地拆迁、执行国家征地拆迁补偿政策、土地出让
做地公司	国有企业	主动型	协助政府征地拆迁，基础设施建设，不以营利为目的
丁桥村民	私人主体	被动型	城镇化对象：配合地方政府的征地、拆迁、安置
房地产开发商	普通企业	主动型	经营性土地受让方和商业地产项目的实施者，以营利为目的

　　(1)政府对丁桥镇的城镇功能规划定位是丁桥城镇化加速推进的首要因素。2001 年 1 月开始编制的《杭州市城市总体规划(2001—2020 年)》提出，"城市东扩、旅游西进，沿江开发、跨江发展"和"南拓、北调、东扩、西优"的空间布局战略。顺应此发展战略，杭州市政府决定在主城区的东北部以丁桥镇为中心规划设计一个旨在分流中心城区人口，减缓中心城区住房和公共服务供应压力的大型居住功能区块，并将其定位于"城北新城核心区、交通转换枢纽区、职住平衡示范区"。从此功能定位来看，丁桥大型居住区建设既是杭州主城区空间范围向外扩张的过程，也是以市政基础设施建设、住宅区和房地产开发为动力推进丁桥镇域土地、人口等要素城镇化的过程。其中，住宅和房地产开发贯穿了丁桥城镇化的全过程。

　　(2)优先进行市政基础设施建设、安置房和保障性住房开发建设是丁桥城镇化快速、和谐推进的关键因素。2003 年丁桥大型居住区启动开发，2004 年底农户拆迁、征地工作全面开始，2006 年 10 月一期工程用地的拆迁征地工作全部完成，涉及 1100 余户农民家庭。此后，便立即开始了全面的、大规模的市政基础设施建设和拆迁安置房、保障房的建设。截至 2015 年 6 月，一共建成安置房项目 13 个，总建筑面积 117 万平方米；经济适用住房项目 3 个，总建筑面积 44.3 万平方米；建成小学 10 所、幼儿园 14 所；30 米以下道路 31 条，计 67.8 千米；河道 12 条，共计 19 千米；公园、小区绿地 90 万平方米；公共建筑设施(包括农贸市场、街道办事处、养老院、社区活动中心、市民文体中心等)项目 20 余个，建筑面积共 12.0 万平方米。上述安置房、保障房建设和大规模市政基础设施的建设，既是城镇化的重要内涵，也为丁桥大型居住区后续的商业性房地产开发和丁桥二期工程征地拆迁的和谐推进奠定了基础。

　　(3)适时启动商业性房地产开发，以吸引区外人口和积聚产业。商业性地产开发既是丁桥城镇化深化发展的重要内容,也是利用商业地产用地出让为城镇化融资的重要手段。前期安置房建设主要为满足当地居民,尤其是当地被征地拆迁居民的城镇化需求(保障房项目面向整个杭州市区中低收入居民),而商业地产项目开发主要满足丁桥镇之外居民的居住、投资、创业等多项需求。根据我们的调查统计,丁桥大型居住区商业性土地出让和商业性地产开发启动于 2007年,兴盛于 2009 年(见表 8.2)。

表 8.2　丁桥一期主要的商业性地产项目(2007—2015 年)

年份	土地面积/万平方米	项目类型	房地产开发商
2007	15.2	商品住宅	宁波冠华置业、杭州三盛颐景地产、杭州新筑置业、杭州祥瑞置业
2009	39.4	商品住宅	杭州广大地产、广宇集团、绿城地产、杭州郎诗、杭州西湖地产、浙江中豪、浙江昆仑置业、浙江西子
2010	18.7	商品住宅	金隅(杭州)房产、绿城/西子/紫元房产
2012	11.6	商业/金融地产	时大控股、杭州中兴地产、温州置信控股、杭州宏业物资、杭州大唐实业
2013	20.4	商品住宅	杭州佳苑地产、杭州新筑置业、香港中旅、杭州龙嘉地产
2014	17.8	商业地产/商品住宅	杭州天阳申花、天津现代集团、丁桥新城、丁桥新城阳光城、宝爱捷汽车
2015	11.4	商品住宅	龙湖地产

注:本表数据不包括华丰单元,该单元虽在丁桥大型居住区范围内,但在行政区划上属于下城区,而本章分析的重点是丁桥镇(现丁兰街道,属于江干区)。

可以预计,随着丁桥基础设施条件更加完善和积聚人口的增加,未来若干年内区域内经营性土地出让和商业性房地产开发仍将持续进行。在市政基础设施和保障房、安置房建设任务已经基本完成后,商业性房地产开发已经取代公共房地产开发成为丁桥房地产开发的主角。借助于经营性土地出让所获得的巨大土地财政收入,做地单位的资金运转将进入良性循环阶段,丁桥镇域公共基础设施建设水平将继续提高,城镇化质量也将继续提升。

8.2.3 结论

在结论部分重点回答本节开头提出的丁桥城镇化的驱动因素是什么的问题。

(1)从参与主体角度看,参与丁桥城镇化的主体主要有以下四类:①地方政府,包括杭州市政府、江干区政府和丁桥镇政府;②杭州市属国有做地公司——杭州市城市土地发展有限公司;③被征地农民和农村集体经济组织;④各类房地产开发商。从规划设计、政策支持、组织实施、总体掌控等角度来看,在以上主体中,起主导和支配作用的是杭州市政府。丁桥镇被征地农民处于城镇化的从属地位、被支配地位。因此,丁桥大型居住区建设背景下的城镇化是以杭州市政府的意愿为主推进、农民集体被动服从型的城镇化。

(2)从驱动城镇化的产业类型来看,主导性的驱动因素是房地产开发。可以认为,是房地产开发驱动了丁桥的城镇化进程。从丁桥大型居住区早期的基础设施建设、公共建筑建设(属于公共房地产范畴)、安置房和保障房建设(属公共住宅开发范畴),到 2007 年之后的商品住宅、商业和金融地产开发(属典型的商业地产开发范畴),房地产开发贯穿了丁桥城镇化的全过程。就目前而言,从城镇化的数量指标上衡量,丁桥镇的人口城镇化和土地城镇化已经全部完成,但城镇化质量的提升仍需要时日。如果说丁桥早期的城镇化主要靠公共房地产开发驱动,那么,今后丁桥城镇化质量的提升主要依赖商业房地产开发来驱动,这与工业化驱动的城镇化模式根本不同。

8.3 丁桥城镇化融资模式

本节重点关注丁桥案例中,城镇化的主导融资模式——土地财政模式的运作及其对丁桥城镇化的作用。土地财政涉及的基本问题是,由谁来提供土地?谁来出让经营性项目土地?土地财政收入的分配方式如何?土地财政的功能及后果是什么?为回答以上问题,本节拟通过考察自 2003 年丁桥居住区开始建设以来,土地出让及由此获取土地财政收入的情况,以便了解在丁桥大型居住区开发建设过程中,地方政府的土地财政运作机制,同时考察土地财政在丁桥城镇化过程中的作用。

8.3.1 土地财政运作模式

根据调研,丁桥城镇化预计需要 236 亿元的资金支持。截至 2015 年底,已投入超过 150 亿元。这些先期投资的回收和资金的持续循环主要依赖于丁桥土地财政模式的运作。简单地说,丁桥案例中地方政府土地财政运作的基本模式如下:杭州市政府国土资源管理局委托政府背景的国有土地开发公司(杭州市城市土地发展有限公司)做地(包括征地、拆迁、基础设施建设,达到可出让或移交的"净地"条件)—"净地"交由国土局统一出让—土地出让金分配(包括部分出让金返还做地公司以补偿做地成本)—做地公司土地滚动开发—土地再出让……在这个土地财政运作模式中,包含着一个不可逆的土地单向流动和一个可逆的资金循环。土地的单向流动,本质上是土地产权的不可逆转变,从最初的土地集体所有权—城市土地国家所有权—国有土地使用权批租给企业或个人使用。另外一个是货币/资金的流动,本质上是土地财政收入、支出的实现过程:做地公司融资以获取土地、做地—公开出让国有建设用地以获取土地出让金—出让金返还做地公司—做地并出让经营性用地……

8.3.2　土地供应与土地财政收入情况

(1)保障房用地和留用安置用地。自 2003 年以来,丁桥居住区以保障房(经济适用住房、廉租房和拆迁安置房)名义划拨供应土地共 17 宗,总用地面积约 80 万平方米,此类土地因属于无偿划拨,并不产生显著土地财政收入效应。村级集体经济组织留用地目前共有 16 宗、约 39 万平方米(按 10% 的留用比例)。此类用地旨在让被征地农民分享城镇化的红利,政府不从这类土地中取得任何土地财政收入。

(2)土地公开出让及其产生的土地财政收入。根据课题组的调研,丁桥居住区目前可供公开出让的建设用地大约 72 宗,面积约 281 万平方米。截至 2015 年 9 月,已出让 44 宗,出让面积达到 193 万平方米,土地出让总收入约 285 亿元。其中,公开出让的经营性用地大部分用于商业地产的开发(见表 8.3)。

表 8.3　丁桥大型居住区核心区部分商业地产用地的出让情况

时间	编号	面积/万平方米	用途	总价/亿元	竞得企业
2015-07-30	杭政储出〔2015〕17 号	7.94	住宅	12.4000	龙湖地产
2015-03-17	杭政储出〔2015〕7 号	3.49	住宅	4.4514	远洋地产
2014-12-24	杭政储出〔2014〕36 号	1.85	住宅	2.6347	杭州天阳申花
2014-07-29	杭政储出〔2014〕17 号	6.75	商业	4.0212	天津现代集团
2014-05-27	杭政储出〔2014〕7 号	0.60	商业	0.3158	丁桥新城
2014-05-27	杭政储出〔2014〕13 号	1.03	商业	0.8782	丁桥新城
2014-01-07	杭政储出〔2013〕108 号	5.53	住宅	11.3000	阳光城

续表

时间	编号	面积/万平方米	用途	总价/亿元	竞得企业
2014-01-03	杭政储出〔2013〕102 号	2.06	商业	1.6358	宝爱捷汽车
2013-05-21	杭政储出〔2013〕34 号	3.28	住宅	4.0600	杭州佳苑地产
2013-03-21	杭政储出〔2013〕21 号	2.48	住宅	3.7900	杭州新筑置业
2013-03-12	杭政储出〔2013〕19 号	4.69	住宅	9.3000	香港中旅
2013-03-12	杭政储出〔2013〕18 号	4.35	住宅	7.8000	杭州龙嘉地产
2013-02-25	杭政储出〔2013〕7 号	5.58	住宅	10.9000	杭州龙嘉地产
2012-12-26	杭政储出〔2012〕60 号	0.98	商业/金融	0.8285	时大控股
2012-10-30	杭政储出〔2012〕48 号	3.54	住宅	3.7009	杭州中兴地产
2012-10-16	杭政储出〔2012〕36 号	1.86	商业	2.0659	温州置信控股
2012-10-16	杭政储出〔2012〕35 号	1.80	商业	1.8385	温州置信控股
2012-06-12	杭政储出〔2012〕8 号	0.53	商业/金融	0.4098	杭州宏业物资
2012-05-29	杭政储出〔2012〕6 号	2.84	商业/金融	2.4629	杭州大唐实业
2010-11-30	杭政储出〔2010〕55 号	7.13	住宅	13.3000	金隅（杭州）房产
2010-05-20	杭政储出〔2010〕24 号	11.62	住宅	17.0000	绿城/西子/紫元
2009-12-01	杭政储出〔2009〕83 号	3.41	住宅	4.8000	杭州广大地产
2009-12-01	杭政储出〔2009〕82 号	4.93	住宅	6.2900	广宇集团
2009-12-01	杭政储出〔2009〕81 号	2.41	住宅	4.2800	绿城地产
2009-12-01	杭政储出〔2009〕80 号	2.76	住宅	4.6800	杭州郎诗
2009-11-26	杭政储出〔2009〕78 号	7.67	住宅	10.5100	杭州西湖地产
2009-11-26	杭政储出〔2009〕77 号	5.29	住宅	8.8100	浙江中豪
2009-10-10	杭政储出〔2009〕51 号	6.58	住宅	8.0000	浙江昆仑置业
2009-09-10	杭政储出〔2009〕41 号	2.92	住宅	5.3333	浙江西子
2009-09-10	杭政储出〔2009〕40 号	3.49	住宅	6.6666	绿城地产
2007-10-30	杭政储出〔2007〕58 号	3.94	住宅	3.3509	宁波冠华置业
2007-10-30	杭政储出〔2007〕57 号	3.76	住宅	3.4100	杭州三盛颐景
2007-08-29	杭政储出〔2007〕40 号	3.43	住宅	3.2000	杭州新筑置业
2007-08-29	杭政储出〔2007〕39 号	4.05	住宅	3.8000	杭州祥瑞置业

注:本表仅统计丁桥大型居住区的核心区丁桥镇内土地的公开出让数据。

8.3.3　土地财政收入的分配、使用及土地财政功能

由于丁桥居住区开发建设采取了由杭州市政府委托国有土地公司征地、拆迁、基础设施建设（做地），然后再由国土局公开出让经营性用地的模式，即"净地出让模式"，土地出让收入的分配和使用首先要考虑到与国有土地开发公司（做地公司）分成的问题。根据调研资料发现，由于丁桥居住区不同区域的征地拆迁成本、基础设施建设成本不同，杭州市政府采取了因区域而异的土地出让金返还政策。具体而言，根据杭州市政府与杭州城市土地发展有限公司的合同安排，主要的分成办法如下（许敦莲，2015）。

（1）丁桥一期土地出让金总价的 45% 部分，扣除 21.5% 的税费之后，余下的 78.5% 返还给做地公司。如果做地成本超过 45% 的总价，另行协商。

（2）由于做地成本的上升，丁桥二期土地出让金返还政策被修改，规定二期土地出让金总价扣除 27.5% 的政府税费之后，余下的 72.5% 全部返还给做地公司。如果做地成本超过总价，另行协商。

（3）丁桥居住区田园板块的开发建设费用由杭州市土地储备中心全额拨付，土地出让金专项用于地铁项目建设，不予返还。

从实施结果看，为支持丁桥城镇化，由国有做地公司进行的 150 亿元的投资，已经通过后期土地财政收入的返还机制得到补充并维持了基本的资金循环。从丁桥土地财政模式的运行特征来看，土地公开出让所获得的土地财政收入通过土地出让金的返还政策安排，主要用于支付做地公司以补偿其前期的做地成本，该做地成本主要包括土地的征用、拆迁补偿，被征地农民的拆迁安置费用，城镇道路等公共基础设施的建设费用等。从这个意义上看，土地财政收入构成了丁桥城镇化的主要资金来源，地方政府在此过程中所实施的土地财政行为本质上也是一种为丁桥城镇化融通资金的行为（简称土地金融行为）。当然，根据目前的资料，我们无法完全排除丁桥土地出让过程中由于土地出让纯收益的存在（主要是丁桥一期土地出让），政府也有通过土地出让获取土地增值收益的牟利动机和实现此土地收益的可能。但就土地财政推动丁桥城镇化的现实后果而言，土地财政的确是一种为城镇化融资的重要工具。

因此，丁桥土地财政收入的实现过程也是丁桥城镇化的实现过程。土地财政为城镇化提供了资金支持，城镇化则是房地产开发、土地财政模式运行的必然结果。

8.3.4　小结

现在来回答本节开头提出的几个问题，以此作为本节的结论。

（1）丁桥案例中土地财政赖以实现的土地由丁桥镇农民和集体经济组织提供，杭州市政府以及市土地发展公司（做地单位）共同进行土地的征收、拆迁工作，以获得建设用地，并将其用于大型住宅区房地产开发。

（2）经过市土地发展公司做地之后的"净地"，由杭州市政府（市土地储备中心）统一公开出让（作为商业地产项目用地）或划拨给有关单位使用（如保障房用地、安置房用地、留用安置地、公共设施建设用地等）。商业地产项目用地公开出让之后获取的土地出让金上交市财政局，然后再按照既定政策进行分配、使用。

（3）土地财政收入的分配去向主要有以下几个：补偿做地单位的做地成本、缴纳国家相关税收和规费、土地出让净收益归市财政局、支付做地单位的人工和业务费用等。

（4）丁桥案例中，土地财政的主要功能是为丁桥大型住宅区开发的前期城镇基础设施建设和丁桥城镇化进行融资。政府土地财政行为的结果是，利用土地出让收入顺利地推进了丁桥城镇化的进程。丁桥案例表明，城镇化并未消除或减弱土地财政依赖，只是改变了土地财政的运行模式和并将其功能定位于直接为丁桥城镇化进行融资。

8.4 结论与政策启示

本节将对丁桥城镇化案例分析的主要研究发现进行总结与讨论。主要内容包括：归纳丁桥城镇化模式的含义及其典型特征；总结丁桥城镇化模式的成功经验及其存在的主要不足之处；评价地方政府土地财政在丁桥城镇化过程中的地位和作用；讨论丁桥城镇化模式的适用性及其对治理我国地方政府土地财政依赖、指导城镇化模式创新的政策启示。

8.4.1 丁桥城镇化模式的含义及其主要特征

丁桥城镇化是一种由市属国有做地公司负责具体实施、以房地产开发为主要驱动因素、以土地财政收入为主要融资来源的城镇化模式。从各参与主体的性质和作用来看，丁桥城镇化仍然属于地方政府主导的、强制性的城镇化。其主要特征可以归纳如下。

（1）区位特征：丁桥城镇化发生于我国东部发达地区省会城市边缘地区，以农业经济为主导的小城范围之内。

（2）主体特征：丁桥城镇化有多个主体参与，但地方政府及其授权的市属国有土地公司自始至终起着主导作用。其他主体，包括集体土地所有者和房地产开发商等均处于从属地位，被征地、拆迁的农民在城镇化过程中处于被动地位。

（3）融资特征：丁桥城镇化的启动资金以政府出资和银行贷款为主，但其最终的资金来源却是丁桥镇域经营性土地出让所获得的土地出让金。

（4）驱动因素：从产业角度考察，丁桥城镇化的主导性驱动因素是房地产开发业。无论是丁桥大型居住区启动阶段的公共基础设施建设（公共房地产）、安置房和保障房建设，还是后来持续的商业性地产开发（包括商品住宅、金融地产、商业地产开发等），房地产开发活动贯穿于丁桥城镇化的全过程。

8.4.2　丁桥城镇化模式的主要成功经验与不足之处

丁桥城镇化模式总体来看是成功的，其主要经验引起了中央政府和学术界的高度关注。根据课题组的实地调研和相关文献调研，丁桥城镇化模式的主要成功经验可以概括如下。

（1）贯彻"以人为本"理念，较好地解决了快速城镇化过程中的征地、拆迁问题。尽管丁桥模式仍然是政府强制的城镇化，但当地政府对被征地拆迁的农民和集体经济组织给予了较多的人本关怀。从和谐征地、拆迁到住房安置、社区建设、城镇基础设施和公共服务的提供以及生态环境保护，较充分地体现了以人为本的新型城镇化理念，可借鉴的经验包括以下几点：①基于大型综合居住功能区规划设计定位，优先进行城镇基础设施建设和安置性住房建设，以减轻征地和拆迁的阻力；②给集体经济组织和被征地拆迁农民预留10%的建设用地，并做到优先定位。此举旨在满足被征地拆迁农民发展第三产业的用地需求，同时可以让他们持续分享城镇化所带来的积聚经济效益；③预先落实被征地农民的社会保障问题，实现被征地农民100%参保；④在供地计划中，保障性住房用地做到了优先供应（许敦莲，2015；《杭州丁桥大型居住区土地开发实践及创新研究》课题组，2008）。

（2）倚重土地财政工具，解决了城镇化的融资问题。在丁桥城镇化的启动阶段，征地、拆迁和区域内土地前期开发所需要的巨额启动资金以杭州市政府出资和银行抵押贷款为主。2003年成立的由杭州市国土局主管的国有土地公司"杭州市城市土地发展有限公司"具体负责丁桥城镇化的融资问题，公司注册资本20亿元。土地发展公司承担丁桥农地的土地征用、拆迁，土地一级开发、土地资本运作，以及安置房、公共基础设施建设等。2007年丁桥城镇化进入第二阶段以后，区域内经营性土地出让所获得的巨额土地出让金较大程度地补偿了前期土地开发的成本支出，并为丁桥城镇化的深化提供了持续的资金基础。因此，从本质上讲，土地财政收入在丁桥城镇化过程中起到了关键的资金支持作用。

（3）成立丁桥居住区前期建设指挥部，是确保城镇化稳步推进的组织保障。为顺利推进丁桥城镇化，在城镇化第一阶段，成立了"杭州市丁桥大型居住区前期建设指挥部"[①],由杭州市国土局领导,由市、区、丁桥镇、村四级主体参与,国土、建设、发改、财政、规划等多个部门配合。在具体运作时,杭州市国土局土地储备中心负责征地、拆迁、农用地转用中的政策性报批工作,丁桥大型居住区前期建设指挥部和杭州市城市土地发展有限公司具体实施统一征地、统一拆迁、统一前期开发、统一土地出让,土地发展公司负责融资。因此,从融资角度看,丁桥城镇化融资模式属于政府主导下由国有公司实际执行的城镇化融资推进模式。

丁桥城镇化模式存在的主要问题有以下两个方面。

(1)轨道交通建设滞后,低成本通勤条件尚不具备。规划中的地铁三号线经过丁桥大型居住区,但目前仍未开工。便捷的地铁线路建设滞后严重影响了丁桥城镇化质量的提升。

(2)丁桥一期建设规划、土地利用规划不尽合理,造成严重的"职住分离"问题。丁桥新城一期工程规划用地以住宅用地为主,住宅用地147.87万平方米,占一期规划用地的40.4%;公建用地198.27万平方米,占53.7%;能够较多吸纳就业的商业、金融业等服务业用地仅21.67万平方米,占5.9%,并且这些商业、金融业用地全部分配用作10.0%的集体留用安置用地的一部分。由此造成了丁桥城镇化过程中的"产业空洞化"问题,难以吸收更多的农业转移劳动力就地就业,同时也加剧了丁桥城镇中低收入家庭"职住分离"问题。

8.4.3　丁桥土地财政模式及其对丁桥城镇化的作用

本章的研究表明,丁桥土地财政模式在本质上并未超出我国目前主流的地方政府土地财政运作模式的范畴。如果非要找出丁桥土地财政模式的地区特殊性,那么特殊性主要表现在丁桥城镇化过程中的土地出让采取了由国有做地公司"杭州市城市土地发展有限公司"统一做地之后,交由杭州市土地储备中心统一"净地出让"的运作模式。此外,诚如前文讨论所及,丁桥经营性土地出让之后,土地出让金收入大部分以补偿做地成本的名义返还给了土地发展公司。

由此可以得到两个基本结论:①土地财政的功能是为丁桥城镇化进行融资;②丁桥城镇化过程从融资角度来看并未真正摆脱地方政府土地财政依赖。离开土地财政收入的支持,不仅从数量效应上来看丁桥的城镇化难以顺利完成,而且其后续的城镇化质量的提升也将因为缺乏持续的资金支持而难以为继。

---

①　"指挥部"的日常办事机构与"土地发展公司"其实是一套班子、两块牌子。

8.4.4　丁桥城镇化模式的适用性及其对治理土地财政依赖和城镇化模式创新的意义

（1）适用性。丁桥城镇化模式本质上仍然属于我国主流的地方政府强制推动的传统城镇化模式范畴。其主要优点在于：①在地方政府强制力量下，这种形式的城镇化具有较高的推进速度和较高的城镇化效率（从城镇化数量效应角度来看）；②与自发演进、民间力量（市场）主导推进的城镇化模式相比，强制性的城镇化能够较好地执行政府的城镇规划和土地利用规划意图。从这个意义上看，丁桥城镇化模式在我国当前乃至未来相当长的城镇化实践过程中，仍然是一种具有代表性的模式。同时必须注意，丁桥城镇化又是发生于发达地区省会城市边缘地区的、小镇扩张型的城镇化[1]，其之所以能够取得成功，很大程度上得益于杭州市政府希望其分流主城区人口、承担大型居住区功能的规划定位。从融资角度看，城镇化前期巨大的征地、拆迁、安置和基础设施建设投入，需要地方政府有足够的财力予以支持，也需要后期有足够的土地出让收入去补偿，否则城镇化不可能顺利推进，也不可能持续。从这点来看，丁桥城镇化模式又主要适用于经济发达地区大城市的边缘地带、属于大城市边界扩张型的城镇化地区。相反，在经济相对落后地区，尤其是落后地区的中小城镇，甚至是远离大城市的地区[2]，因为房地产市场不发达、规划用途的改变所带来的土地增值效应并不十分明显、政府财力有限、土地财政收入潜力不大，先由政府或市属国有企业先期巨额投入、再利用经营性土地出让获得的收入补偿做地成本的城镇化融资模式会有一定的局限性。丁桥城镇化模式的成功主要是大型居住区内房地产开发和土地财政模式成功运作的结果。

（2）对城镇化模式创新的启示。尽管丁桥城镇化模式并未偏离传统的地方政府主导驱动的主流城镇化模式的范畴，它仍对我国城镇化模式的创新有一定的启示意义。主要表现为，在现有的政策框架内，地方政府尽力实现了和谐征地、和谐拆迁和快速城镇化[3]。在拆迁、补偿、安置（尤其是 10% 的留用地安置）、社会保障全覆盖等方面给予被征地农民相对优厚的待遇，使农民能够较多地分

---

① 事实上，从更大尺度的空间范围来看，丁桥城镇化也是杭州市整体城镇化战略的一个重要组成部分。

② 即便是在发达地区，远离大城市，以房地产开发为驱动力的城镇化模式也有失败的案例，如杭州余杭区临平边缘地区的广厦天都城。

③ 2004 年底，丁桥一期农户征地拆迁，2006 年 10 月提前一年完成 1100 户拆迁。2008—2009 年，丁桥二期"整村推进、分类限价、一口报价"，用一年时间完成 2000 户拆迁。

享到城镇化带来的红利,从而减少了政府主导城镇化的阻力,加快了城镇化的进程。同样是政府强制性的城镇化,丁桥城镇化过程中并未遇到其他地区那样的激烈的"土地冲突"①。

(3)对治理土地财政依赖的政策启示。丁桥案例表明,丁桥大型居住区开发建设/房地产开发过程、丁桥城镇化的过程,其实也是土地财政成功运作的过程。土地财政在丁桥城镇化的过程中起到了至关重要的融资作用。丁桥案例中地方政府并未真正摆脱,甚至减弱土地财政依赖,只是利用国有做地公司融资平台,通过"前期土地开发—土地资本运作—净地出让—土地出让金返还"这样的机制实现了城镇化和土地财政的良性互动。丁桥案例的重要政策启示就在于,只要我国集体和国有二元土地所有制的制度结构不变,只要地方政府主导、以征地开发为前提的城镇化驱动模式继续存在,土地财政为城镇化融资的基本模式就不会发生根本性改变,地方政府土地财政依赖依然会继续存在。政府在城镇化的过程中无法自行摆脱土地财政依赖时,理性的选择无非是努力改变现行单一的地方政府主导推进的、以征地开发为特点的城镇化模式,允许民间/市场主导的城镇化模式探索。这种城镇化模式是一种在符合政府城市发展规划和土地总体利用规划的前提下,不经过地方政府强制性征地因而也不改变土地所有制的、自发演进的城镇化。

(4)房地产开发、土地财政和城镇化之间的逻辑关系。①房地产开发与土地财政的关系。商业性房地产开发对经营性土地形成了引致性需求,这种引致性的土地需求为实现土地财政提供了必要条件。有了经营性土地需求,通过政府卖方垄断的土地批租市场,利用竞价出让机制,将潜在的土地财政收入变为现实的土地财政收入。丁桥案例中,房地产开发是土地财政收入实现的前提条件。②房地产开发与城镇化的关系。房地产开发是丁桥大型居住区规划的实施手段。在房地产开发的前期,地方政府已经将城镇基础设施配套工程做好,通过竞价机制"净地"出让土地后进入房地产开发流程,待商品住宅、商业和金融地产建成之后吸引居民或商户进入,此过程无疑也是人口积聚和城镇化过程。因此,丁桥城镇化前期的基础设施建设为房地产开发提供了必要的基础条件,房地产开发又推动了丁桥城镇化水平的提升。从产业来看,房地产开发是丁桥城镇化的原因和主导性驱动因素。房地产开发和城镇化在丁桥案例中是一种共生关系。③土地财政与城镇化的关系。城镇化对地方政府土地财政提出了巨大的基础设施建设投资需求。在现行的财政体制约束下,基于土地出让而获取土地财政收入将成为满足城镇化资金需求的主导性途径。丁桥案例表明,城镇化为土地财

---

① 政府主导的城镇化过程中,因为征地拆迁、补偿而引起的"土地冲突"在全国时有发生。

政提供需求条件,土地财政则是城镇化的主导性、关键性融资工具。

综上讨论,丁桥城镇化过程既是房地产开发的过程,也是土地财政成功运作的过程。尽管三者之间存在着一定的共生、耦合关系,但总体来看,房地产开发和土地财政只是工具,区域城镇化才是目的。

参考文献

许敦莲,2015.政府主导下城市边缘大型居住区开发模式研究[D].杭州:浙江工业大学.

赵伟,2013.异质性:城市分层与中国城市化选择[J].社会科学战线(9):34-43.

《杭州丁桥大型居住区土地开发实践及创新研究》课题组.丁桥模式:科学发展观指导下的城市土地的开发模式[N].中国国土资源报,2008-10-21.

第9章 政府主导的旅游开发驱动的城镇化模式案例分析

旅游开发驱动的城镇化是在工业化中后期渐渐崛起的一种新型城镇化的重要模式。其基本实现路径是，以旅游业的开发带动旅游地产开发、促使农业土地和农业人口的非农转化。从全国范围来看，旅游开发驱动的城镇化案例已有很多。除了前文提及的云南德宏州芒市的旅游驱动城镇化案例和杭州西溪湿地旅游驱动城镇化案例以外，较为著名的还有湖北省十堰市丹江口市的武当山旅游经济特区案例。

基于实地调研，我们将提供另一个浙江小镇旅游开发驱动城镇化的案例。希望借助案例分析，发现旅游开发驱动的小镇城镇化的过程、效果、特征，以及城镇化融资是否可以有效治理地方政府土地财政依赖。

9.1 案例分析对象简介

尤溪镇地处浙江临海、黄岩、仙居三角地带，临海市区的西南边。全镇土地面积 135 平方千米，其中林业用地约 117.3 平方千米，耕地约 8.0 平方千米，有 39 个行政村，总人口 2.6 万余人。境内山川秀美，气候宜人，旅游资源十分丰富。拥有江南大峡谷、指岩浴场、法海寺、七折潭瀑布、荔枝洞、情人岛、生态竹园等自然人文景观，并设有五大动植物保护区，其中南方红豆杉、金钱松等名木赏心悦目，云豹、黑鹿等珍稀野生动物常于此栖居。尤溪镇是全国环境优美镇、浙江省级生态镇、省文明镇、省旅游强镇、省农家乐特色镇、省教育强镇、省体育强镇、省森林城镇、省十大特色乡镇、省东海文化明珠镇。

尤溪镇的旅游业以江南大峡谷景区为核心，全方面发展，涉及范围广泛。最为核心的就是江南大峡谷漂流基地，全长 6.8 千米，河道整体落差 183 米，单个冲滩落差 10 米，于 2008 年 6 月 18 日开业，分军事探险漂流和军事休闲漂流，两段河道各长 3.4 米，是华东地区唯一以军事探险漂流为主题的两段式漂流，有"华东第一漂"之称。下涨村位于漂流基地终点，距临海市区约 24 千米，全村有农家乐 34 家，可同时接待上千人就餐，拥有床铺 70 多张，建有占地 5200 平方米的停车场一个,有停车位 80 多个;并成立了台州市首家"农家乐"协会,"农家乐"管理逐步走向规范化。下涨村还开了土特产专卖店、下涨老酒坊,挖掘传统酿酒工艺,自酿米酒,制作番薯烧等供游客品尝,并注册了"山里人家"商标,专门销售番薯丝干、蕨菜干、本地腊猪肉等土特产。"氧生基地"作为漂流基地的配套设施,周边景点丰富,建有游客接待中心、文体广场、气排球场、卡拉 OK 多功能厅、棋牌室、大型停车场等。老农头生态休闲景区内有原生态观光、野外拓展、军事野战、绝壁攀岩、丛林休闲、幽谷探险野炊烧烤等项目,游客可体验住木屋别墅、享农家美食的乐趣。"军事大穿越"借助峡谷山水特色设计了拓展项目,建有缅甸桥、抽板过河、高空溜索、凌空漫步、水上飞等十多个激发个人潜能、熔炼团队精神的景点户外运动体验项目。指岩滑草场位于大峡谷入口处,全长 400 米,宽40 米,是台州首家滑草动感运动项目,游客穿着滑草鞋,沉浸于绿色之中,舒缓而行,悠然自得,也可以做上滑草车,顺势疾驶,在绿色的海洋中感受速度与激情。另外还有生态园可以供游客休闲游乐与采摘游览。

9.2 尤溪镇城镇化历程

(1)城镇化原始发展时期,1978—2002 年。在这段时间内,尤溪镇的产业以传统农业为主,缺少带动城镇化发展的持续动力,城镇化速度极其缓慢,村民大都过着春耕秋收的传统农村生活。

(2)城镇化起步阶段,2002—2007 年。随着改革开放的深入,受周边地区经济快速发展的深刻影响,尤溪镇开始大力引入和培育工业企业,同时开始着手在尤溪镇坎头村西侧建立起"尤溪镇特色工业产业园区"。在重点企业伟星拉链入驻以后,初步形成了以服装辅料为支柱产业,橡胶、化工涂料、机械配件、小水电等产业共同发展的工业发展格局,受工业化进程的推动,尤溪镇的城镇化进程开始启动。

(3)城镇化快速发展阶段,2007 年至今。工业企业的引入带动了地个经济的发展和城镇化快速发展,但也带来了环境的污染与破坏。在评估了尤溪镇优美的自然风景资源之后,镇政府通过中国旅游网成功引进了上海宝筑企业,开始大力发展旅游业。地区经济发展开始由工业化主导转变为"工业生态化、农业产业化、旅游支柱化"主导,把城镇化发展与自然环境的保护有机地结合起来。随着国家 3A 级风景区的认证,尤溪镇的旅游业迎来了快速发展期,同时带动了多个产业的发展,从此尤溪镇开始进入快速城镇化的新阶段。

9.3 尤溪镇旅游业与城镇化发展现状

9.3.1 与周边旅游景区的竞争对比

尤溪镇江南大峡谷的周边著名景区主要有临海江南古长城、温岭长屿硐天、天台国清寺、济公故居、神仙居、三门蛇蟠岛、大陈岛等,具体类型如表9.1所示。从表9.1中可以看出,台州市比较出名的几个风景区,都以美丽的风景为吸引点,招徕游客,以观光游览为主,少有可以休闲娱乐、放松身心的项目,所以尤溪镇的江南大峡谷的以漂流为核心,辐射性地发展休闲娱乐项目可以说是对台州市旅游业的一个补充。

表 9.1 台州市范围内著名风景区

所在区域	名称	类型
临海市区	江南古长城	观光游览
温岭市	长屿硐天	观光游览
天台县	国清寺	宗教祭祀
仙居县	济公故居	宗教文化
仙居县	神仙居	观光游览
三门县	蛇蟠岛.	小岛风光
椒江区	大陈岛	小岛风光

表9.2列出了台州市范围内的几个著名的农家乐,可以看出,大多数农家乐都以休闲农庄为主,再配以农业观光。而尤溪镇的农家乐设在漂流终点处,旅游业配合农家乐,有着表9.2中几个农家乐所没有的优势。可以说尤溪镇的农家乐与旅游业相辅相成,农家乐吸引了想吃美食的顾客,进而给旁边的旅游区带来人气;供休闲娱乐的大峡谷风景区既招徕了游客,又给下方的农家乐带来商机。

表 9.2　台州市范围内著名农家乐

所在区域	名称
椒江区	一景天农家乐
路桥区	金泉休闲农庄
黄岩区	太湖度假山庄
临海市	碧水湾休闲山庄
温岭市	老五农庄
玉环县	漩门湾观光农业园

9.3.2　本地旅游业发展概况

从 2007 年开始发展旅游业以来,尤溪镇政府不惜投入大量资金,积极改善区域自然和人文环境,积极招商引资。特别是在 2011 年申请成为国家 3A 级风景区后,更加快了招商引资的步伐。

在基础设施建设方面,2008 年,在下涨村总投资 300 多万元,建设了第一期江南大峡谷军事漂流项目,在漂流终点处发展了以漂流为依托的农家乐,成为农民就业转型和增收的新途径。并且积极开展各类活动和"乡村旅游节",先后举办了"伟星杯"首届民间故事旅游文学作品大奖赛、"鑫源杯"首届农民运动会、峡谷人家·迎奥运泼水狂欢夜、金秋尤溪·乡村嘉年华等大型活动,多举措促进旅游业的发展,打响了江南大峡谷品牌。2011 年,投资约 20 万元从清潭村到江南大峡谷沿线栽种 2 万余株枫树、夹竹桃、玉兰、银杏等花木,积极打造多彩尤溪。投资 200 多万元实施清潭村至江南大峡谷沿线 11 村的连线成片整治工程,拆除违章建筑 715.48 平方米,拆除破旧房 692.77 平方米,清理粪坑103 口,粉刷"赤膊墙"2575.13 平方米,新建公厕 9 座,新建垃圾房(箱)28 个,新增分类收集垃圾桶 60 只,实施沿线村庄规范化管理,消除乱张挂、乱张贴、乱搭建、占道经营等现象,村庄和街道面貌有了明显变化,改善了群众的生活条件和居住环境。2012 年,积极推进村庄环境整治和康庄工程、村镇绿化、农村饮用水工程等涉农项目,提高群众的生活质量,开展了王扇等 13 个村的村庄整治工程,实现了村庄整治整镇推进。完成八年片粮食生产功能区、于岙片丰产示范方项目;完成西施岭杨梅基地、龙门头柑橘基地设施建设项目;完成富越农庄猪舍扩建前期工作;投资 10 万元完成龙岭片沿线垃圾屋配置,开展好"双清"、清洁家园等工作。伟星企业总投资 1280 万元完成街心公园、伟星大道等节点景观带绿化、亮化、美化工程；完成镇区街道路面及人行道"白改黑"工程。突出旅游发展主导地位，不断完善旅游基础设施，积极筹备江南水街、镇区主街道立面改造项目前期工作。提升集镇功能，完成镇农贸市场改造；新垃圾中转站、公交车站年底完工投入使用，公交线路为从临海汽车站到江南大峡谷景区，每半小时一班，大大方便了游客出行。2013 年，按照"管理不到位、整治不停止"的要求，集中开展了"文明街道整治月"活动，每天由班子成员带队进行集中整治，坚持周六、周日不放松。实施镇区路街"全天候"管理、保洁，确保不留任何死角，逐渐形成了集镇综合管理长效机制。2014 年，"五水共治"工作全面铺开，完成义城港长溪岗段水毁修复工程、温加岙小流域水毁修复工程、清潭村学底庵、叶岙村白佛寺、樟基村栅里山塘综合整治工程；"清三河"工作成效显著，实施的 7 个项目村管网建设全部完工，进入终端施工；全力以赴抓好"三改一拆"工作，全年累计拆除违法建筑 10.17 万平方米，完成年任务的 113％，顺利通过台州市"无违建乡镇"验收。拆除禁养区内养殖场 5 家，拆除牛蛙养殖场 4 家。2015 年，开展"五水共治"，开展河长制工作"回头看"，进一步落实河长职责。实行河道日常保洁、巡查常态化管理，在全市层面的多次督查中，尤溪镇排名均居前列。

在旅游产业投资方面，2012 年，总投资 5000 多万元，开发建设指岩滑草场至情人岛沿线峡谷大穿越素质拓展项目，建成徒步穿越、飞夺"泸定桥"、峡谷悟道等 20 多个探险项目，实现了江南大峡谷景区基础设施和服务项目功能提升，启动建设景区道路拓宽工程。2013 年，投资 9500 多万元，完成漂流接待中心改造、漂流河道改造；景区停车场施工完毕，景区道路路基扩建完成，指岩滑草场改造完成。启动台州市休闲运动基地项目，完成青少年拓展训练改造，完成峡谷大穿越改造，健身广场（气排球场、篮球场）、登山休闲步道等子项目建设。完成指岩至下涨至红岩脚道路改造，完成老龙头山庄建设项目，完成军事漂流游客接待中心改造工程项目。2014 年，龙岭区块旅游开发项目投资 5000 万元，完成了龙门水库基础设施改造、双龙古道入口改造、葡萄观光园建设、龙岭区块 4 万多平方米火龙果种植。下涨村投资 3000 万元建设农家乐公共配套设施，完成了道路扩建及沥青面层铺设，村内公园、停车场及村口节点已完工，并完成了游客接待中心主体建设。2015 年，龙岭区块旅游开发项目总投资 5000 万元，先期投资 1500 万元，已完成招投标和龙门古道、农业观光、水上项目等部分项目建设。尤溪镇集镇功能提升项目总投资 580 万元，已投资 150 万元，已完成指岩山水家园东侧区块雨污分流改造，平安路和桃园路改造提升项目已完成图纸设计。

表 9.3　尤溪镇 2009—2015 年接待游客数及旅游总收入

年份	接待游客数/万人次	旅游总收入/万元
2009	70.19	1500.39
2010	80.27	2006.72
2011	101.97	3022.87
2012	110.15	5509.55
2013	108.89	6511.46
2014	112.76	8093.29
2015	122.54	8962.98

数据来源:课题组通过走访临海市尤溪镇政府,整理政府文件数据得出。

在旅游收入方面,2011 年前,尤溪镇接待人数还处在较低水平,2011 年以后,接待人数突然增加,已经形成一定规模,每年都在 100 万人次以上(见表 9.3)。随着投资的进一步深入,产业链的进一步完善,该镇旅游总收入也渐渐达到可喜的水平。据调查,在 2015 年,旅游收入中,农家乐的收入就占了近 1500 万元,并且带动了周边农业土特产销售,大幅度提高了农民收入,改善了农民生活水平,带动 3000 多农民就业,在一个仅 2 万多人口的小镇,可以说是解决了大部分人的就业问题。

9.3.3　城镇化的主要推动主体

调查分析表明,地方政府仍然是城镇化的主要推进主体。主要表现为,地方政府不仅出台了相关规划和发展旅游业的政策文件,还直接进行部分基础设施的投资建设。2009 年,为了进一步发展农村经济,临海市出台了临市委发〔2009〕41 号《关于加快发展农家乐休闲旅游业的实施意见》,明确了农家乐发展的指导思想、工作目标、基本原则和工作措施;更进一步加大奖励力度扶持农家乐发展,设立许多现金奖励,鼓励广大农家乐发展,免交市级各种行政事业性收费和规费;简化审批程序,加快农家乐发展;鼓励各金融机构积极为经营户提供信贷支持,在利率上给予优惠。2011 年,尤溪镇江南大峡谷成功获批国家 3A 级旅游景区,吸引了更多的投资商来尤溪投资旅游业,旅游业呈现井喷状态。2013 年,完成《尤溪镇旅游总体规划》编制,制定精品景点发展规划。与上海欢天喜地旅行社达成组客送团万人战略合作协议,举办了美丽临海、乡村旅游大联盟启动仪式,相继开展了首届油菜花节、骑游大会、漂流节等节庆活动。建立"全景动态干部管理"模式和干部述职述廉制度,促干部作风转变。2014 年,完成《龙岭区块旅游发展规划》编制,打造尤溪旅游新版块;开发了浙江休闲农业与乡村旅游精品线路,开通了"尤溪旅游"微信公众号,成功举办了第七届乡村旅游节,做大做强"氧生基地"民宿。下涨村成为临海市首个全国文明村,江南大峡谷成功创建浙江省青少年户外体育活动营地。2015年,提升集镇功能布局,加强对城区辐射的承接,完善伟星百合庄园基础配套设施建设、有序推进江南度假酒店完成设计规划审批。基本完成下涨村、指岩村"美丽乡村"建设,镇容镇貌进一步改善。

9.3.4 旅游业驱动下的城镇化效果

2009年之后,尤溪镇的地区生产总值每年都在递增,旅游占地区生产总值的比重每年都在增加,并且可以明显地看出城镇化率在2011年有很大的提高(见表9.4),说明在2011年,国家3A级风景区的申请确实大大推动了尤溪镇旅游业的发展。旅游景区的工作人员大部分都是村民,随着旅游业的发展,许多人的就业问题解决了,许多原本靠种地为生的人的身份转变了,尤溪镇的城镇化速度加快了,从2009年的22.11%逐渐向临海市的平均水平靠近(临海市城镇化相关数据如表9.5所示)。

表 9.4 尤溪镇城镇化相关数据

年份	地区生产总值/亿元	总人口/万人	非农人口/万人	城镇化率/%	旅游收入占比/%
2009	1.01	1.99	0.44	22.11	14.86
2010	1.22	2.07	0.51	24.64	16.45
2011	1.50	2.13	0.70	32.86	20.15
2012	1.77	2.24	0.83	37.05	31.13
2013	1.98	2.39	0.91	38.08	32.89
2014	2.23	2.51	0.99	39.44	36.29
2015	2.40	2.60	1.08	41.54	37.35

数据来源:课题组走访尤溪镇政府,整理政府文件得出。

表 9.5　临海市城镇化相关数据

年份	地区生产 总值/亿元	总人口/ 万人	非农人口/ 万人	城镇化率/ %	修正后的城镇 化率/%
2009	276.99	115.47	14.97	12.96	41.98
2010	328.01	116.40	14.95	12.84	41.90
2011	368.42	117.09	15.02	12.83	41.89
2012	387.77	117.85	15.15	12.86	41.90
2013	420.44	118.45	15.24	12.87	41.91
2014	452.08	119.04	15.41	12.95	41.96
2015	463.45	119.57	15.66	13.10	42.06

数据来源:根据临海市统计局网上公报整理得到。

注:表中的城镇化率是依据非农人口/户籍总人口算出来的,然而课题组询问统计部门后了解到,在临海市,尤其是在杜桥镇、上盘镇这些地方,大多数人常年在外地经商,而在统计时这一类人口都还被算作农业人口,这部分人口具体有多少统计部门没有详细统计过,但估计这部分人口占统计的农业人口的约三分之一,所以修正后的城镇化率应该是(非农人口+农业人口/3)/总人口。由于无法统计常住人口的数据,这里只考虑到了户籍总人口,可能会造成城镇化率计算的重复,有一定局限性。另外,新闻里公布的城镇化率(李国献,2016)计算方法是[主城区范围(含汛桥镇、东塍镇)人口+其他各镇镇区常住人口+城镇外来半年以上暂住人口]/常住总人口,城镇化率在 2012 年就已经约为 57%,但实际上在城区内还有许多从事农业的人口,我们探讨的实际城镇化率远远小于这个数。

通过比较表 9.4 与表 9.5 的数据可以看出,自 2011 年尤溪镇完成 3A 级景区申请后,其城镇化进入快速发展阶段,城镇化率一直高于临海市的平均水平。旅游业的发展不仅解决了尤溪镇村民的就业问题,也增加了农民的收入,更加快了城镇化的进程。

2012 年以来,尤溪镇共推出了 5 块宗地,2012 年推出的 2 块宗地于 2013 年 1 月成交,2013 年推出的 2 块宗地于 2013 年 9 月成交,2014 年推出的 1 块宗地于 2014 年 7 月成交。其中 4 块被伟星集团拿下,可以看出,伟星集团对于尤溪镇的财政收入起着巨大的作用(见表 9.6)。5 块宗地中,一块地用于景区建造酒店商旅,一块地用于房地产开发,三块地用于伟星集团的工业开发,可以说尤溪镇的土地出让以工业发展为主。尤溪镇的房地产开发还处在起步阶段,只有伟星这个本土企业涉猎这一领域,有着很大的提高空间。

表 9.6   尤溪镇 2013—2014 年土地出让情况

成交单位	土地位置	土地面积/平方米	用途	出让时间	总价/万元
个人（金祖兵 80%，郑德超 20%）	尤溪镇下涨村	2515	商业服务	2014-07-30	190
浙江伟星实业发展股份有限公司	尤溪镇坎头村	2989	工业	2013-09-13	95
浙江伟星实业发展股份有限公司	尤溪镇坎头村	3297	工业	2013-09-13	110
临海市伟星房地产开发有限公司	尤溪镇花联村义城路北侧	35705	住宅	2013-01-28	3960
浙江伟星实业发展股份有限公司	尤溪镇坎头村	19771	工业	2013-01-09	805

数据来源：根据临海市国土资源局提供的数据整理得到。

9.3.5   城镇化过程中存在的突出问题

尤溪镇旅游驱动下的城镇化目前还存在着一定的问题，主要表现在以下几个方面。

（1）城镇化的资金来源过于单一。尤溪镇的很多建设项目，往往都是早早地就规划好了，然而就拿着策划书等着相关企业家来投资，对于企业的依赖性非常强，城镇化的资金来源大部分都来自于投资，土地财政收入过少。所以经常会导致场地荒废在那里很久才会开始建设，造成土地资源的极大浪费。

（2）城镇化的驱动力过于单一。虽然尤溪镇后续开发了很多旅游项目，但到目前为止知名的旅游项目依然只有江南大峡谷的军事漂流，景区盈利也大多靠漂流与农家乐撑起来。驱动力太少，往往会导致一荣俱荣、一衰俱衰的现象。城镇化过于依赖旅游业会很容易受外界经济的影响，外界经济不好就会导致游客的减少，造成旅游效益大幅降低，不利于城镇化的持续稳定发展。

（3）城镇化规划不够完善、具体。虽然尤溪镇制定了 2012—2030 年的规划，形成了较为系统的体系，但是规划里面只说明了定位、总体布局、大型枢纽、整体绿化等比较大的几点，在具体的措施与建议方面显得宽泛而空洞。目前可以看到的规划成果凸显了交通不完善、景区季节性过强等问题。

（4）城镇化过程中对环境造成了一定破坏。在城镇化发展之初，工业的引进对环境造成了比较大的影响,在大力发展旅游业以来,环境问题虽然有所改善,政府也积极地进行造垃圾站、实施"五水共治"等环境清洁工作,但是环境还是没有发展城镇化前那么好。

(5)城镇化的质量不高。尤溪镇的城镇化水平已经提高了一倍多,但从户籍人口来看,大部分人还是农村户口。村民虽然由于旅游业的发展,慢慢转变为非农业人口,生活水平有了很大的改善,但还是生活在农村,社会福利还没有得到保障。

9.3.6　小结

尤溪镇自 2007 年开始发展旅游业以来,尤其是在 2011 年之后,取得了巨大的成就,不仅加速了经济的发展,使尤溪镇的地区生产总值提高了一倍多,更加快了城镇化的进程,使本来远远落后于临海市平均水平的城镇化水平渐渐提升了,并随着进一步的深入发展,远远超出了临海市的平均水平。旅游业的收入渐渐成为尤溪镇地区生产总值里最重要的一个部分。

在大力开发旅游业的同时,兼顾当地农民利益。尤溪镇在城镇化过程中不仅给当地居民提供了许多就业岗位,解决了部分人的就业问题,还组织在漂流基地下游建立农家乐,通过鼓励政策带动更多的人开农家乐,形成一定规模,打造地方特色,给大家带来商机;另外也积极带动农业土特产在景区的销售,切切实实给农民增收,形成一个以旅游业为核心的产业链。在发展的同时,不忘环境保护,不惜斥巨资新建景区沿路垃圾站和镇里的垃圾中转站,积极响应并实施"村收集,镇转运,县处理"的垃圾处理政策,维持景区环境的清洁,不破坏生态环境。此外,积极推进"五水共治"工作,保护水资源,使景区的水真正做到清可见底。在看到许多成果的同时,也可以发现尤溪镇旅游业驱动下的城镇化模式存在城镇化的资金来源过于单一、城镇化的驱动力过于单一、城镇化规划不够完善具体、城镇化过程中造成了环境破坏、城镇化的质量不高等问题,有许多值得改进的地方。

9.4　结论与政策启示

9.4.1　研究结论

尤溪镇的城镇化,一开始由工业带动,2007 年该镇认识到环境保护与自身自然地形的优势后,开始大力发展旅游业,渐渐形成了工业与旅游业并存,并以旅游业为核心驱动力的城镇化模式,通过解决村民就业,把利益惠及村民,带动城镇化和区域经济发展。

目前看来,这一模式取得了较大的成功,短短几年时间,该镇地区生产总值从 2009 年的 1.01 亿元增长到了 2015 年的 2.40 亿元,翻了一番还多。并且农民的生活水平得到了很大的提高,旅游业收入中有将近一半为农家乐收入,旅游业的发展切实惠及了当地村民。城镇化水平也由之前的较低水平慢慢超过了临海市的平均水平,得到了较为快速的发展。许多荒废的山岭土地,得到了合理的开发,充分的利用,土地资源利用率有了很大的提高。

景区用地大部分依然是村集体用地,并没有被收为国有,仅有极少数如停车场、游客接待中心等景区配套设施归为国有,这导致土地城镇化相对比较滞后。然而,从城镇化模式创新角度看,不征用土地实现的城镇化(集体土地上的城镇化)其实是今后城镇化发展的一个重要方向。

城镇化融资来源:3A 级景区的国家建设性拨款与政府资金主要用于城镇基础设施建设与景观设施的完善;民间投资是城镇化发展的主要资金来源,此类资金主要用于景区的开发以及相应的道路、绿化建设。土地出让金对于尤溪镇城镇化的贡献并不是特别大,出让的宗地大多用于工业开发,甚至存在一年中一宗出让都没有的情况。在城镇化过程中,村民从一开始的被强行征地来发展景区,被动地进行城镇化,到后来在政府政策的鼓励下,积极地在自家开办农家乐,主动自发地发展城镇化。与其他模式相比,以旅游业为核心的城镇化模式更为绿色、环保、可持续,是我国农村区域城镇化的理想选择之一。

9.4.2 政策建议

政策建议如下。

(1)要努力拓展城镇化的驱动力。尤溪镇目前的驱动力过于单一,几乎只靠工业与旅游业来推动,土地出让收入经常没有,有的几年也是靠出让给工业企业与旅游业单位,几乎看不到房地产开发。可以在保障核心驱动力的前提下,拓展驱动力,形成一个驱动力的综合体,这样才能更加健康持续地发展城镇化。

(2)积极开辟新的城镇化融资渠道。目前来看,尤溪镇旅游驱动的城镇化,对于私人投资过于依赖。其优点是可减弱地方政府土地财政依赖度,缺点是融资渠道过于单一,融资来源不稳定,影响城镇化的持续发展。想要城镇化稳定持续发展,必须开辟新的融资渠道,形成稳定的、多元化的资金供给渠道。

(3)要提高旅游开发驱动城镇化的质量。城镇化是一个多元的指标,不单单是人口的城镇化、土地的城镇化,还有人口管理的城镇化、基础设施和公共服务的城镇化。当前尤溪镇村民的经济条件与生活水平有了很大的改善,但村民远没有享受到与城镇居民等值的公共服务,社会福利与保障制度还没有全面覆盖。

要进一步提高城镇化质量,必须实行社区管理,加大对公共服务和城镇基础设施的投入,尽快促进城乡居民公共服务均等化。

(4)仍需加强旅游业的驱动作用。尤溪镇目前的旅游业受季节影响严重,形成较为明显的旅游淡旺季,要拓展旅游项目,加强旅游设施建设,使旅游业能每时每刻为当地居民提供收入,每时每刻都对城镇化做出贡献。

尤溪镇以旅游业为驱动力的城镇化模式,对于全国其他地区的城镇化也有可借鉴之处。

(1)积极解决城镇化启动资金难题。在旅游业驱动城镇化的初期,小镇自身资金不足,也很难申请到上级政府拨款。在这种情况下,可选择招商引资。对象可以是一些地方投资商,也可以是旅游公司。

(2)做好城镇化发展规划。在推进城镇化之前,要做好明确的规划。这样可以稳定投资者对地方经济发展的预期,持续投资、稳定发展。

(3)尽力减少城镇化过程中的环境破坏。在城镇化的过程中,提高经济效益,保障农民利益很重要,但是维护环境更重要,这关系到城镇化的质量。要做好垃圾分类收集与处理工作,"五水共治",保护水资源。

(4)注重建立完整的城镇化驱动系统。不能只看重门票收入,还要注重发展旅游业的相关产业,形成一个完整的产业链,使经济的发展惠及当地村民。小镇旅游一方面可以发展农家乐,让游客体验地道的当地小菜,另一方面也可以结合本地特色,销售本地土特产、工艺品以及小纪念品。

参考文献

李国献,2014.综合施策加快推进临海特色新型城镇化[EB/OL].(2014-04-29)
　　[2015-04-10].http://epaper.lhnews.com.cn/html/2014-04/29/content_3
　　_1.htm 2016.05.25.

第10章 政府引导的小商品市场驱动的城镇化模式案例分析

义乌是中国首个也是唯一一个县级市国家级综合改革试点,也是2014年国家十一部委确定的国家新型城镇化综合试点市。义乌小商品市场的发展推动了义乌城镇化。解剖义乌案例对于理解我国小商品市场和商品流通行业驱动的城镇化模式的特征具有典型意义。不仅如此,研究义乌案例还可以发现地方政府土地财政收入在此类城镇化模式中的地位和作用,进而有助于提出基于治理地方政府土地财政依赖目标的城镇化模式创新思路。

10.1 案例分析对象简介

义乌古称"乌伤",位于浙江省中部,地处金衢盆地东部,南北长58.15千米,东西宽44.41千米,面积1105平方千米。根据第六次全国人口普查数据,义乌全市常住人口为123.40万人,户籍常住人口为64.82万人,市外流入人口为58.58万人。2015年,义乌三大产业比重为2.0:36.1:61.9,是浙江省第三产业比重最高的城市;社会消费品零售额达到了529.6亿元;常住人口人均可支配收入为49351元,比2014年提高了9.3%,其中,城镇常住人口人均可支配收入增长了9.0%,达到了56586元,农村常住人口人均可支配收入增长速度超过了城镇常住人口人均可支配收入的增长,达到9.5%,为28433元;人均生活消费方面,人均支出29828元,比2014年增加了8.6%,其中城镇常住人口人均支出为34184元,农村常住人口人均支出为17236元,分别增长了8.2%和9.2%,均高于浙江省平均水平。

改革开放以来,在专业市场的带动下,义乌城镇化和社会经济得到了快速发展。连接欧亚大陆的首趟"义新欧"铁路国际货运班列于当地时间2014年12月9日上午11时抵达西班牙马德里货运车站,为中欧贸易运输史掀开了新的一页,也为义乌小商品市场发展和城镇化注入了新的动力。

10.2　义乌城镇化历程

10.2.1　小商品市场的发展历程

根据《义乌县志》的记载,义乌从清朝乾隆年间就有"鸡毛换糖"的长途贩运活动,这可以算是义乌小商品市场的起源。从"鸡毛换糖"到马路市场、棚架市场,再到今天的国际商贸城,小商品市场五易其址,十次扩建,义乌逐渐形成了拥有 11 个专业市场、20 多条专业街的市场体系。

(1)第一代市场——湖清门马路市场。第一代小商品市场的前身是湖清门和廿三里小商品市场。外出经商的义乌人从外地带回商品,从县前街的"劝、堵、赶"提篮叫卖到移北门街"明管暗放"部分发证,最后群众自发形成了小商品市场,迁址至湖清门摆卖[①]。1982 年 3 月 25 日,义乌县稠城整顿市场管理小组发布《关于加强小百货市场管理的通告》文件。1982 年 9 月 5 日,投资 9000 元建成的铺设水泥板的露天市场(稠城镇小百货市场)正式开放,占地面积 4252 平方米,摊位 750 个,每市日有 700 余个商贩货位,800 余位小商贩,购销人数 3000 余人,多时达 5000 多人[②]。次年市场摊位数增加至 1050 个,小商品市场成交额也从上年的 392 万元提高到了 1444 万元,购销人数最多时能达近万,仅 4000 多平方米稠城镇小百货市场已无法满足需求。

(2)第二代市场——新马路棚架市场。由于湖清门的摊位已经无法满足商贩进场经营的需求,义乌县政府于 1984 年投入 57 万元,建成第二代小商品市场(新马路棚架市场也是草帽市场),占地 1.3 万平方米,摊位 1849 个,均为水泥摊位和钢架玻璃瓦棚顶。1984 年 12 月 6 日,稠城镇小百货市场迁入了新马路北端,进场为市、日日为市的第二代小商品市场就这样拉开了序幕。义乌县委县政府在当年提出了"兴商建县"的方针,大力放宽企业审批政策,简化登记手续,经商办厂的热潮随之兴起。到 1984 年底,个体户达 14359 户,小商品市场成交额也跃至 2321 万元[③]。1985 年初,由于摊位极度短缺,市场经营和管理部门不得不架起 300 个临时摊位来调节摊位的供求平衡,之后又在部分地区棚架之间加设了一些摊位。1985 年底摊位数达到了 2847 个。浙江工商局评选义乌小商品

---

① 此处数据引自"义乌小商品市场的五个发展阶段",http://www.zgzysc.cn/caseinfo.aspx? id=1376。

② 数据引自《义乌县志》。

③ 数据引自《义乌县志》。

市场为"五好市场",市场成交额较上一年增加了167%,达到了6290万元。

(3)第三代市场——城中路棚架市场。1985年10月,第三代小商品市场(城中路小商品市场)动工兴建,位于城中路稠城朝阳村,总投资额为440万元,占地44000平方米,有临时摊位1387个、固定摊位4096个,于1986年9月26日开业,市场内的综合商业服务及工商、邮电、金融、税务等管理服务大楼也同时建成。在1988年,投资125万元在第三代市场的东北角新建了一个针织市场,面积扩大了9600平方米,摊位增加1382个。次年,再投资50万元,在重圆路建成了一个占地4548平方米,摊位1386个的小百货市场①。第三代市场后来又通过多次扩建,直至1990年底市场已经形成了一个占地5.7万平方米、固定摊位8503个、临时摊位1500余个的国内最大的小商品批发市场。但是,小商品市场的摊位仍然不能满足需求,整个市场的供求比达到了将近1∶2。从市场建成起,小商品城就吸引了周边城市包括温州、绍兴、台州等省内的客商,甚至外省的福建和江苏等地的客商也进场设立摊位。市场扩建完成后的第一年,即1991年,小商品市场成交额突破10亿元大关,达到了10.33亿元。

(4)第四代市场——篁园市场和宾王市场组合的大型室内柜栏式市场。1991年,中国小商品城市场第四代篁园小商品市场一期工程动工兴建,于1992年投入使用,占地约6万平方米,共设有摊位7100个,实现了从"以场为市"向"室内市场"的重大转变。1992年3月,在国家工商总局首次公布的全国十大市场名单中,义乌小商品市场名列榜首。同年8月,国家工商总局发文批准义乌小商品市场更名为"浙江省义乌市中国小商品城"。小商品城在全国7万多个集贸市场中占据了多项"最指标":占地10万多平方米,市场面积最大;每日客户超15万人次,客流量最大;成交额达到10.25亿元;将近1.5万个摊位,摊位数量最多;入场经营业主超过3万人,人数最多②。1993年,义乌创立了后更名为商城集团的中国小商品城股份有限公司,小商品市场从此走上了股份制发展的道路,这同样标志着中国小商品城真正实行了政企分开、管办分离,开始走向企业化运作。1994年6月,第四代市场的二期工程投入运行,占地面积6.8万平方米,新设7000个摊位。截至当时,小商品城建筑面积扩大到了22.8万平方米,摊位数增至2.3万个。1994年,小商品市场成交额达101.17亿元,突破100亿元大关。1995年11月,宾王市场建成。该市场投资4.2亿元,占地32.0万平方米,一共设600间门店和8900个摊位。在此阶段,义乌小商品市场的营业面积从1985年的13.6万平方米猛增到46.0万多平方米,市场成交额也从6190

---

① 数据引自《义乌市志》。

② 此处数据由义乌市规划局提供。

万元跨越到 152 亿元。2001 年,中国小商品城成交额突破 200 亿元,达 211.97 亿元。义乌市中国小商品市场 1998—2015 年历年市场成交额如图 10.1 所示。

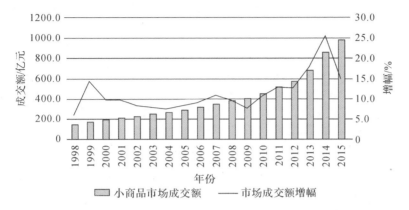

图 10.1　义乌市中国小商品市场 1998—2015 年历年市场成交额及增幅
(数据来源:根据义乌市中国小商品城工商分局提供的资料绘制。)

(5)第五代市场——福田国际商贸城。2000 年开始,义乌小商品市场开始迈入国际化发展轨道,规划建设了第五代市场,即中国义乌福田国际商贸城。一期工程投资 6 亿多元,占地面积 28 万平方米,建筑面积达 34 万平方米,2001 年 10 月动工,次年 10 月 22 日正式投入运营。商贸城分为餐饮中心、生产企业直销中心、主体市场、仓储中心和商品采购中心五大经营区块,总共可以容纳 1 万多户经营户,设置商位 9000 余个。日客流量达 5 万多人次,商品销往 140 多个国家和地区,90% 以上商位承接外贸业务,外贸出口占 80% 以上。义乌福田市场一期建筑风格新颖,五个商区呈半月形排列,环境优美,商贾云集,堪称集购物、旅游、休闲为一体的国际性商务中心。目前中国小商品市场由三个市场组成,分别是宾王市场、篁园市场以及义乌国际商贸城。小商品市场的辐射范围达到了 180 多个国家和地区,被国家质检总局授予“重质量、守信誉”荣誉称号。

10.2.2　专业市场推动城镇化的过程

城镇化率的计算方法通常是城镇常住人口/总人口,本案例同时采用土地城镇化率(用城镇建成区面积占区域土地总面积的比例代表)为第二指标。

义乌城镇化有很多促进因素,但最突出的因素是以商品市场发展为龙头,以产业集聚为基础,市场经济为主导,产业集聚和城镇化良性互动,点线面加速推进城镇化。义乌的城镇化是其专业市场推动发展的结果。小商品市场驱动的城镇化模式最显著的特点就是,以专业市场所产生的集聚效应来促进区域内第二、三产业的集中,进而拉动人口和空间的城镇化。从历史角度考察,我们可以将义乌的城镇化过程分为以下三个阶段(李芬芬,2013)。

(1)起步阶段(1978—1988年)。义乌的人口城镇化水平从1978年的不到8.00%上升到了1988年的12.00%,土地城镇化水平则缓慢地提高到了0.63%(见图10.2、图10.3)。义乌城区面积从1980年的2.80平方千米扩大到了1987年的5.87平方千米,人口从原来的3万多人迅速增加到了6.18万人。工商业的发展和人口的积聚,使交通运输业、旅游餐饮业、房地产业、金融服务业、电信通信业以及其他关系民众基础生活服务的第三产业在小商品市场发展的带动下迅速繁荣起来。起步阶段的城镇化主要特征是专业市场发展带动第三产业兴起,第三产业快速发展并逐渐超越第二产业,成为城镇化和城市发展的主导产业。

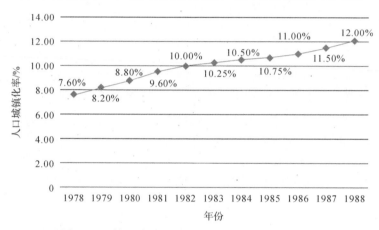

图10.2 第一阶段人口城镇化率(1978—1988年)

(数据来源:《义乌统计年鉴》(1978—1988年)、《义乌县志》。)

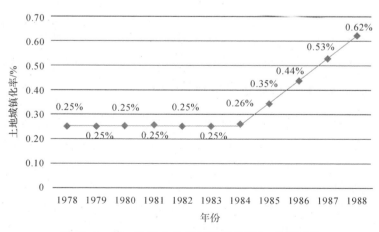

图10.3 第一阶段土地城镇化率(1978—1988年)

(数据来源:《义乌统计年鉴》(1978—1988年)、《义乌县志》。)

（2）提升阶段（1988—1998 年）。义乌城镇化率无论是在人口城镇化方面还是在土地城镇化方面都稳步提升，特别是人口城镇化率，实现了每年约 2.5 个百分点的增长速度。人口城镇化水平从 1988 年的 12.00％迅速增长到 1998 年的 41.00％，土地城镇化率则从 0.62％缓慢提高到 1.65％（见图 10.4、图 10.5）。

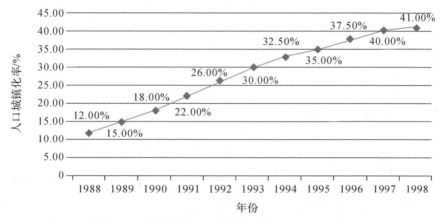

图 10.4　第二阶段人口城镇化率（1988—1998 年）

（数据来源：《义乌统计年鉴》（1988—1998 年）、《义乌县志》。）

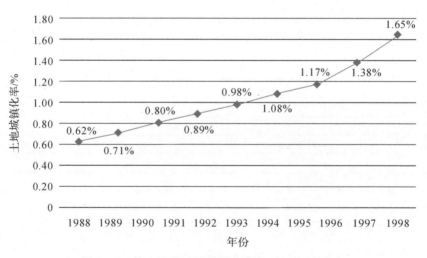

图 10.5　第二阶段土地城镇化率（1988—1998 年）

（数据来源：《义乌统计年鉴》（1988—1998 年）、《义乌县志》。）

（3）爆炸阶段（1998 年至今）。1998 年义乌人口城镇化率为 41.00％，2001 年，人口城镇化水平达到 55.20％，2015 年达到 75.50％，比全省平均值 65.80％高出了 10.70 个百分点，相比金华市 64.50％的城镇化水平高出了 11.10 个百分点(见图 10.6)。义乌土地城镇化率从 1998 年的 1.65% 增长到了 2015 年的 9.32%(见图 10.7)。

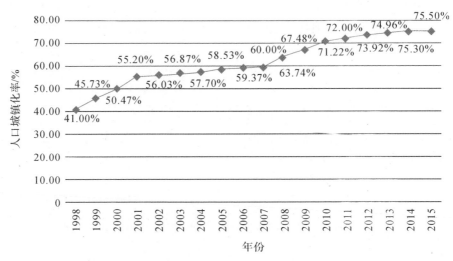

图 10.6　第三阶段人口城镇化率(1998—2015 年)

(数据来源:《义乌统计年鉴》(1998—2015 年)、《义乌县志》。)

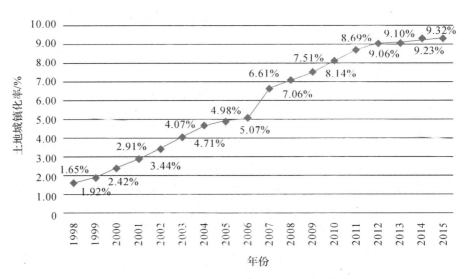

图 10.7　第三阶段土地城镇化率(1998—2015 年)

(数据来源:《义乌统计年鉴》(1998—2015 年)、《义乌县志》。)

10.2.3　城镇化效果

在城镇化水平方面,根据全国第六次人口普查数据,义乌常住人口为 123.40 万,比第五次人口普查时增加了 32.13 万,增长了 35.2%,其中外来人口为 58.58 万,占 47.47%,城镇人口为 87.89 万,占 71.22%。义乌现有 6 个建制镇,36 个城镇社区。义乌人口城镇化水平自 1978 年的不到 8.00% 上升至 2015 年的 75.50%(见图 10.8)。1978—2015 年,土地城镇化水平提高缓慢(见图 10.9)。

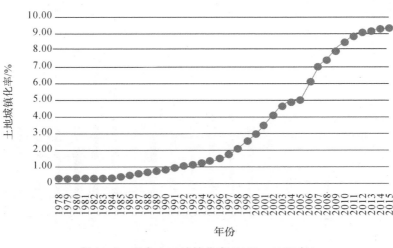

图 10.8　义乌人口城镇化率(1978—2015 年)

(数据来源:《义乌统计年鉴》(1978—2015 年)、《义乌县志》。)

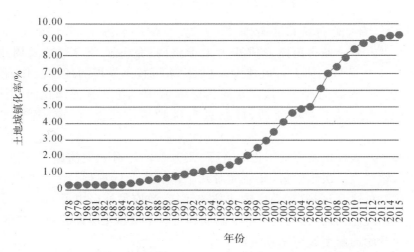

图 10.9　义乌市土地城镇化率(1978—2015 年,缺少 2006 年和 2009 年数据)

(数据来源:《义乌统计年鉴》(1978—2015 年)、《义乌县志》。)

　　2015 年，义乌地区生产总值为 882.9 亿元，人均生产总值达到 114429 元。义乌产业结构逐步优化，三大产业结构比为 2.0:36.1:61.9，第三产业高于第二产业，对城镇化影响显著。随着城镇化的发展，居民的生活水平也得到了改善，城市住户的人均可支配收入达 56586 元，年末每百户城镇居民家庭汽车拥有量为 45.0 辆，每百户农村居民家庭汽车拥有量为 21.8 辆。

　　随着当地经济的迅猛发展，义乌市政府也在不断完善城镇基础设施建设，城市建成区面积不断增大（见图 10.10）。

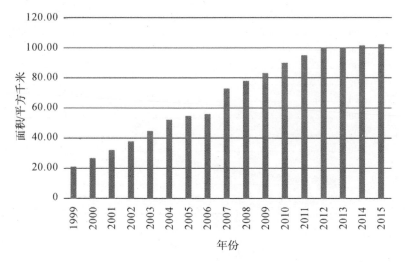

图 10.10　义乌市建成区面积(1999—2015 年)

(数据来源:《义乌统计年鉴》(1999—2015 年)。)

　　到 2015 年，义乌城市道路面积为 1608.6 万平方米，公园绿地面积为 904.7 万平方米。城市道路形成八大主干路网，完善了专业市场及周边城区道路的立体交通与立体人行道建设，更加注重可持续发展的环境工作，环境优良天数达全年天数的 83％，饮用水质达标率 100％，推进平面绿化向立体绿化发展，开展美化城市专项活动，持续进行维护城市道路、河道、桥梁等养护工作。

　　中共十八大提出新型城镇化战略后，义乌于 2012 年决定实施"两区六城"规划推进城镇建设。次年中旬，义乌又对几个镇和工业区进行管治。为了给人民提供高质量的生活区域，避免影响居住的环境，政府另外启用了 28 万平方米地作为生产用地。同期，也调整了土地制度和有利于城镇化建设的户籍制度，义乌的城镇化开始向新型城镇化方向转型。

10.3　义乌城镇化驱动主体与融资模式

10.3.1　地方政府是城镇化的引导主体

地方政府在义乌城镇化过程中的引导主体作用主要表现在制定专业市场发展政策、做好城市发展规划和为城镇化融资等方面(常梦竹,2015)。此处重点讨论前两个方面。

(1)启动阶段的政府作用。第一代和第二代市场都是依托现有城镇交通设施、城市商业环境和义乌经商文化,推动自营性零售业的快速发展。这两代市场的外溢效应十分有限,但市场人气和对相关服务业的激励作用却很大,之后的"允许农民经商、允许从事长途贩运、允许开发城乡市场、允许多渠道竞争"是当地政府顺应民意、顺势而为的自然结果(阮梅洪,2013)。第三代市场中,政府开始主动地建设和培育市场,并利用市场所带来的外溢资源来引导城市发展(见表10.1)。

表 10.1　义乌市城市总体规划与城区的动态扩张

项目	第一轮	第二轮	第三轮	第四轮	第五轮	
制定年份	1984	1990	1998	2000	2013	
规划期限	1984—1990	1990—2010	1998—2020	2000—2020	2013—2020	2013—2030
当年建成面积/平方千米	2.8	5.08	13.95	27.6	100.5	100.5
城市规划用地面积/平方千米	4.24	17.13	35.00	90.00	<190	<238
规划实际完成年份	1986	1998	2002	2010		

数据来源:义乌市规划局。

(2)优化快速发展阶段的政府作用主要表现为规划和引导。此阶段政府出台了两个城镇规划,分别是《义乌市城市总体规划(1990—2010 年)》和《义乌市城市总体规划(1998—2020 年)》。前者确立了义乌"以小商品市场为特色的综合贸工型城市"的发展策略,城市建设开始跟随商品市场的空间扩张路径来发展(张璐璐等,2009)。后者则提出义乌要建设"现代化商贸城市"的目标,2020 年规划用地 105 平方千米,城市人口 100 万的未来展望,展现了政府对于商贸城的在城镇化和基础设施建设上所带来的效用有很强的自信心。

10.3.2　城镇化的融资模式

义乌城镇化过程中一共使用了四种融资渠道,从早期的政府财政融资、银行贷款主导,到中间出现民间融资,后来渐渐转变为目前的土地财政融资主导。

(1)地方政府直接财政拨款。1985 年之前,义乌用于固定资产投资(含基础建设投资、更新改造投资)的资金来源情况如下:基础建设资金来源为国家预算内拨款、地方机动财力的拨款改贷款、建设银行基建贷款、部门和企业的自筹资金;更新改造资金的主要来源为企业更新改造资金、企业利润留成中的生产发展基金、企业基金、大修理基金、财政拨款和银行贷款,其中,财政拨款实行计划管理、限额控制、监督使用(1979—1985 年拨款见表 10.2)。

表 10.2　义乌市 1979—1985 年的政府拨款

年份	拨款金额/万元			新增固定资产价值/万元		
	基建拨款	其他拨款	合计	基建	其他	合计
1979	569	236	805	383	166	549
1980	275	832	1107	317	493	810
1981	176	858	1034	318	393	711
1982	162	1087	1249	102	1218	1320
1983	181	1375	1556	96	824	920
1984	122	2845	2967	68	1097	1165
1985	128	2311	2439	161	1502	1663

数据来源:《义乌县志》。

(2)银行贷款。1979 年前,基础建设投资都是财政拨款,由建设单位无偿使用。1980 年后试行小型基建贷款,当年贷款 22 万元。1985 年,实行基建拨款改贷款 4 户,累计 30 万元。贷款的资金来源为国家预算内安排基础建设贷款、地方机动财力拨给的贷款资金、省及市建行的专项贷款、省及市建行切块下达的贷款指标、信托贷款、有关部门企业委托的贷款。1985 年底贷款余额为 2162 万元,而 1979 年底仅有 53 万元。1949—1978 年,义乌投融资体制沿袭传统的政府投资单一模式。1953—1978 年,累计固定资产总投资为 5950 万元,其中县财政投资(包括预算外投资)为 5860 万元,占总投资额的 98.5%。由于政府财力十分有限,国家基础设施建设和公益性基本建设步履维艰,项目少、速度慢,1958—1978 年,全民所有制单位的基建项目仅为 478 项,年均 24 项。即使在投资额最多的 1973 年,每个项目平均投资额也仅为 4.24 万元。

　　（3）民间资金。从 1997 年起,每年有 30 亿元以上的社会固定资产投资项目,其中民间资金占 80％以上。1997 年,市属单位新建、扩建和更新改造的基本建设项目 139 个,投入资金 8.42 亿元,其中市财政预算内投资占 2.6％,向本地银行贷款占 8.3％,利用外资占 1.9％,自筹占 62.2％,向民间集资占 25.0％。房地产开发企业 23 个,投入资金 2.33 亿元,其中贷款占 25.6％,自筹占 4.6％,向民间集资占 69.8％。私营工矿企业、农村集体、个人建房也均以自筹和其他渠道集资为主,政府扶持资金很少。民间资金成为城市建设和经济社会发展的主要财源。1999 年起,义乌市财政收入大幅增加,为增加基本建设投资比重提供了有利条件。2000 年起,市财政对基本建设和城市维护投资额分别突破 2000万元。从 2004 年起,城市维护费达 7000 万元以上。2008 年,运用投融资体制改革的成果,义乌投入全社会固定资产建设资金达 170.13 亿元,其中市属单位基本建设和房地产开发投资 119.9 亿元。

　　（4）土地财政收入。20 世纪 90 年代初,随着义乌小商品市场的繁荣发展,城乡居民储蓄存款大幅增加,民间资金十分雄厚,而城市基础设施和社会公益项目建设所需的巨额资金却又十分短缺。在此背景下,义乌从 1991 年起开始通过有偿出让国有土地筹措城镇化资金。1991 年 8 月 5 日,义乌市首次出让国有土地使用权,此后土地财政收入就成为义乌城镇化的重要资金来源（见图 10.11）。1991—1997 年,义乌土地出让金中每年投入城市建设的资金至少为 5000 万元,1998 年起,每年投入至少 1 亿元,开辟了筹集义乌城市基础设施建设资金新的重要渠道。

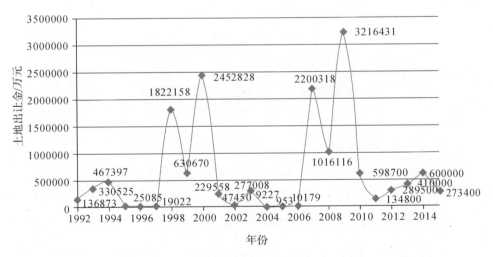

图 10.11　义乌市土地出让金(1992—2015 年)

（数据来源:根据义乌市国土资源局提供的数据绘制。）

1998—2015 年,义乌市土地财政依赖度在 1998 年最高,达到 6942％,在 2005 年最低,为 0.49％(见表 10.3)。

表 10.3　义乌市土地财政收入及依赖度

年份	土地出让金/万元	地方财政收入/万元	土地财政依赖度/％
1998	1822158	26249	6942.00
1999	630670	35848	1759.00
2000	2452828	49950	4911.00
2001	229558	74800	307.00
2002	47450	87200	54.00
2003	277008	118800	233.00
2004	9227	151000	6.00
2005	953	196000	0.49
2006	10179	242000	4.00
2007	2200318	323000	681.00
2008	1016116	378000	269.00
2009	3216434	386000	833.00
2010	598700	428000	140.00
2011	134800	505000	27.00
2012	289500	574000	50.00
2013	410000	633000	65.00
2014	600000	697000	86.00
2015	273400	793000	34.00
合计	14219299	5698847	

数据来源:土地出让金数据来源于义乌市国土局,地方财政收入数据来源于历年《义乌市国民经济和社会发展统计公报》,土地财政依赖度为土地出让金与当年地方财政收入的比值。

义乌市北苑街道的土地财政依赖情况参见专栏 10.1。

专栏 10.1　义乌北苑街道的土地财政依赖与城镇基础设施建设

北苑街道属于义乌市辖街道,位于义乌市境中北部,主城区西北,东邻稠城街道,南靠稠江街道,西连城西街道,北接后宅街道。距离义乌国际商贸城仅 2 千米。辖区土地面积 36.6 平方千米,辖 6 个社区、5 个居民区、26 个行政村。北苑街道曾是义乌的乡村,在城区边界急剧扩张过程中渐渐成为义乌的新城区。

1998 年,义乌市征用石桥头村、下山头村、曹道村等 10 余个村的土地,成立了北苑工业园管委会(后撤销管委会成立北苑街道)。到 2003 年 11 月,北苑工业园出让工业用地 266.7 万平方米,而与工业园相配套的土地开发面积达 1000.0 万平方米。根据 2002 年 12 月发布的北苑工业园拆迁安置情况,征地费及安置补偿费为 2.6 亿元。同期建设投产情况月报表显示,北苑工业园自建园以来,基础设施投入累计 3.1665 亿元,但园区共出让土地 211.2 万平方米,土地出让收入为 8.2391 亿元。北苑街道在 2004 年至 2006 年三年间,就拥有预算外收入 14.56 亿元,同期预算外支出是 12.13 亿元,是预算内资金的 18 倍以上。2009 年,北苑街道可支配财政收入 7 亿元,其中土地财政收入 6.773 亿元,大约占可支配财政收入的 97%。巨额土地财政收入是街道进行大规模基础设施投资的重要资金来源。以 2006 年为例,北苑街道办事处投入 8 亿元进行办公大楼、文化中心、地下人防工程、广场景观、工业区水电、道路等基础设施建设(韦洪乾,2010)。

由此可见,北苑街道工业化和城镇基础设施的主要融资来源是土地财政收入,其城镇化是典型的土地财政依赖型的城镇化模式。

10.3.3 专业市场的发展与人口集聚

城镇化率通常用城镇常住人口占总人口的比例代表。城镇人口数量的改变,是城镇化水平变化的重要原因之一。义乌小商品市场的发展,产生了巨大的集聚效应和溢出效应,大量的农村剩余劳动力开始入驻,第三产业越发繁荣。企业因为劳动力数量增加、劳动力成本下降而获得的额外利润,或促使其再度扩大生产,进一步提供了更加丰富的就业机会,第三产业也同时被带动,就业环境显著改善,从而形成了良性循环。义乌市各街道、镇在 2003 年和 2014 年的人口数据如表 10.4 所示。2000 年之后,义乌市外来人员总数以年平均 10% 的增长率增加,因此我们选取了 2003 年和 2014 年的数据,因为这两年的数据更加具有代表性和直观性。这些外来人员均是从农村剩余劳动力中,被产业发展和就业机会吸引而来的人口,也就是外来人口发生了集聚。

人口维持在 7 万~8 万人的街道、镇从 2003 年的 1 个(佛堂镇)增至 2014 年的 2 个(佛堂镇、江东街道),5 万~6 万人的街道、镇从 2003 年的 2 个增至 2014 年的 6 个,增幅最大。可以发现,人口集中分布区域与义乌市专业市场带动的城

表 10.4　义乌市各街道、镇的人口情况（2003 年和 2014 年）

（单位：人）

年份	稠城镇	北苑街道	江东街道	稠江街道	后宅街道	大陈镇	苏溪镇
2003	112986	37393	60191	43612	47849	37477	16563
2014	123294	51746	74575	50441	55304	39538	51879
年份	廿三里镇	佛堂镇	赤岸镇	上溪镇	城西街道	义亭镇	
2003	40867	77425	38425	48929	37370	51379	
2014	46240	83271	40172	51906	43171	55067	

数据来源：《义乌市统计年鉴》（2004 年和 2015 年）。

镇经济发展的区域一致，这表明了专业市场的发展客观上推动了人口城镇化。

2003 年和 2014 年义乌市各街道、镇的人口增长率情况见表 10.5。2003 年和 2014 年人口增长最多的是北苑街道。2003 年人口增长率达到 2‰的仅有 4 个，1‰～2‰的仅有 2 个，其他 7 个街道、镇的人口增长明显过于平缓。而到了 2014 年，义乌市人口数量猛增，但增长率相对平稳，其中达到 1‰的有 4 个街道、镇，而赤岸镇出现了负增长。2003 年人口增长速度非常迅猛是因为这个时候恰好是义乌小商品市场也就是专业市场发展最为快速的时期。

表 10.5　义乌市各街道、镇的人口增长率（2003 年和 2014 年）

（单位：‰）

年份	稠城镇	北苑街道	江东街道	稠江街道	后宅街道	大陈镇	苏溪镇
2003	0.41	4.26	2.95	1.83	2.01	0.42	0.61
2014	0.78	2.09	1.62	0.91	0.92	0.22	1.08
年份	廿三里镇	佛堂镇	赤岸镇	上溪镇	城西街道	义亭镇	
2003	1.21	0.13	0.19	0.25	2.11	0.51	
2014	0.90	0.76	−0.05	0.39	1.06	0.41	

数据来源：《义乌市统计年鉴》（2004 年和 2015 年）。

10.3.4　专业市场推动产业集聚和产业优化升级

表 10.6 为义乌市 2003 年和 2014 年各街道、镇的工业生产总产值。2003 年工业总产值高于 20 亿元的只有稠江街道和北苑街道，10 亿～20 亿元的有大

表 10.6 义乌市各街道、镇的工业总产值(2003 年和 2014 年)

(单位:万元)

年份	稠城镇	北苑街道	江东街道	稠江街道	后宅街道	大陈镇	苏溪镇
2003	60856	276400	78882	353257	79465	136307	54379
2014	403061	683818	203427	509227	214051	152853	291238

年份	廿三里镇	佛堂镇	赤岸镇	上溪镇	城西街道	义亭镇	
2003	56542	92747	60180	27587	22363	26533	
2014	273165	403932	88102	141022	145712	166260	

数据来源:《义乌统计年鉴》(2004 年和 2014 年)

陈镇,5 亿~10 亿元的有 7 个街道、镇,剩下的都只有 2 亿~3 亿元。2014 年的工业总产值最高的北苑街道产值达到了将近 70 亿元,稠城镇、稠江街道和佛堂镇的产值均大于 40 亿元。2003—2014 年,义乌市的工业总产值发生了翻天覆地的变化,专业市场发展带动产业向周边重要的镇、街道辐射。

不仅如此,专业市场的发展还有效地推动了义乌产业结构的优化升级。义乌在工业区的建设过程中促使产业积聚,带动产业结构发生了显著的变化。义乌的专业市场也使得产业集群的竞争力不断地加强。在竞争机制的不断调节下,产业集群内的企业开始研发新的产品和新的技术,并且也意识到,一个具有影响力的品牌能够给企业自身带来更多的竞争力,因此企业主动投身到品牌建设之中。义乌在城镇化与专业市场互动发展的过程中,出现了比如浪莎袜业、梦娜袜业等 7 家中国名牌,27 家浙江知名名牌。专业市场的发展会使得产业集聚的进程加快,产业结构逐步得到优化、升级。从很多城镇化案例中可以看出,第二产业和第三产业的比重越大,城镇化的效果越显著。因为第三产业在城镇化基础建设和满足人民群众的生活服务需求等方面都有非常好的作用。

义乌 1998—2015 年产业结构变化情况如图 10.12 所示。从图中可以明显看出,在产业集聚效应的促进下,第一产业从 1996 年开始就处于几乎不发展的状态,与之相反的是二、三产业发展迅速,特别是第三产业,在 2004 年开始超越第二产业,成为三大产业中比重最大的产业,并且从其发展的趋势看来,其比重还会持续增加。

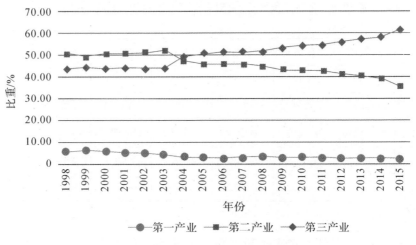

图 10.12　义乌市产业结构变化情况

（数据来源:《义乌市统计年鉴》(1998—2015 年)。）

10.4　结论与政策启示

10.4.1　结论

基于文献调研和实地调研,本案例研究了义乌城镇化的历史和现状,探讨了义乌这一案例中小商品市场与其城镇化的关系。义乌的城镇化发展主要可以概括为三个阶段,每个阶段的城镇化推动主体和资金来源均有变化,从一开始的政府辅助、以群众意愿为主的发展状态到以政府为主导、市场参与的发展状态。义乌在发展过程中,逐渐形成了以义乌小商品市场为核心引导力的义乌城镇化模式,专业市场是推动义乌城镇化的主要动力。本案例通过专业市场对人口集聚和产业集聚优化方面影响的研究,探讨了小商品市场对于城镇化的推动作用和机制。

(1)政府是义乌城镇化重要的引导主体。义乌小商品市场从改革开放开始不断发展,从第一代马路市场到现代的国际商贸城,专业市场的集聚效应,带动人口的集聚和空间的优化,在市场作用下第三产业逐步崛起。专业市场在发展的前期主要由人民自发驱动,到中后期主要由地方政府的优惠政策支持、规划和战略引导,一个以义乌小商品市场为核心,政府主导和市场推动相结合的义乌城镇化模式建立了起来。

(2)城镇化的融资模式渐进性转变。1978 年以前,融资为政府投资的单一模式。从 1991 年开始,土地财政作用越来越明显,地方政府渐渐形成了土地财政依赖。从 1997 年开始,基础设施建设和社会建房资金都以自筹和其他渠道为主,政府投资减少,民间资本开始成为城市建设和经济社会发展的主要财源。

(3)义乌城镇化模式的成功经验。义乌城镇化离不开义乌小商品市场的发展,在保护、促进、引导、培育小商品市场上,政府对市场的敏锐眼光和规划、政策支持是必不可少的。从开始的市场监管,到后来的规划指导、政策支持,都是基于对小商品市场前景的科学预测和产业的科学定位。

(4)义乌城镇化模式存在的问题。义乌城镇化模式虽然有其成功的经验,但也存在着一定的问题和局限性。在专业市场驱动城镇化的过程中,如果该专业市场的发展碰到了难以逾越的障碍,比如出现严重的融资障碍和外部市场萎缩等问题,专业市场发展就会进入萧条期,其前端的制造业和关联的服务业都会受到打击,专业市场和第三产业驱动的城镇化进程就会受到严重抑制,城镇化动力会减弱,甚至丧失。此外,必须引起政府高度关注的是,义乌城镇化的融资模式并未摆脱土地财政依赖,从这个意义上看,义乌城镇化模式并非理想模式。

10.4.2 政策启示

(1)明确引导主体,强化主体优势。小商品市场推动的义乌城镇化是以专业市场为核心,政府主导和市场推动相结合的城镇化模式,其成功主要依靠群众精明的商业头脑和该地区的经商文化,再辅以政府正确的引导和培育政策,巧妙地将小商品市场发展和城市建设相结合,产生了一个拥有浓重义乌特色的城镇化模式。政府是城镇化的引导主体,所以政府应该发挥其主要的引导作用,在市场发展和城镇化建设中更好地发挥规划、引导和服务作用。

(2)创新融资模式,优化融资结构。目前的城镇化融资模式,已经从传统模式向新型融资模式转变。在融资结构上,应更加注重可持续性,注重民间资本的集合和优化。在资金和基金的管理上,应更好地发挥政府的管制与服务功能。

(3)义乌模式的适用性。此类以专业市场为主要驱动力的城镇化模式,可以在类似地区推广,但并不能完全照搬。每个地区都有自己的个性、特色,义乌城镇化模式仅仅是一个参考的案例。比如拥有丰富旅游资源的地区、有较多人文环境和历史古韵的地区、有独特专业类型市场的地区都可以很好地利用其特点,培育适合该地区的专业市场,然后围绕该专业市场的发展,在政府的规划引导和政策支持下促进基础设施建设、产业集中、人口积聚,进而走出适合本地区的城镇化道路。但必须注意,专业市场推动下的城镇化模式也具有一定的弊端,主要表现为专业市场本身的发展具有一定的制约性,政府部门必须对专业市场的发展以及市场发展的可持续性保持敏锐的眼光,以便从规划和政策角度保障市场具有创新性、可持续性、竞争力,从而保障城镇化驱动力的可持续性。

参 考 文 献

常梦竹,2015.义乌市专业市场与城镇化互动关系研究[D].浙江:浙江师范大学.

李芬芬,2013.小商品市场与义乌城镇化关系研究[J].中国校外教育旬刊(8):31-32.

阮梅洪,2013.义乌市场与城市互动发展路径探析[J].华中建筑 (7):118-125.

韦洪乾,2010.浙江义乌北苑街道办年入 7 亿 土地财政超 95%[EB/OL].(2010-11-05)[2014-04-25].https://news.qq.com/a/20101105/003308.htm.

张璐璐,夏南凯,2009.专业市场变迁对城市空间的影响[C].2009 年中国城镇化规划年会论文集.

第11章 研究结论、城镇化模式创新思路与政策建议

11.1 主要研究结论

11.1.1 城镇化对地方政府土地财政依赖的影响

(1)现行主流城镇化模式与非主流城镇化模式对地方政府土地财政依赖的影响是不同的。主流城镇化模式有多种表现形式,其共同特征是以地方政府主导下的土地征用/征收、土地出让和土地开发为主。主流城镇化模式对地方政府土地财政依赖度有加深的作用。以村庄产业化为代表的城镇化模式则属于非主流城镇化模式范畴,非主流城镇化模式不出让土地,因而不会加深地方政府土地财政依赖。研究表明,主流城镇化模式在现阶段广泛存在于我国各地的城镇化实践中,而非主流城镇化模式则以个案形式出现,是对我国城镇化模式路径的创新性探索,是主流城镇化模式路径的一种补充。

(2)我国城镇化水平在2005年之前与土地财政依赖度呈同步上升的趋势,2005年之后城镇化水平逐步上升,而土地财政依赖度在各种因素的作用下波动幅度较大。但整体来看,城镇化水平的增长与土地财政依赖度基本呈同步变化,表明城镇化水平与土地财政依赖度之间存在较为明显的同步正相关关系。

(3)基于我国省会城市的面板数据,通过逐步回归分析发现,单变量模型中,城镇化水平对地方政府土地财政依赖度具有正向促进作用;多变量模型中,城镇化的回归系数都为正数,表明现阶段我国城镇化水平的提高仍然会引起地方政府土地财政依赖度的上升。

(4)将本课题实证研究结果与相关文献的研究结果进行比较发现,省会城市城镇化水平对土地财政依赖的影响要强于省内平均水平。因此,治理我国城镇化引起的地方政府土地财政依赖的重点对象应是省会城市,这对治理我国土地财政依赖的路径选择有一定的指导作用。

11.1.2 地方政府土地财政依赖对城镇化的影响

(1)地方政府土地财政依赖对现行主流城镇化模式具有显著的路径依赖性。尽管存在多种具体的城镇化驱动模式,但主流的城镇化模式依然是政府主导下的以征地开发为前提的城镇化模式。将我国现行主流城镇化模式分为房地产开发驱动模式、旅游开发驱动模式、工业化驱动模式、生态保护驱动模式、大学校区扩张驱动模式和混合驱动模式六大类。不同的城镇化模式获取土地财政收入的方式不同,有直接式,也有间接式,有即期式,也有远期式,但其本质均为地方政府的土地财政依赖。

(2)通过对非主流城镇化发展模式的分析,发现地方政府的土地财政依赖会在一定程度上导致城镇化模式创新实践活动的失败,即地方政府形成土地财政依赖后,会主动维护现行以征地开发为特征的城镇化模式而拒绝进行改革。在创新的以"非政府主导或非征地开发"为特征的非主流城镇化模式中,地方政府会使城镇化发展逐渐向主流城镇化模式靠拢(温州龙港镇)或成为发展中的阻力来源之一(广厦天都城)。也就是说,地方政府的土地财政依赖会对现行的主流城镇化模式具有显著固化效应和路径依赖性,对非主流的城镇化创新模式具有明显的抵触性或回避性,从而导致目前我国城镇化模式创新效率低下。

(3)从省级面板数据的计量检验结果来看,土地财政依赖程度的提高不仅抑制了人口城镇化的发展,也抑制了土地城镇化的发展。这揭示了土地财政模式的不可持续性,该模式严重违背了城镇化发展中"以人为本"的原则。基于目前我国地方政府土地财政依赖现象严重,城镇化发展不可持续的现实情况,我们认为,地方政府土地财政依赖是新型城镇化战略实施过程中必须予以清除的障碍之一。

(4)目前我国工业化对城镇化的影响已经不太显著,服务化率对土地城镇化和人口城镇化却具有负向影响。这预示着工业化驱动城镇化发展的传统模式已成为过去,未来不能再拘泥于该模式推动城镇化的发展方式。目前我国对服务行业的错误认识导致服务化率对城镇化率呈负向影响,但有学者认为未来可通过大力发展服务业来带动城镇化发展,空间巨大。

(5)从东中西部的分地区面板数据检验结果中发现,地方政府土地财政依赖对城镇化水平的影响具有区域差异性。在东部经济发达地区,土地财政依赖对城镇化水平具有负向影响,其根本原因是东部地区城镇化水平已经达到了相对较高的层次,且地区的土地利用率较高,地方政府的土地财政依赖已无法创造过多的价值。在中西部地区,土地财政依赖对城镇化发展仍具有正向作用,即地方政府借助土地财政机制能在一定程度上推动当地城镇化的发展。中西部地区通常具有地广人稀的特点,其土地利用率较低,同时,因中西部地区经济发展相对较为落后,通过土地财政模式来引进企业或开发商对当地的经济发展会起到非常大的推动作用,进而能够促进城镇化的发展。

11.1.3　典型城镇化模式分析的主要结论

本课题组在研究过程中,选择了多个典型案例进行了深入调研分析,剖析了七类城镇化模式案例,分别代表了村委会/村民主导、工业化驱动,地方政府引导、市场自发演进、工业化驱动,地方政府主导、房地产开发驱动,政企合作、民营企业主导、房地产开发驱动,地方政府主导、商业服务业驱动,地方政府主导、旅游业驱动,以及特色小镇驱动模式,再加上本书第 4 章讨论过的"地方政府和高校主导、高教产业驱动的城镇化模式",共有八类典型的城镇化驱动模式(见表 11.1)。

表 11.1　典型城镇化模式比较

典型案例	地区类型	主导者	驱动产业	融资来源	土地财政依赖
青州南张楼模式	远离城市	村委会和村民	工业	德国;中国政府;村委自筹资金	不存在
苍南龙港模式	远离城市	地方政府和市场	工业;房地产业	上级拨款;土地财政;群众集资	存在
杭州丁桥模式	大城市近郊	地方政府	房地产开发	土地财政收入为主	存在
余杭天都城模式	大城市远郊	民营企业	房地产开发	企业自筹资金建设基础设施	存在
义乌模式	中等县域	地方政府	商业/服务业	政府拨款;土地财政	存在
尤溪模式	小镇域	地方政府	旅游业	政府拨款;土地财政;企业自筹	存在
特色小镇模式①	小镇区域	地方政府和企业	各特色产业	政府拨款;企业自筹;土地财政	个别存在
高校扩张模式	大城市远郊或县城	地方政府和高校	教育产业	地方政府	间接存在②

①本书共提供了 5 个特色小镇的具体案例(详见专题研究)。

②此处有两层含义:高校校区扩张过程中,高校迁入地政府划拨土地或低价提供土地,虽然没有直接竞价出让土地以获取巨额土地财政收入,但高校校区及其周边地区基础设施建设资金直接或间接地来源于高校周边地区土地出让的近期或远期收益;高校迁出地土地一般以高价出让,这是典型的地方土地财政行为。因此,高校扩张驱动的城镇化只是掩盖了,而并没有根治土地财政依赖问题。

主要的研究结论如下。

(1)从驱动主体来看,政府主导的强制性城镇化仍占多数。苍南龙港模式是政府主导启动与市场自发演进相结合、群众自愿参与的非强制性城镇化,山东青州南张楼模式是一种少见的由村委会主导、村民自愿参与的非强制性城镇化,其他几个模式基本上属于政府主导下的强制性城镇化。

(2)从驱动产业看,城镇化驱动产业正在向多元化方向发展。在我们所选择的案例中,城镇化的主要驱动产业分别涉及房地产开发、旅游、商贸(小商品批发)、工业、高等教育等产业。从全国范围来看,在目前的新型城镇化建设浪潮中,除了工业化驱动城镇化的传统模式仍然广泛存在以外,第三产业驱动城镇化的模式也正在兴起①。

(3)从融资模式来看,融资渠道多样化,但在政府主导的城镇化案例中,土地财政仍是城镇化的重要融资来源。青州南张楼村城镇化案例中,由于不涉及地方政府主导下的大规模土地征用和土地出让,其城镇化从根本上摆脱了土地财政依赖;余杭天都城模式中,企业主导融资,但由于有土地征用和土地出让的事实存在,自然会产生巨量的土地财政收入,其土地财政问题依然存在。丁桥案例、龙港案例、义乌案例、尤溪案例和特色小镇案例都体现了城镇化过程对土地财政收入的依赖。特别值得注意的是,龙港和浙江特色小镇目前已被纳入新型城镇化建设序列,但这种新型城镇化的实践仍不能根治土地财政依赖。

(4)从治理地方政府土地财政依赖的角度看,主流的政府主导的城镇化只可能在现行体制内通过调整土地增值收益的分配,让被征地农民获得更多城镇化红利而减少社会冲突,加快推进城镇化(如杭州丁桥模式),但它并不能根治土地财政依赖本身。非主流的、村民或村委会主导的,在不征地前提下实现的"等值城镇化"(如山东青州南张楼模式),是目前根治土地财政依赖最理想的模式之一。

11.2 城镇化模式创新思路

根据本课题组的研究,中国的城镇化概念至少包括以下几个方面的内涵:①农业人口身份转变为非农业人口(人口城镇化);②土地利用形态由农业用地转变为非农业用地(土地要素的城镇化);③产业由农业主导转变为非农业主导

---

① 如湖北武当山旅游驱动的新型城镇化模式、河北廊坊高教产业驱动的新型城镇化模式、山东临沂商贸物流驱动的新型城镇化模式、上海张江科技产业驱动的新型城镇化模式,以及北京定福庄文化产业驱动的新型城镇化模式等。

（产业城镇化）；④聚居地基础设施和公共服务城镇化，居民生活市民化（基础设施和公共服务城镇化）；⑤人口管理组织形式的社区化（基层管理组织的城镇化）。

但必须注意，上述概念中，土地利用形态的城镇化并不意味着土地一定要由集体所有土地转变为国有建设用地；人口身份的转变主要是职业身份转变和享受公共服务的"等值市民化"，农民可以转变为城镇户籍居民（如果征用土地）但并非一定要转变（非征地情况下）。基于上述城镇化定义和本书研究结论，基于治理土地财政依赖目标的城镇化模式应当具有以下几个维度的特征。

（1）参与主体：村民和村委会自愿参与、政府引导和扶持的非强制性城镇化

城镇化从来都是多个主体共同参与、分工协作推动的结果。对大多数地区而言，城镇化的主要参与者应当包括村民和村委会、企业、中央政府和地方政府等。其中，村民和村委会是自愿参与者（城镇化要充分尊重被城镇化者的意愿）和城镇化的积极推动者；企业是自发参与的经济主体或市场力量，为土地城镇化提供引致需求、为人口非农化和城镇化提供机会，参与城镇化基础设施融资，为政府提供税收收入；中央政府为城镇化提供政策服务、监管地方政府行为、提供部分城镇化启动资金等；地方政府既要接受中央政府的监管，又要基于本地实际为城镇化提供地方性政策服务、提供土地利用规划和城镇发展规划支持和启动资金支持、协助或者直接参与道路等重要城镇化基础设施的融资和建设，引导、支持和规范而非主导城镇化发展。

因此，本课题组所谓的城镇化，应该是一种村民和村委会自愿推进的、政府引导和扶持的、企业自发参与的非强制性城镇化[①]。

（2）驱动产业：基于地区资源禀赋的多元产业驱动的城镇化模式

从推动城镇化的产业角度来看，农业现代化是城镇化的重要基础，农业现代化提高农业产出效率，从而为城镇化提供足够的产业工人和土地空间条件，工业化则是多数农村地区城镇化的主导推动力。但在新型城镇化战略背景下，城镇化渐渐由传统的工业化推动模式转向多元产业推动模式，这些产业包括旅游业、文化创意产业、教育产业、物流和商贸业、房地产开发业和金融业等。目前正在全国各地兴起的特色小镇建设项目，反映了城镇化驱动产业多元化的基本趋势。

我国地域辽阔，不同地区自然环境、资源特色和发展水平差异巨大，各地区

---

　　① 在我国很多地区的城镇化实践中，地方政府都起到了主导作用，一些地方政府官员也乐意主导推动城镇化进程。例如，原重庆市市长黄奇帆坚持认为，地方政府主导招商引资、发展地方经济，主导农村居民转变为城镇非农户籍居民（属于人口城镇化的重要内容，也就是政府主导城镇化）是有效的发展方式。我们不反对地方政府主导城镇化，但反对政府主导任何违背村民意愿的强制性城镇化，更反对地方政府妨碍村民和企业主导的城镇化。

应基于本地资源禀赋特点,决定是否要实行城镇化①,如果要推行城镇化,再决定选择什么样适宜的驱动产业来推动本地快速城镇化及其可持续发展。

(3)融资模式:多途径的、非地方政府土地财政依赖的城镇化融资模式

城镇化融资可采取多种形式,包括政府支持启动资金、企业和村委会合作融资、村民集资、村委会自筹(包括村集体财产收益、抵押融资),寻找其他外部支持资金(如国内外组织或个人的捐款等)。本书案例研究表明,农村区域城镇化的启动资金最为关键,但筹集启动资金通常又十分困难。无论通过什么渠道,获得外部资金的援助是城镇化启动的关键。

除了启动资金以外,城镇化的维护资金也十分重要。这是确保城镇化持续发展的资金,其融资来源已经不能一直依赖外部资金,这时应着眼于村集体建设用地出租及承包费、集体资产出租费、集体企业利润等获取持续的资金。山东青州南张楼村案例中,当村集体企业民营化之后,后续的城镇化基础设施建设和维护资金筹措其实主要靠村集体资产出租费、集体建设用地出租费和耕地承包费等收入,村办企业税收归地方政府,城镇化的后续资金筹集面临很大压力。为此,我们建议,村委会可以向地方政府争取从村办企业的税收收入中获得一定比例的返还,以弥补城镇化建设资金的不足。

(4)建设用地:以集体建设用地为主的城镇化用地模式

在现行的主流城镇化模式中,集体土地转变为国有建设用地是一个必要前提,集体土地国有化则是地方政府土地财政依赖的必要条件。因此,从建设用地所有权性质来看,城镇化应以集体土地建设用地为主要用地模式。我们的基本观点是,在我国当前的国情下,土地城镇化可以在现行主流的征地开发模式之外,允许并逐步扩大规划用途改变(农业用地或未利地改变为城镇建设用地)而土地的集体所有性质不变的城镇化应用范围。只要集体土地所有权不变,地方政府利用所有权和规划用途改变后的原集体土地来牟取土地出让、出租收入,进而形成土地财政依赖的可能性就会丧失,城镇化过程中地方政府土地财政依赖问题才可能根除。

但是,这并不意味着彻底消灭土地的征用、征收。从大尺度区域来看,凡是涉及跨地区甚至是全国性的公益性事业和公共服务设施项目,征用、征收集体土地以转变为国有建设用地的情况仍应继续存在。除此之外的地区性的产业非农

---

① 这意味着并非所有的地区都适宜推行城镇化。比如,在耕地资源贫乏、生态环境十分脆弱的山区或干旱地区,城镇化不仅会占用大量宝贵的耕地资源,还会破坏生态环境、加大水资源等资源供应压力,导致城镇化的不可持续发展。因此,这类地区应避免土地城镇化,但可以采取以人口疏散为导向的异地城镇化。

化用地、土地城镇化和人口城镇化用地,以及地方性基础设施和公共服务设施用地,政府应允许使用土地规划用途改变而权属性质不变的集体建设用地。

11.3 配套改革的政策建议

根据本课题组的研究,地方政府土地财政依赖对现行城镇化模式具有显著的固化、强化效应和强烈的路径依赖性。土地财政依赖一旦形成,地方政府就会主动维护现行城镇化模式,并成为现行征地模式改革、集体土地使用制度改革和城乡统一建设用地市场建构乃至现行城镇化模式根本性变革的阻力。这就意味着,城镇化模式创新和集体土地使用制度改革的主体和推动力量只能是政府和与利益直接相关的集体土地所有者或集体经济组织。

制定政策与实施政策监督的主体应该是中央政府。为保障根治土地财政依赖的城镇化模式的实施,中央政府应出台政策确保基层组织在非征地条件下实施城镇化模式创新的实践探索,同时中央政府还应着力推动以下三方面的配套政策改革:①"户改",即城镇与乡村统一的户籍制度改革;②"地改",即征地制度改革;③"财改",即财政体制改革。具体建议如下。

(1)中央政府"顶层设计",保障基层政府或民间组织创新城镇化模式的权力

针对地方政府对非主流城镇化模式的创新具有一定阻碍作用的情况,中央政府应出台相关政策敦促地方政府保护"非地方政府主导的、非征地开发为主的"非主流城镇化模式的创新实践。政策中将城镇化模式创新的相关指标纳入地方政府政绩考核,鼓励地方政府加大对当地城镇化模式创新的重视程度,对积极开展城镇化模式创新并成功的地区给予一定的奖励表彰。中央政府通过出台政策法规将新型城镇化模式创新工作提升至国家战略层面,在全国各地区范围内开展城镇化模式创新工作,鼓励各地方政府上报当地改革效率高的城镇化发展创新模式,对上报的优秀模式进行全国范围的推广。

(2)积极推行"户改",实行城镇与乡村统一的"居民户籍"制度

现行城乡分治的户籍制度最大的弊端是,户籍背后附加了城镇居民与农村居民显著不同的权利和公共服务,这是现行城镇化模式下农村居民单向流向城镇,尤其是大城市的重要动力,也是阻碍非征地城镇化模式和"城乡等值"试验的重要制度因素。为此,建议在中央政府统领下,由地方政府积极推动实施城乡统一的"居民户籍"制度体系,不再区分城镇户籍居民和农村户籍居民,并加大对农村地区的基础设施和公共服务的投入,逐步实现公共服务城乡均等化,为非征地条件下的就地城镇化,减弱人口流向大城市的动力提供制度条件。

（3）尽快启动推行"地改"，实现"同地同权"，允许集体土地城镇化

城镇化模式创新的重要前提是中央政府对现行集体土地使用制度和城镇化过程中的征地制度进行"顶层设计"。基本方向是改革集体建设用地使用制度，缩小政府征地范围，建立城乡统一建设用地市场，这不仅可以为创新城镇化模式提供制度可能，同时也可切断地方政府以地生财的源头。鉴于地方政府是现行城镇化模式和土地财政依赖的主要受益者，上述重大制度变革必须由中央政府牵头进行所谓的"顶层设计"和相应制度安排，然后由非征地主体的地方基层政府和集体土地所有者进行所谓的"基层创新试验"。

改革现行征地制度，完善现行征地法规，把征地范围严格限制在公益性项目上。同时中央政府应立法授权给集体土地所有者拒绝任何非公益性项目的土地征用、征收行为，包括地方政府的非正当征地行为。根据2001年国土资源部公布的《划拨用地目录》，建议中央政府制定更具体的《公益性用地目录》并将其上升到法律的高度，提升发布机关权威性，明确规定公益性用地范围，用法律保障该范围内的土地不能被强制性征用征收。允许集体土地城镇化，并实现与城市国有建设用地"同地同权"。目前已有部分地区开始实施集体建设用地入市流转试点工作，中央政府应在各地的试点中及时发现问题，在充分调研和分析的基础上制定合理的集体土地入市流转方案，并赋予其法律效力要求地方政府严格实施，从根本上消除非征地前提下城镇化模式创新的制度障碍。

（4）深化"财改"，减弱传统城镇化模式下地方政府土地财政依赖的动力

①需要理顺中央与地方、省与市（县）的财权和事权，在收入与支出间寻求平衡点，减少地方政府财政压力进而避免地方政府过度依赖土地财政。比如浙江省在2012年发布了《浙江省人民政府关于完善财政体制的通知》，通知中明确了"省直管县（市）"的财政体制，并对省级与县市级的财权事权进行了详细的划分。中央规定发达地区义务教育支出由所在地政府承担，这给地方政府造成了巨大财政压力。因此，建议中央政府应在义务教育中承担更多责任。同时，需要进一步加快分税制改革的进度，增加地方政府可支配财力。

②加快地方税制改革，进行科学的税制设计，并用强制力保证改革的落实，为地方公共品融资开辟除土地出让收入以外的渠道。借鉴美国财产税的经验，应在全国范围内全面开征物业税，逐步完善地方政府的税收体系。物业税的税收立法权应归中央政府，或由中央政府以立法形式确定课税对象、税率幅度和免税范围等关键税制设计因素，地方政府在此基础上根据当地实际情况进行适当的调整，避免地方政府间恶意税制竞争的同时保证税制的因地制宜性。收缴的全部物业税应归市县或区政府所有，这不仅保证了地方财政的稳定来源，使物业税"取之于民、用之于民"，也有利于激励地方政府增加对公共基础设施的投入，促进地区城镇化发展。

专题研究　特色小镇驱动的城镇化模式

建设特色小镇是我国实施新型城镇化战略的重要举措,也是我国各地推进城镇化的一种特殊模式。1997—2016 年中央有关特色小镇的政策见附表 1。目前,浙江省特色小镇建设走在了全国前列。浙江特色小镇类型比较全面,政府政策支持、资金支持力度较大,在全国有一定的领先性。为此,本课题组对浙江特色小镇建设驱动的城镇化模式进行了专题调研,重点对各类特色小镇建设融资模式进行了研究。希望通过浙江案例的研究为全国特色小镇建设驱动的城镇化模式提供重要的经验。本专题分析结果表明,浙江特色小镇驱动的城镇化有政府主导、企业主导和政企合作三种模式,每种模式又有不同的产业驱动类型。但从融资角度看,政府主导和政企合作模式下均有土地财政融资方式。这意味着,这两种情形下特色小镇建设驱动的城镇化仍然难以有效解决土地财政依赖问题。

1　引　言

20 世纪 90 年代以来,我国城镇化发展进入了加速期。2015 年我国城镇化率达到了 56.1%,城镇常住人口达到了 7.7 亿,"十二五"期间,全国城镇化率年均提高 1.23 个百分点。在城镇化的大背景下,小城镇发展也十分迅猛。2016年,在全国范围内共有建制镇 20515 个、乡 11315 个,村镇户籍总人口 9.57 亿,其中建制镇建成区人口 1.60 亿,占村镇人口的 16.72%。然而,目前的小城镇发展已表现出"产业竞争力日趋下降、过多依赖低端产业、资源利用效率低、创新能力不足"等严重问题(叶慧,2015),暴露出我国现行城镇化模式的重大弊端,迫切需要转型。

2014 年 3 月,国家印发了《国家新型城镇化规划(2014—2020 年)》,强调以人为本、统筹城乡,市场主导、政府引导的新型城镇化。在此背景下,2015 年浙江省出台了《浙江省人民政府关于加快特色小镇规划建设的指导意见》,特色小镇建设遂成了浙江省的一个重大发展战略,更是浙江创新的大亮点。浙江省特色小镇政策文件见附表 2。《浙江省人民政府关于加快特色小镇规划建设的指导意见》指出要在三年内重点培育 100 个左右特色小镇,2016 年全省已经立项 79 个特色小镇。2016 年 7 月,住建部、国家发展改革委、财政部联合发出《关于开展特色小镇培育工作的通知》,要求在全国范围内积极开展特色小城镇培育工作,到 2020 年培育 1000 个左右的特色小镇,以此带动全国小城镇建设,推动新型城镇化快速发展。这一通知的出台肯定了浙江省建设特色小镇的正确性。浙江省首批建设的 37 个小镇吸引了 3300 多家企业参与,完成投资 480 亿,投资超过 20 亿的小镇就有 5 个。然而,浙江特色小镇在建设中还存在着小镇融资能力较弱、融资模式单一等问题,这是制约新型城镇化持续发展的关键问题,值得认真研究。

理论界对特色小镇的研究始于国家"十一五"规划的提出。国家"十一五"规划中明确提出了促进城镇化健康发展的目标,随后学术界把目光聚焦到了新型城镇化建设和发展道路上。然而,理论界对如何实施新型城镇化战略以及新型城镇化的具体模式等问题并没有过多地探究,特别是在特色小镇融资驱动城镇化的模式方面,文献很少。本专题旨在通过研究,在理论上对成功的特色小镇的融资驱动模式进行总结,以便指导城镇化模式创新,特别是旨在为地方政府摆脱土地财政依赖的城镇化模式提供经验。

2 浙江省特色小镇的建设概况

2.1 浙江省特色小镇产业发展情况

所谓特色小镇,就是按照创新、协调、绿色、开放、共享的发展理念,结合自身特质,找准产业定位,进行科学规划,挖掘产业特色、人文底蕴和生态禀赋,形成"产、城、人、文"四位一体的功能平台(李强,2015)。特色小镇对产业的定位有着严格的要求。首先,小镇的产业定位是建立在小镇自身资源(包括自然资源和人文资源)条件之上的。其次,小镇的产业定位要适应市场需求。小镇不仅要继承,更要努力地拓宽和加深原有产业,适应市场需求的变化做出相应的改变。由此,浙江省提出了特色小镇的产业定位,要求聚焦信息、环保、健康、旅游、时尚、金融和高端装备制造等七大产业。我们对浙江省第一、第二批入选的 79 个特色小镇的产业进行梳理,结果如表 1 所示。

表1　浙江省特色小镇产业分类

产业分类	小镇名称	产业分类	小镇名称
信息经济	江干丁兰智慧小镇		柯桥酷玩小镇
	西湖云栖小镇		杭州湾花田小镇
	余杭梦想小镇		武义温泉小镇
	富阳硅谷小镇		永康赫灵方岩小镇
	下城跨贸小镇		龙游红木小镇
	滨江物联网小镇		常山赏石小镇
	萧山信息港小镇		开化根缘小镇
	德清地理信息小镇		仙居神仙氧吧小镇
	桐乡乌镇互联网小镇		天台天台山和合小镇
	上虞e游小镇		莲都古堰画乡小镇
环保产业	天子岭静脉小镇		景宁畲乡小镇
	江山光谷小镇	时尚产业	普陀沈家门渔港小镇
	衢州循环经济小镇		余杭艺尚小镇
健康产业	桐庐健康小镇		西湖艺创小镇
	富阳药谷小镇		瓯海时尚智造小镇
	奉化滨海养生小镇		平阳宠物小镇
	定海远洋渔业小镇		吴兴美妆小镇
	瓯海生命健康小镇		海宁皮革时尚小镇
	平湖九龙山航空运动小镇		桐乡毛衫时尚小镇
	嘉兴马家浜健康食品小镇		诸暨袜艺小镇
旅游产业	建德航空小镇	金融产业	上城玉皇山南基金小镇
	杭州湾新区滨海欢乐假期小镇		拱墅运河财富小镇
	朱家尖禅意小镇		梅山海洋金融小镇
	文成森林氧吧小镇		鄞州四明金融小镇
	安吉天使小镇		南湖基金小镇
	嘉善巧克力甜蜜小镇		义乌丝路金融小镇
		高端装备制造	余杭梦栖小镇

续表

产业分类	小镇名称	产业分类	小镇名称
	临安云制造小镇		温岭泵业智造小镇
	桐庐智慧安防小镇		缙云机床小镇
	江北动力小镇	历史经典产业	西湖龙坞茶镇
	余姚模客小镇		湖州丝绸小镇
	宁海智能汽车小镇		南浔善琏湖笔小镇
	苍南台商小镇		越城黄酒小镇
	长兴新能源小镇		磐安江南药镇
	海盐核电小镇		东阳木雕小镇
	秀洲光伏小镇		龙泉青瓷小镇
	新昌智能装备小镇		青田石雕小镇
	金华新能源汽车小镇		龙泉宝剑小镇
	黄岩智能模具小镇		庆元香菇小镇
	路桥沃尔沃小镇		松阳茶香小镇

2.2 特色小镇建设与城镇化的驱动主体

从目前调查的情况来看,特色小镇建设的主体,也就是城镇化的推动主体,除了当地村民/居民以外,主要还有地方政府、企业和专业人才三类。

(1)地方政府,这是在目前的发展阶段上大多数特色小镇的主要建设主体。浙江省政府和当地的市、县、镇政府实行多级联动,共同建设特色小镇。从政策角度看,浙江特色小镇建设首先由浙江省政府在 2015 年 5 月正式提出。在浙江省政府出台指导意见之后,各部门积极配合,省、市政府各部门提供土地、财政、税收、信贷、金融、人才、科技等政策性支持(各级政府的政策文件见附表 1),县和镇级政府主要负责建设规划的具体实施以及完善指导意见中的政策扶持,主要的政策扶持有以下几种。①财政支持政策。当地财政安排引导基金用于特色小镇的规划建设,小镇命名验收后所增加的财政收入按照前三年全额、后两年70%的标准返还给特色小镇财政,特色小镇出让的土地按规定计提的小城镇建设资金全部返还(县级特色小镇返还 50%),用于基础设施建设。②土地供给保障。将特色小镇建设用地纳入城镇建设用地扩展边界内,纳入省、市、县级特色小镇的,优先安排建设用地指标。特色小镇建设所需新增建设用地指标由当地政府统筹优先安排,每年安排不少于 6.7 万平方米新增建设用地专项指标,完成年度目标并通过考核的,额外给予其上一年度新增建设用地专项指标 50% 的奖励。③人才和智力上的优先保障。积极推进落实人才项目资助、专项奖励、住房安家、健康服务等专项优惠政策,以解决入驻人才的后顾之忧。优先引进特色小镇建设和特色产业发展所急需的各类专业人才。④其他扶持政策。特色小镇范围内的项目可优先申报省重大产业项目、省市重点建设项目,列入特色小镇范围的村庄,也可优先申报省、市"美丽乡村"创建项目。对服务业、旅游业等部门的专项资金进行整合,优先安排特色小镇建设项目。鼓励组建融资公司,推动民间资本进入基础设施、金融服务、教育、医疗卫生、养老和健康产业等领域。政府在特色小镇建设的起步阶段仍起到了关键性的作用。

(2)企业。特色小镇的特殊性在于,其是以产业为基础的特色产业集聚区,突出政府引导、企业为主体、市场化运作。因此,企业是特色小镇建设中最重要的驱动主体。经调研得知,仅 2016 年上半年,79 个特色小镇创建对象新入驻企业达到 4881 家,企业总数已达 2.6 万家。全省特色小镇 2016 年上半年的营业收入已超千亿,除宁波之外的 72 个特色小镇实现税收 31 亿元,同比增长了 27.2%。

(3)专业人才。除了企业的入驻,特色小镇还引进了一批国家及省级"千人计划"人才和国家级、省级大师,入驻了一批创业团队。这些团队带来了高端项目和新技术,使小镇不似以前的块状经济带一般主要依靠中低端产业支持,真正做到自下而上地建设特色小镇。小镇发展不能只靠政府支持,没有企业和人才支撑的小镇大多是没有发展活力的。特色小镇的建设至 2016 年上半年也就一年多的时间,许多项目尚未全部竣工,即使现在靠政府支持小镇尚能发展得很好,但未来小镇的发展还是要依靠企业的带动和专门人才的支持。

2.3 浙江特色小镇融资现状与建设模式的特征

特色小镇建设作为浙江的"大战略",是"十三五"规划中的重点,也是各界关注的热点。目前小镇还处于起步阶段,特色小镇的建设资金投入巨大,小镇建设主要通过政府主导、企业主导以及政企合作三大模式开展,资金来源主要包括财政收入、银行贷款、发行债券和社会资本投入等。

在传统融资模式下,银行贷款一直是债务类融资最主要的来源。我们通过采访了解到,浙江中长期贷款占债务类融资的 50%,按照现今的融资模式,分配债务类融资是小镇建设中最重要的一部分。除了通过中长期贷款以外,还可以通过债券和融资租赁获得资金,而余下的可以通过权益类融资筹得。经过采访我们了解到,财政资金融资占权益类融资的 70%,10% 通过专项建设基金解决,10% 通过资本管理计划设立基金以及运用现有产业基金等方式解决,剩余的

10％则通过引入其他基金来解决（如常见的保险投资基金、社保基金和养老基金等）。除了财政资金以外，还有专项建设基金、其他基金和其他股权融资。据了解，目前有许多业内人士建议用股权基金融资，认为这是一种比较适合特色小镇建设需求的融资模式。这些专家认为，特色小镇以往都会与以银行为主的金融机构合作以达到融资目的，这就形成了债权关系，不利于小镇的长远发展，因为特色小镇开展的多为创新型业务，并没有很多所谓的资产进行抵押贷款。近期有中国建设银行成立了 700 亿的股权基金与特色小镇进行长期合作，国家开发银行正在浙江寻找试点小镇进行股权投资。

　　具体而言，浙江特色小镇的融资渠道及融资结构大体如下：①银行贷款，据了解银行贷款还是融资方式中最主流的方法，预计银行贷款占小镇建设项目融资总需求的 50％左右；②债券，此类产品包括企业债、专项债、永续债、短期融资券、中期票据等，债券在融资中的应用比较广，预计债券融资在融资总需求中比 25％左右；③融资租赁，大多数地方政府都有固定资产，此时可以通过融资租赁盘活资本，预计占融资总需求的 5％；④其他融资渠道，由于债务类融资类型比较灵活，可以通过理财、信托等方式解决融资问题，预计此类多变的方法占融资总需求的 20％左右。目前特色小镇预计总投资 1.5 万亿，根据我们的调查，按照政府出资比例为 30％测算，预计资本投入需要 0.45 万亿，那么剩余的 1.05 万亿需通过融资解决。通过整理采访记录，我们估算出特色小镇融资方案如表 2 所示。

表 2　浙江省特色小镇融资方案

融资类别	融资方式	金额/亿元	类别中占比/％
权益类融资	财政资金	3150	70
	专项建设基金	450	10
	其他基金	450	10
	其他股权融资	450	10
	小计	4500	100
债务类融资	中长期贷款	5250	50
	债券	2625	25
	融资租赁	525	5
	其他	2100	20
	小计	10500	100
总计		15000	

目前浙江特色小镇的建设模式特征如下。

（1）政府主导的特色小镇。小镇建立了小镇建设管委会，负责制定小镇产业发展规划、相关政策及保障其落实；对小镇发展进行统筹管理、宏观调控；进行小镇内外关系的协调与服务工作。在管委会的领导下，小镇设立全资国有建设公司，负责小镇的具体建设，对小镇进行市场化经营和管理，承担小镇土地储备、基础设施建设和孵化重大项目等工作。

（2）政企合作的特色小镇。此类小镇建设和发展的主要驱动主体是政府和企业。其中，政府同样成立小镇建设管委会，负责小镇的政策服务、管理规划、宏观调控以及协调工作，小镇中的全资国有建设公司负责小镇公共基础类的建设工作，作为企业主体的小镇建设投资公司则负责小镇产业类项目的实体运作，以及建设融资等各项产业经营性的管理任务。政府与企业各展所长，共同服务于小镇的建设，共同驱动小镇的城镇化。浙江省政企合作融资型特色小镇情况见附表3。

（3）企业主导的特色小镇。小镇主要的驱动主体为企业或者企业联盟。此类特色小镇通常由企业主导成立与小镇发展定位直接相关的子公司，小镇中的所有项目的建设都由企业来负责，属于企业内部项目，投融资由企业自己独立解决。当然，小镇建成后的所有盈利属于企业的营业性收入。由于小镇不属于行政单元，政府对特色小镇发展的约束力比较小。

基于调研资料，课题组将浙江特色小镇分为政府主导型、政企合作型和企业主导型等三类①。本章重点分析政府主导和政企合作两类特色小镇的融资模式。

课题组经过多次走访特色小镇的建设主管部门，发现浙江省政府主导的典型小镇主要有龙泉宝剑小镇、磐安江南药镇、余杭梦想小镇和上城玉皇山南基金小镇等。根据产业分类，本专题重点研究龙泉宝剑小镇、磐安江南药镇和余杭梦想小镇这三个特色小镇。政企合作模式的应用比较广泛，案例也较多，有龙头企业主导的，也有多个企业联合合作推动的。据此，课题组选取了沈家门渔港小镇和吴兴美妆小镇进行案例分析。至于企业主导驱动的小镇，典型的有龙游红木小镇、海盐核电小镇和温岭泵业智造小镇等。企业主导的特色小镇也可分为龙头企业主导建设的特色小镇（如龙游红木小镇由年年红家居有限公司一手打造）和多家企业主导的小镇（如温岭泵业智造小镇是由传化集团、利欧集团、新界泵业、五洲国际控股等九家国内外知名企业及上市公司联合打造）。但因企业主导的小镇有许多融资细节涉及公司商业秘密不便与外界分享，课题组只能选取前两类政府主导以及政企合作的五个典型案例进行深入研究。

---

①　此处的分类也大体适用于全国其他地区。

3 典型案例分析一：政府主导的特色小镇融资模式

3.1 龙泉宝剑小镇

龙泉宝剑小镇位于龙泉市区西南城乡接合部——剑池街道，东邻温州经济技术开发区，西接武夷山国家级风景旅游区，是从浙江省进入江西、福建的主要通道。特色小镇所在的剑池街道位于龙泉市区南部，土地面积 37.5 平方千米，辖 19 个行政村（39 个自然村），99 个村民小组，3 个社区居委会，92 个居民小组；辖区内有 21 个市属部门（单位），耕地面积 589.1 公顷，山林面积 2198.3 公顷，总人口 2.6 万人，其中农业人口 1.2 万人，其中有滩坑移民行政村 1 个，滩坑移民 912 人。剑池街道交通便捷，区位优势明显，是龙泉市区重点项目建设的主战场，市区优先集聚发展的重要平台，当地工业经济集聚发展的重要基地，自然资源丰富，林地占比为 69.35%，耕地占比 26.15%，笋竹两用林资源比较丰富。

龙泉宝剑小镇规划面积约为 3.8 平方千米，东至新华街，南至广源街，西至炉田，北至九姑山。目前小镇建设用地总计 184.66 平方千米，用地现状主要以二、三类居住用地和工业用地为主，据调查，两者分别占到了用地总面积的 49.83% 和 14.68%。小镇所在地以宝剑与青瓷闻名，有独特的文化和自然资源。由于小镇长期致力于农业产业结构调整，所属地区的农产品种类比较集中，主要为香菇与茶产业。工业方面，近年来为贯彻龙泉市政府"生态立市、工业强市、旅游兴市"的发展战略，小镇所属街道大力推动大沙五金汽配园区和青瓷宝剑园区的发展。

3.1.1 驱动产业

经过走访调查发现，龙泉宝剑小镇的工业经济近年来发展势头良好，主要工业企业多分布在大沙五金汽配园区和青瓷宝剑园区，园区主营五金汽配、木制太阳伞、竹木制品玩具、绿色食品及旅游工艺品。这些产业集群为五金汽配产业和木制太阳伞产业创造了良好的发展空间。龙泉宝剑小镇依托青瓷宝剑园区，通过产业升级达到了建设特色小镇的规划要求。

（1）宝剑产业。龙泉宝剑产业最早可以追溯到清代，那时起龙泉就开设剑铺，此后龙泉宝剑一直在传承。20 世纪 80 年代后期，龙泉市渐渐形成了宝剑产业的集聚现象，民营剑厂超过 50 家，1988 年全市宝剑产量就达到 8 万多把，收入 350 多万元，此后龙泉就成为名副其实的"宝剑城"。据统计，龙泉市宝剑产业产值由 2009 年的 2.9 亿元增长到 2014 年的 13.69 亿元，年均增长 36.4%；宝剑产业税收由 2009 年的 343 万元增加到 2014 年的 743 万元，年均增长 16.7%。

宝剑产业并不局限于宝剑制造方面,小镇中的宝剑产业体系初步形成,已经呈现出产业分工较为明确、产业结构合理、企业规模较大等特征。龙泉宝剑在生产能力和生产技能不断提高的同时,宝剑产业还不断地向原料、包装、物流等上下游产业链延伸。与宝剑产业配套服务的企业已经发展到100多家,产业配套也日渐完善。

(2)文化产业。在宝剑文化产业方面,当地的青瓷宝剑苑被评为第二批浙江省文化产业示范基地;青瓷宝剑产业园也被列入浙江省文化产业发展"122"工程首批重点文化产业园区。龙泉宝剑的文化节庆效应也逐渐凸显,截至2014年,龙泉已经成功举办了九届龙泉青瓷宝剑文化节,此文化节也是省文化厅公布的省重点扶持文化节庆活动。此外,龙泉宝剑锻制技艺申请为国家首批非物质文化遗产,龙泉青瓷和宝剑还入选浙江省十大经典历史产业,这些都突出了龙泉宝剑的文化影响力。

(3)旅游产业。据了解,目前旅游业不是龙泉宝剑小镇的主要产业,现今大多游客多为自发到青瓷宝剑苑、宝剑店铺的散客,也没有知名旅行社推荐有关龙泉宝剑小镇的旅游项目,这也反映出小镇的旅游业潜力还是非常巨大的。除了周边的自然景观,主要的旅游资源还是围绕着龙泉宝剑的锻造技艺和历史文化。小镇的旅游业发展战略主要强调"人剑合一",即不只关注宝剑本身,还要关注与宝剑息息相关的铸剑和用剑的人,改变传统的到龙泉只能买宝剑的旅游模式。经过特色小镇规划和对小镇旅游业的重新定位,拟定了小镇的四个旅游方向:观光朝圣,休闲度假,高端专项,开发夜游西街、文化演艺等活动。

龙泉宝剑小镇的驱动产业,以龙泉宝剑产业为核心,打造历史悠久、文化内涵深厚、主题鲜明的宝剑文化小镇,兼顾观光朝圣、休闲度假、高端专项和夜间节事活动的特色旅游小镇。在宝剑生产的环节,坚持传统和现代双线并进,突出产品和技术创新,打造世界知名的刀剑产品出口基地、国际刀剑产业小镇。

3.1.2　融资模式

(1)融资主体。经过实地采访了解到,小镇坚持"政府引导、市场主营、社会参与"的运营方式,力求突破行政化的壁垒,活跃市场。具体的融资主体为政府和企业。①政府主要职能是搭建政府管理平台,龙泉市成立了龙泉宝剑小镇旅游发展管理委员会,加强对小镇风景旅游区发展方向的把握和宏观调控,同时可解决部门、行业之间的协调问题,实现共同管理。委员会负责编制规划、宏观把控和协调监督,以及引进社会实力财团对接待设施、宝剑项目等进行投资建设。②小镇着力打造市场开发平台,由政府组建国有开发公司,目前参与建设的两家企业均为政府控股的国有企业,分别是龙泉市宝剑小镇投资发展有限公司和龙泉市城市建设投资开发有限公司,对小镇进行市场化的经营,主要解决土地储备、基础设施建设和孵化大项目等问题。综上可见,现阶段龙泉宝剑小镇的融资主体还是政府,即使成立的企业也是由委员会全权负责。

(2)融资项目。根据调查,龙泉宝剑小镇主要的融资项目分4大板块、22个建设项目。主要建设周期从2015年至2019年,总投资约为62.7亿元,预计第一年投资8.2亿元,第二年8.9亿元,第三年15.7亿元,第四年17.0亿元,第五年12.9亿元。特色小镇产业类的项目基本都由龙泉市经典宝剑小镇建设管理有限公司负责,基础设施类项目主要由龙泉市城市建设投资开发有限公司负责(见表3)。小镇建设委员会下属的企业分工明确、布局合理,只是缺少民间资本的加入。

(3)融资方式。根据上述分析,可以大致了解到小镇的项目融资主要是结合政府投入和市场投资等方法来解决的。经过实地采访了解到,龙泉宝剑小镇的融资方式有四大类:①政府投入,根据浙江省《关于加快特色小镇规划建设的指导意见》,政府需要加大对宝剑小镇的基建性投资,以完善范围内的基础设施、服务接待设施、环保设施等;②银行融资,银行贷款始终是企业生产经营所需外部资金的主要来源,在资金需求量较大的龙泉宝剑小镇建设中,银行的资金支持必不可少;③招商引资,小镇中许多产业类的项目需要与相关企业合作,积极寻求并引进新的有盈利能力和优质战略的投资者加入,使项目可以迅速启动,引入战略投资者可以解决短期现金流不足的问题,迅速实现项目启动,化解和分散一定的风险,使股权分配更加合理、运营更加健康;④产权人融资,此类融资方式主要用于小镇中度假酒店、度假设施项目(小镇中具体项目的投资模式以及工作进程见表4)。

(4)融资模式。结合小镇自身的发展情况,龙泉宝剑小镇到2020年要完成56.3亿元的投资,并且资金压力主要集中在建设的初期和中期。从融资成本、融入资金使用灵活性的角度考虑融资的运作情况:由于龙泉宝剑小镇尚处于起步阶段,刚开始的建设资金来源主要以政府投入、银行融资、招商引资为主,其他融资为辅;当宝剑小镇建设基本完成后,有现金流回收,这时融资模式可以采取以银行融资、招商引资为主,产权人融资为辅;到龙泉宝剑小镇的旅游接待步入正轨时,现金流较多,融资模式可以以产权人融资为主、银行融资为辅。

综上可见,龙泉宝剑小镇属于典型的政府主导融资驱动的特色小镇。政府成立龙泉宝剑小镇旅游区管理委员会,有效地进行管理,明确所有权、经营权与管理权。政府掌握了小镇建设过程中的主导权,其优点是便于管理,小镇建设启动快、项目效率高,其主要问题是缺少社会资本的介入,或者社会资本进入困难,小镇的市场活力不够等。

表 3 龙泉宝剑小镇主要融资项目

项目名称	总投资额/亿元	投资主体	建设年份	建设内容
龙泉宝剑文化创意基地（一期）	5.6	龙泉市宝剑小镇投资发展有限公司及社会资本	2015—2018	项目总建筑面积 55600 平方米。主要建设宝剑博物馆工程及周边文化体验设施,会展中心与旅游服务中心工程,古文化长廊工程,及配套基础工程
龙泉青瓷宝剑技师学校	1.7	龙泉市城市建设投资开发有限公司	2015—2017	项目总建筑面积 46698.8 平方米。主要建设青瓷实训楼教学科研楼,配套建设校园围墙、道路、绿化等
龙泉南大洋小学	1.4	龙泉市城市建设投资开发有限公司及社会资本	2015—2017	小学共 48 个班,总建筑面积 26434.25 平方米,主要建设教学楼主体工程以及配套设施
七星井宝剑遗址公园	0.1	引进社会资本	2015—2017	对欧冶子铸剑遗迹七星井和欧冶将军庙修缮扩建
欧冶子祠	2.0	龙泉市宝剑小镇投资发展有限公司及社会资本	2016—2018	建欧冶子祠堂,扩将军庙、建欧冶子广场及游客中心
龙泉青瓷宝剑技师学校（二期）	3.0	龙泉市城市建设投资开发有限公司	2017—2019	占地 6 万平方米,建实训楼、综合楼
龙泉宝剑文化创意基地（二期）	4.9	引进社会资本	2016—2019	二期主要建设大师园及周边配套建设工程
电商配送物流园	2.0	引进社会资本	2016—2018	建设电商大楼,配套仓储用房及相关物流设施,并完善道路绿化等基础配套
青瓷宝剑苑	4.5	龙泉市城市建设投资开发有限公司及社会资本	2015—2019	建设青瓷宝剑苑入口牌坊、游客服务中心、沿街绿化和美化工程,完善园区内停车场、道路标示等配套

续表

项目名称	总投资额/亿元	投资主体	建设年份	建设内容
四塔建设	0.8	龙泉市宝剑小镇投资发展有限公司及社会资本	2015—2018	建设华严塔、留槎阁、凤凰殿、古钟楼
六龙竞渡、瓯江源·龙泉溪养生旅游度假区	1.3	龙泉市宝剑小镇投资发展有限公司及社会资本	2015—2018	按照国家4A级风景区标准实施埠头改造、河道疏浚,打造瓯江漂流、六龙竞渡、其他配套景观及配套设施
产业园	5.2	引进社会资本	2016—2019	以传统作坊模式,打造仿古宝剑制作体验区,建设宝剑产业园,打造精品宝剑制造基地
剑村影视基地	6.5	龙泉市宝剑小镇投资发展有限公司及社会资本	2016—2019	融入中国历史建筑特色,对村庄进行统一规划设计,建设古镇、古街、码头,打造集影视拍摄、旅游观赏、休闲娱乐为一体的拍摄基地
创意基地	4.5	引进社会资本	2016—2019	建设集传承和创新基地、创意和孵化平台、展示和销售场所、人才和智力家园等功能为一体的宝剑产业创意基地和会展中心
龙泉青瓷文化创意基地（一期）	2.7	龙泉市宝剑小镇投资发展有限公司	2015	建设博物馆展示区、大师创作区、入口区等
龙泉青瓷文化创意基地（二期）	7.2	龙泉市宝剑小镇投资发展有限公司及社会资本	2015—2019	主要建设大师教授传承园、国际陶艺村,配套建设道路、室外场地、旅游配套设施和绿化
三山公园提升改造项目	1.0	龙泉市宝剑小镇投资发展有限公司	2015	对九姑山公园、棋盘山公园、凤凰山公园进行提升扩建
瓷鼎剑塔建设项目	20.0	龙泉市宝剑小镇投资发展有限公司及社会资本	2016—2018	在棋盘山上建设瓷鼎,在龙泉高速出口建设剑塔

项目名称	总投资额/亿元	投资主体	建设年份	建设内容
五馆建设项目	0.12	龙泉市宝剑小镇投资发展有限公司及社会资本	2015	改造提升江西会馆、福建会馆等各大会馆

资料来源:课题组根据实地调研和小镇规划报告整理得到。

表4　龙泉宝剑小镇具体项目的投资模式以及工作进程(2013—2016年)

项目名称	工作进程	投资主体	投资模式
龙泉宝剑文化创意基地(一期)	2014年底完成投资7700万元;2015年底完成全部土地的规划调整以及农庄用	龙泉市宝剑小镇投资发展有限公司及社会资本	宝剑博物馆及配套由政府投资;古文化长廊、会展中心、旅游服务中心采用PPP模式建设
龙泉青瓷宝剑技师学校	2014年底完成投资3000万元;已完成专家公寓、学生食堂等单体工程,图书馆等正在建设	龙泉市城市建设投资开发有限公司	政府投资
龙泉南大洋小学	2015年政府投资计划500万元;加快土地征用	龙泉市城市建设投资开发有限公司及社会资本	基础设施部分由政府投资;主体工程采用PPP模式建设
七星井宝剑遗址公园	欧冶子公园已经完工,投资450万元;加快遗址公园的规划和铸剑遗址的修缮	引进社会资本	政府投资
欧冶子祠	协调欧冶子祠建设用地,推进景观构建与周边环境协调	龙泉市宝剑小镇投资发展有限公司及社会资本	市政、基础配套由政府投资;景区建设吸引民间资本
龙泉青瓷宝剑技师学校(二期)	规划预留用地6万平方米;规划学校二期的前期工作	龙泉市城市建设投资开发有限公司	政府投资

续表

项目名称	工作进程	投资主体	投资模式
龙泉宝剑文化创意基地（二期）	确定宝剑大师园建设模式，在2015年上半年完成土地规划并农转用，2016年上半年开工建设	引进社会资本	民间投资
电商配送物流园	加快前期工作，规划方案编制，组织开展对外招商	引进社会资本	民间投资
细节历史文化街区保护与提升项目	完成西街房屋征收、拆除等并开展街区立面改造等基础设施建设；完成西街历史文化街区公屋修缮	龙泉市宝剑小镇投资发展有限公司及社会资本	基础设施及重点区块由政府投资；其他区块吸引民间资本
四塔建设	留槎阁已投入使用，华严塔重建完成投资1850万元；凤凰殿、古钟楼在进行前期设计规划工作	龙泉市宝剑小镇投资发展有限公司及社会资本	社会捐资与政府投资相结合
六龙竞渡、瓯江源·龙泉溪养生旅游度假区	瓯江源·龙泉溪养生旅游度假区一期建成，投资7600万元；二期正在规划设计	龙泉市宝剑小镇投资发展有限公司及社会资本	六龙竞渡项目由政府投资；瓯江源·龙泉溪养生旅游度假区为民间投资
济川桥建设项目	项目处于前期设计阶段，2016年开工	龙泉市城市建设投资开发有限公司	政府投资
赵淤岛	岛屿基础建设及清理，推动休闲运功项目	龙泉市宝剑小镇投资发展有限公司及社会资本	基础设施部分由政府投资；运动项目吸引民间投资
产业园	处于前期准备规划阶段，组织开展对外招商	引进社会资本	民间投资
剑村影视基地	处于前期准备规划方案编制阶段，组织开展对外招商	龙泉市宝剑小镇投资发展有限公司及社会资本	基础设施部分由政府投资；打造经典核心项目等吸引民间投资

项目名称	工作进程	投资主体	投资模式
创意基地	处于前期准备规划阶段,组织开展对外招商	引进社会资本	民间投资
龙泉青瓷文化创意基地(一期)	青瓷博物馆建成并对外开放,12户大师创作院建成并入住,累计完成投资26600万元	龙泉市宝剑小镇投资发展有限公司	政府投资
龙泉青瓷文化创意基地(二期)	2014年底投资8765万元,现在正处于大师教授传承园建设及主体楼施工阶段	龙泉市宝剑小镇投资发展有限公司及社会资本	政府投资约为3.37亿元;其他由民间投资
三山公园提升改造项目	九姑山公园扩建提升及休息平台建设;棋盘山公园提升扩建、绿化、游步道基础设施、凉亭工程建设中	龙泉市宝剑小镇投资发展有限公司	政府投资
瓷鼎剑塔建设项目	选址及方案设计阶段	龙泉市宝剑小镇投资发展有限公司及社会资本	社会捐资与政府投资相结合
五馆建设项目	项目论证方案设计阶段	龙泉市宝剑小镇投资发展有限公司及社会资本	社会捐资与政府投资相结合

资料来源:课题组根据实地调研和小镇规划报告整理得到。

3.2　磐安江南药镇

江南药镇隶属浙江省金华市磐安县的新渥镇,新渥镇东南与仁川、冷水两镇相连,西北与永康、东阳两市为邻,地处著名风景名胜区灵山之麓。新渥镇是一个以农业产业为主的特色小镇,全镇800多人长期从事中药材的购销,亦农亦商的购销户多达3000多户。镇里的中药材市场已成为华东最大的中药材集散地,镇内已建成的中国药材城(浙八味特产市场),拥有2000多个标准商铺,占地8325平方米,建筑面积4000多平方米,摊位900多个。

新渥镇的江南药镇属于医药产业主导的特色小镇案例,具有一定的典型性,可为全省特色小镇中以农业产销为主的特色小镇融资提供参照。小镇面积

54 平方千米,辖 19 个行政村,5649 户,1.6 万人。小镇用地目前以非农建设用地为主,占总用地的 70%,其中农林用地占 41%;基地中部已形成一定规模的工业区,占总用地的 8%左右,西南部已建成规模较大的浙八味药材市场,占总用地的 3%,局部为居住用地,占总用地的 3%。现有的产业以中药材产业为主导,还有基于当地民俗文化的特色旅游产业。现有国家级非物质文化遗产 1 个,省级 9 个,市级 14 个,县级 42 个。这些文化旅游资源为特色小镇"产、城、人、文"融合打下了基础。

3.2.1 驱动产业

调查发现,江南药镇所在的新渥镇产业较为分散,工业主要有工艺美术、五金机械、建材工业、药材工业等行业,在基地中部已形成一定的规模。小镇目前的支柱产业还是中药材,浙八味药材市场已初具规模,但整体药材营销模式单一,尚未形成完善的营销网络体系,2011—2015 年新渥镇各产业产值如表 5所示。

表 5   2011—2015 年新渥镇各产业产值

年份	第一产业产值/亿元	第二产业产值/亿元	第三产业产值/亿元	总产值/亿元	中药材产值/亿元	中药材产值占第一产业产值比重
2011	8.40	29.31	18.05	55.76	3.03	0.36
2012	9.41	31.38	20.64	61.43	3.66	0.39
2013	10.21	34.80	24.12	69.13	4.86	0.48
2014	10.61	36.87	26.16	73.64	5.08	0.48
2015	11.02	37.15	30.13	78.30	5.24	0.48

数据来源:课题组访问当地政府取得。

根据规划,江南药镇在原有产业的基础上进行产业升级,主打医药健康产业、旅游服务业和养生养老产业,以这三大产业的发展驱动特色小镇发展。不过,小镇目前的医药产业较为单一,单靠中药材的种植与销售来建设江南药镇十分困难,江南药镇的建设还要依靠医药健康产业链的深化与完善来驱动。

江南药镇的旅游可分为三大类:①健康养生游(包括中医药保健、银发养老、养生休闲、制药工业游等);②休闲文化游(包括生态观光、中医文化、野味美食等);③农业体验游(包括生态中药、绿色农产品、农业体验等)。由于小镇的旅游业并没有被当作发展的核心,缺少对旅游配套的投入。小镇旅游业并不能算是主要产业,根据我们的调查,小镇 2011—2015 年游客接待数量分别为 5 万、8万、11 万、14 万和 20 万人。

江南药镇主要由中医药健康产业主导驱动,带动旅游服务业和养生养老产业发展,三大产业互相促进,共同带动小镇的发展。

3.2.2　融资模式

（1）融资主体

政府。为打造江南药镇,新渥镇成立了新城区管委会,主要负责新城区规划修编、区块基础设施配套建设、推动核心功能区开发、招商引资。为长期建设,还成立了磐安新城区建设投资有限公司。

企业。企业作为江南药镇建设发展的重要主体,其主导地位至今尚未建立。作为小镇最初评选的核心——浙八味药材市场目前已经初具规模但未形成完善的网络体系。该市场入驻的企业主要分为三类:①以市场为依托,在市场设立收购站,长年收购市场经营的中药材进行深加工,主要有大宇医药、外贸药业、华信中药材等;②刚刚起步的在集聚区建立深加工基地,仓储物流基地建立在公司内,并进行中药材深加工的企业,主要有金陵药业、温州大宇中药饮片有限公司等;③药材城的经营工商户,目前药材城的经营户有 400 多家,临时购销户 3000多户,这些商户随着市场的建设逐年增多,主要为一些药材商行、药材购销站。药材市场中的企业主要依托药材市场成长,对小镇区域内融资贡献有限。在2015 年特色小镇确立后,小镇通过积极地招商吸引了广东一方制药、浙江大晟药业两家投资亿元以上的中成药制造企业入驻中医药产业园,这对特色小镇内项目的建设有着巨大的帮助。据了解,小镇有意向与国内的多家大型医药公司合作,如康恩贝、天目山药业、胡庆余堂、正大青春宝药业等。企业可能在后期具体项目建设的过程中成为融资的主体。

当地群众。磐安有着悠久的中药种植历史,中药材种植是磐安农业的支柱产业,中药材种植面积占全省的 25％以上。作为中药产业链的源头,种植户在小镇建设中也起到了重要的作用,据了解,资金中有一部分是集体筹资得来的。

村集体作为一个融资主体也起到了一定的作用。目前特色小镇的主要融资推动主体是当地政府成立的国有建设投资有限公司,它在小镇建设融资环节起到了决定性的作用。从政策服务、发展规划到招商引资,从对村民的协调工作到项目筹资,都是由当地政府主导完成的。

从现阶段来看,企业尚未成为特色小镇建设的第一主体。但根据规划,当新区建成,大型企业逐步入驻之后,企业将逐渐承担起推动特色小镇持续发展的主体职能。

（2）融资项目

江南药镇的产业体系还没有完善，需要规划建设的项目较多。根据我们的调查了解，目前小镇共有 9 大项目（见表 6）。政府计划采取"滚动开发，先易后难，自成体系"的组团式开发模式，以康体养生园和工业组团为着力点，带动周边地块开发，每期配套完善、功能混合，强调规划的可操作性及弹性。

表 6　新渥镇主要项目投资情况

主要项目	投资额/亿元	建设用地面积/万平方米
江南药镇核心区	54.0	175.3
大盘山博物馆	2.0	1.6
大麦坞产业园	5.0	176.7
总部经济园	12.0	8.6
生态物流园	1.5	2.8
中医药养生谷	15.0	40.0
浙中休闲养生谷	10.0	9.8
商务养生酒店	2.0	3.8
中药材种植基地	2.0	0.0

数据来源：课题组根据实地调研和小镇规划报告整理得到。

（3）融资方式

江南药镇的建设是一个大工程，需要巨额资金支持。短期内只能综合考虑首期易实施特点和地区品牌塑造策略，依托已开发的浙八味药材市场，积极开发公共服务配套，同时建设康体养生园一期，吸引人气，完善养生健康休闲旅游线路。从长远来看，需完善公共服务配套，重点打造生态居住小区，强调精致社区，体现精致生活，最大程度彰显生态价值，提升小镇形象；同时完善中药材产业链上下游产业。磐安新城区建设投资有限公司计划投资开发建设总量预计约为320 万平方米，对小镇的设施投入分为非盈利基础及服务性设施投入、重点项目工程投入，投资估算共计 51.5 亿元（见表 7）。

另据了解，江南药镇的主要融资方式有政府财政融资、银行贷款、集体筹资、招商引资（引进社会资本），但缺少创新性融资方式。

表 7　江南药镇投资估算

大类	子类	投资估算金额/亿元
非盈利基础及服务性设施	土地整备	5.0
	主次干道设施	0.9
	市政配套设施	1.1
	水系及环境整治	1.0
	公建及配套设施	2.5
	不可预见费用	1.0
重点项目工程	文化旅游品牌打造	13.0
	中医药养生园项目	10.0
	特色文化街区项目	5.0
	中药产业园	12.0
总计		51.5

数据来源:课题组根据实地调研和小镇规划报告整理得到。

(4)融资模式

对小镇政府进行访问了解到,特色小镇建设采取了政府引导、企业为主体、市场化运作的模式,但数据显示,企业的投融资主体地位尚不明显(见表 8)。2015 年,特色小镇投资规模总量为 10.6 亿元(见表 9),相对于特色小镇新区建设的投资估算金额,小镇建设才刚开始。面对财政缺口,政府财政支持是有限的,除依靠财政拨款外,企业投资应成为重点项目工程建设的主要融资来源。目前来看,江南药镇算是一个全政府主导的融资案例,小镇成立国有企业磐安新城区建设投资有限公司,主导小镇的融资建设。

表 8　江南药镇投资情况分析

来源	投资金额/万元	投资去向
政府	5000	土地整理,基础设施建设
企业	2000	项目建设
贷款	24000	项目建设
集体筹资	5000	基础设施建设

表 9 江南药镇 2015 年投资规模分析

投资方向	投资金额/万元
土地投资	20000
基础建设投资	16000
配套服务投入	70000
总投资额	106000

3.3 余杭梦想小镇

余杭梦想小镇位于余杭区未来科技城腹地,东至杭州师范大学,南至余杭塘河,西至东西大道,北至宣杭铁路,核心区规划面积 3 平方千米,采用"有核心、无边界"的空间布局。该小镇是依托于未来科技城,以"互联网＋"为核心建设的特色小镇。梦想小镇只占未来科技城 3 平方千米土地,却涵盖了以发展大学生互联网创业企业为重点的互联网村和以培育科技金融业为重点的天使村。小镇邻近淘宝城、杭师大、浙理工、海创园等产业孵化发展平台,依托杭州西溪湿地的优美生态资源,具有仓前粮仓、章太炎故居等极具人文气息的历史遗迹。

在人才引进方面,小镇一直坚持高层次人才的汇聚原则。截至 2016 年上半年,已累计引进海外高层次人才近 2000 名,其中国家"千人计划"98 名,浙江省"千人计划"119 名,小镇周边则汇集了浙大、阿里巴巴,还拥有海归、浙商等一系列人才。梦想小镇内的互联网村、天使村和创业集市三个先导区块 17 万平方米的建筑于 2015 年 3 月投入使用,短短一年的时间,梦想小镇中已有孵化器 25 个。这些孵化器各有特色,引进的项目也各有不同,集聚创业项目 740 余个、创业人才近 7000 名。同时天使村中的金融机构快速集聚,有金融机构 420 家,汇集管理资本 1100 亿元,形成了比较完善的金融业态。梦想小镇本质是一个平台孵化器,孵化成熟的企业入驻周边不同的产业园。小镇为孵化器和企业发展提供了更好的空间,孵化成熟的企业能更好地推动小镇及周边的城镇化。

3.3.1 驱动产业

余杭梦想小镇起初的构想是,借助阿里巴巴总部所在地的产业优势,依托未来科技城蓬勃发展的产业前景,打造以高端人才为基础、科技创新为动力、技术研发为核心、金融创新为支撑的最具活力、优势和特色的全国互联网创业中心和创新资本集聚高地。小镇的产业属于新兴产业,以"互联网＋"为核心发展两大产业:众创产业和金融产业。

众创产业。小镇以集聚互联网创业企业为特色,鼓励大学生创办电子商务、软件设计、集成电路、信息服务、大数据、云计算、网络安全和动漫设计等企业。小镇建设中充分地抓住了互联网创业的关键——人才和资金,在小镇的互联网村中入驻的创业企业享受小镇给予的各种优惠,如减免房租、能耗补贴60%、装修补贴。这些优惠旨在留住人才、留住项目,因为互联网产业只有靠人才和项目才可以凸显其价值。除此之外,在企业孵化过程中,园区配备强大的创业导师阵容,为项目提建议,为企业的发展指明方向。在加速阶段,管委会通过"育成计划"为创业者提供跟踪式的定制服务,直至并购上市。

金融产业。小镇中设有天使村,入驻基金公司420家,村中以培育和集聚天使基金为主要特色,重点发展科技金融、私募金融、互联网金融,构建覆盖企业各个不同发展阶段的金融服务体系。小镇计划在三年内,入驻基金及相关机构300家,实际资产管理规模达到1000亿元,金融资产总额超过3000亿元。目前的情况是,仅用一年时间就已超出了计划。这些基金公司除了自己本身的业务之外,还为园区内的创业企业提供帮助。在创业的不同阶段提供给创业者不同规模、不同性质的金融服务,针对初创企业的天使基金,针对成长阶段企业的风险投资,针对完成初步孵化的企业提供政府产业引导基金,通过全方位金融服务来满足创业需求。梦想小镇汇聚的不仅是产业本身,更是人才和创新理念,这使梦想小镇借助于高新技术和创业创新在众多特色小镇中出类拔萃。

3.3.2　融资模式

(1)融资主体

地方政府。梦想小镇隶属于余杭区未来科技城,小镇属于未来科技城区块的管辖范围。根据实地调研了解到,梦想小镇的主要推动部门是未来科技城管委会。未来科技城管委会是由余杭区政府授权成立的,主要负责杭州未来科技城区块的开发、建设和管理工作。除贯彻上级的方针外,管委会还负责人才引进、预算内资金收支计划的执行和管理、制定投融资计划和杭州未来科技城重点建设区域内的建设资金平衡,以及参与编制杭州未来科技城预算内外资金收支计划等。由于未来科技城区块的特殊性,管委会可以获得除园区内阿里巴巴外其他企业的税收收入,这使小镇的融资变得容易许多。

国有企业。参与小镇融资建设的企业为杭州余杭创新投资有限公司,其性质为国有独资有限责任公司,承担着余杭未来科技城区域的重大基础设施项目投融资主体的职能,梦想小镇几乎所有的建设融资都由余杭创新投资有限公司负责。此外,余杭创新投资有限公司还受未来科技城管委会委托,协助政府相关部门对未来科技城范围内的土地进行整理开发,并具体实施土地补偿、拆迁,完成收储地块范围内的建筑物拆除、废土清运、管线迁移、绿化迁移和围墙构筑等工作,确保场地平整至自然地坪,协助被拆迁人做好水、电、气等相关设施的报停、注销和费用结清等相关工作,协助做好收储地块的水、电、路等配套设施建设,使土地成为"净地",达到挂牌出让条件。可见,融资主体是未来科技城管委会和杭州余杭创新投资有限公司,前者属于地方政府,后者则是国有企业。

余杭创新投资有限公司旗下一共有8家子公司,其中与梦想小镇建设相关的有4个。①杭州未来科技城资产管理有限公司,主要负责孵化基地、创业园的开发和建设,经区国资办授权的国有资产的经营管理和安置房管理。②杭州科创孵化器有限公司,主要为园区内的孵化器提供各类配套服务。③杭州未来科技城建设有限公司,主要负责梦想小镇内的基础建设建筑项目管理,也包括未来科技城的基础设施建设。④浙江高层次人才创业投资服务中心有限公司,负责梦想小镇及未来科技城的人才引进。

(2)融资项目

根据实地采访了解到,梦想小镇是由以发展大学生互联网创业企业为重点的互联网村和以培育科技金融为重点的现代科技服务业的天使村组成的。小镇从2015年起预计投资50亿元主要建设8大项目(见表10),到2017年计划实现营业收入30亿元、税收3亿元、接待游客50万人次。50亿元的投资主要分三年投入(见表11),投资主体都为余杭创新投资有限公司。

表10 余杭梦想小镇主要项目投资情况

项目名称	投资额/亿元	建设用地面积/万平方米
梦想小镇先导区块	18.3	15.33
天使村西溪先导区块	0.5	1.40
梦想小镇会展中心	0.8	1.93
梦想大街	7.0	11.07
企业花园	2.0	3.04
筑梦工厂	6.0	11.33
金融基金服务区	11.0	14.67
创业七星村	4.4	8.00
合计	50.0	67.13

表 11　余杭梦想小镇投资计划

年份	投资额/亿元	建设用地面积/万平方米
2015	20	18.67
2016	15	25.80
2017	15	22.67
合计	50	67.13

（3）融资方式

梦想小镇属于政府打造的一个创业创新的平台，小镇为了吸引企业进驻提供了很多优惠政策，目前还不能盈利。小镇中除部分基础设施建设由政府负责之外，其余部分都要靠余杭创新投资有限公司自给自足。

课题组通过实地采访了解到，余杭区政府、杭州市国土资源局余杭分局和余杭创新投资公司签订过三方《委托合作开发协议》，协议中约定，当整地工程结束、经验收合格后，在余杭区土地储备中心进行土地公开出让，经营性用地按照土地出让金的 30%（不扣除相关规费）划归公司收入，工业用地按出让合同确认收入，这是公司主要的收入。余杭创新投资有限公司用于小镇建设的资金主要来源于出让未来科技城的土地以及公司其他的经营收入（见表 12）。从表中的数据可以看出土地开发与土地出让对小镇建设融资的重要性，可以认为，特色小镇的建设融资其实是土地财政依赖型的。

表 12　余杭创新投资有限公司营业收入构成

主要业务板块		2014 年		2013 年		2012 年	
		金额/万元	占比/%	金额/万元	占比/%	金额/万元	占比/%
土地开发收入		152158.80	76.89	176860.20	98.88	28832.40	98.79
基础设施建设收入	学费收入	3981.73	2.01	771.44	0.43		
	租赁收入	4695.83	2.37	1225.82	0.69	354.58	1.21
土地出让收入		37054.59	18.72				
合计		197890.95	100.00	178857.46	100.00	29186.98	100.00

数据来源：课题组根据公司内部资料整理得到。

由于土地出让收入是余杭创新投资有限公司重要的收入组成，笔者对未来科技城板块的土地出让信息做了详细的调研（见表 13 和表 14），以估算公司可获得的土地出让收益。通过采访得知，公司获得的土地收益全都用于小镇建设。

表 13　余杭创新投资有限公司 2013—2014 土地平整业务情况

年份	出让土地面积/万平方米	土地性质	土地成本/万元	公司土地收入/万元
2014	92.13	商业用地、工业用地	71860.31	152158.8
2013	80.16	商业用地	62528.15	176860.2

数据来源:课题组根据公司内部资料整理得到。

表 14　2015 年未来科技城地块土地出让和成交情况

出让时间	地块名称	面积/平方米	用途	成交价/万元	溢价率/%	竞得单位
4 月 9 日	余杭组团 30 号 B 地块	15316	住宅	17920	9.00	南方水泥
6 月 1 日	杭州未来科技城 113 号地块	4980	商业	1719	0.00	余杭葛巷村合作社
6 月 16 日	余杭组团 32 号地块	45862	住宅	56400	30.13	金地
7 月 7 日	杭州未来科技城 85 号地块	69152	住宅	88200	70.00	泰禾
7 月 31 日	余杭海创园 23 号地块	26670	商住	32600	24.00	富力
8 月 12 日	余杭海创园 20 号 B 地块	9357	商业	2948	0.00	杭州图讯实业公司
9 月 23 日	杭州未来科技城 126 号地块	63551	商住	76262	0.00	香港北大资源
9 月 24 日	余杭海创园 22 号地块	21760	住宅	26112	0.00	万科
10 月 10 日	杭州未来科技城 122-2 号地块	68771	住宅	72230	0.00	万科
12 月 1 日	杭州未来科技城 122-1 号地块	142133	住宅	186700	25.00	合景泰富和平安
	总计	467552		561091		

数据来源:课题组通过统计土地交易情况整理得到。

在本案例中,无论是产业类还是基础设施类项目都由余杭创新投资有限公司承办。根据目前可得到的数据,到 2015 年 5 月末,公司投资总计 61 亿元,其中特色小镇的核心区域投资 16.13 亿元,其他均为特色小镇周边属于未来科技城部分的基础建设配套设施的投资。梦想小镇是一个特殊的小镇，它是一个为海创园孵化新企业的平台，未来科技城中的经营性收入投入给小镇建设，双方唇齿相依，创造新的活力。建设资金的来源为自筹和银行贷款，投资主体为余杭创新投资有限公司，融资结构为自筹占30％、银行贷款占70％，贷款的形式多为抵押与信贷（见表15）。另外，2015年余杭创新投资有限公司还推出了12亿元的债券拟用于小镇的建设。

表 15　余杭梦想小镇基础设施项目投资情况

项目类型	项目名称	预计总投资金额/万元	项目已投资金额/万元
产业类	科创中心二期	71195	59695
	人才公寓一期	28735	35533
	人才公寓二期	12788	12649
	09号地块	21486	12381
	梦想小镇工程	212276	161358
基础设施类	文一西路工程	140000	82842
	中都工程	70000	64380
	临余公路工程	93800	48938
	良睦路工程	40000	18642
	闲祝公路工程	48000	16240
	海曙路工程	78000	16779
	核心区块工程	23000	13930
	常二路工程	17510	12544
	生态核心公园工程	40000	8068
	未来科技城第一小学	24728	14997
	文二西路工程	88692	26124
	文二西路两侧整治	20508	1367
	上仓路工程	26607	7646
	公交BRT6号线配套	14000	588
合计		1071325	614701

数据来源：课题组根据实地调研结合公司内部资料整理得到。

（4）融资模式

目前梦想小镇一期的建设全部由余杭区政府主导，计划二期、三期工程将吸引社会资本来参与建设运营。小镇的融资渠道主要有政府投资、企业自筹、银行贷款和发行债券等四种。

总体来看，小镇建设属于全政府主导的融资驱动模式，但是梦想小镇与其他的小镇又有所不同，小镇的建设主体企业有很强的获利能力，企业不光为小镇服务，还服务于整个未来科技城，城中的土地增值给企业带来收益，收益又用于小镇建设，如此循环带动周边的产业发展得越来越好。这种模式主要适用于周边土地有较高的市场价值，并有可出让土地的小镇。如果土地资源有限，这种模式只能在短期适用，未来的经营与维持还是要靠当地的产业发展和税收收入。梦想小镇就是孵化企业、创新创业、汇聚高技术人才的地方，刚好可以利用预期税收收入来弥补未来不能依靠土地财政的资金缺口。余杭梦想小镇的融资模式是特色小镇中的特例，需要区位、产业、人才的完美配合才能成功运作。

3.4 小 结

政府主导的特色小镇融资模式，在一定程度上响应了国家新型城镇化统筹城乡、以人为本、突出产业创新的要求。该模式突出了地方政府在小镇产业发展及其驱动下的城镇化过程中的主导作用，其主要优点是利用政府的强大动员能力，可以比较快速地通过财政与政策性金融机构进行融资，主要缺点是在融资灵活性方面没有市场主导的模式灵活。

特别需要指出的是，对于新型城镇化过程中应逐步减弱土地财政依赖的难题，政府主导的特色小镇建设案例不仅没有给出很好的解决方案，而且在一些案例中土地财政依赖问题的表现仍然十分突出。从实践上来看，此类融资模式目前仍然占据主流地位。因此，通过特色小镇建设实现减弱土地财政依赖的城镇化模式创新，仍然十分困难。

4 典型案例分析二：政企合作的特色小镇融资模式

4.1 沈家门渔港小镇

沈家门渔港小镇位于舟山本岛东南端普陀区沈家门街道，小镇是普陀旅游金三角的重要组成部分，地理位置优越，有良好的产业基础。由于去普陀山、朱家尖、桃花岛等地都需经过此地，沈家门港成为游客、商客和香客等汇集的中转地。根据规划，小镇范围为东至半升洞码头，南至鲁滨路，西至大干渔业村，北至沈家门东海路—青龙山—刺棚山,土地总面积大约3.94平方千米,其中水域面积1.00平方千米,整个渔港小镇呈长条形。由于之前渔港小镇已形成了传统的渔港产业,除老城区片住户多、用地杂乱,其他地区用地布局相对规整,拆迁成本较低。小镇目前的建设用地面积约为394.0公顷,主要包括新增建设用地8.9公顷和存量建设用地84.2公顷。小镇在改建之前已经初具规模。

4.1.1　驱动产业

沈家门渔港小镇重点发展渔港休闲娱乐、渔美食体验、渔文化创意、水产电商贸易、渔时尚商业和滨港商务休闲等六大特色产业。目前,沈家门渔港已经形成水产品贸易、美食体验和渔港休闲旅游为一体的产业体系,正逐步发展成为汇集人流、物流和信息流的多功能的新型渔港。

舟山群岛新区的总体定位为"打造国际著名群岛性海洋休闲旅游目的地、世界一流佛教旅游胜地和国际著名海洋旅游城市"。沈家门作为普陀旅游区的门户,要打造成"普陀全域旅游示范核心区"。特色小镇中的旅游产业是在渔业功能的基础上进行深化、转型升级,强化旅游观光、海岛文化和渔业文化等元素。预计旅游业对小镇经济的贡献率将达到15%以上,规划到2018年实现旅游收入100亿元以上,年旅游人数600万人次以上。

渔业生产仍是渔港小镇的基础产业和小镇建设过程中不能舍弃的传统产业,应在保护传统产业的基础上进行产业扩展和深化。目前,小镇在充分发掘渔港自然资源、产业特色和人文底蕴的基础上,基于渔港经济转型升级和文化传承延续的双重目标,提出"时尚+"的新理念,在尊重渔港传统产业、城市肌理和文化脉络的基础上,注重创意、传播、消费等时尚元素,对传统渔港产业资源进行整合、提升,旨在构建产业创新、文化浓郁、生活时尚的魅力小镇。

总之,沈家门渔港小镇的驱动产业以时尚产业为主要方向,融入创意、智慧、信息等要素,深化旅游业,融合渔港、渔村、渔街、渔市、渔业等五大元素,构建度假、美食、渔贸等功能于一体的国际型渔港旅游产业链。

4.1.2　融资模式

(1)融资主体

沈家门渔港小镇的主要融资主体为政府和企业。政府在特色小镇中的作用主要是规划统筹、平台搭建、设施配套、筑巢引凤。为了使这些职能更好地落实,由政府下属企业——舟山市普陀建设投资有限公司负责各类公益性的基础设施和配套建设项目的投资建设。由国有企业主导前期建设可在一定程度上发挥市场在小镇资源配置中的基础性作用,对产业平台类和特色功能类项目,在整体规划指引下引入社会资本参与建设。在产业类项目开发方面,政府则要依靠渔港小镇旅游开发投资有限公司进行开发推进。

　　由于小镇要通过政企合作建立国际商贸服务集成平台、创意研发共性平台和智慧信息服务平台三大公共平台,围绕沈家门渔港小镇产业链各环节的不同需求,开展针对衔接、补充产业链的招商,促进企业间的相互合作,实行"以商引商"的战略,企业事实上已经成为特色小镇的主要融资主体。经调研了解到,沈家门渔港小镇主要的民营投资主体为浙江海博投资发展有限公司和上海三盛宏业投资集团。为更好地打造小镇的休闲旅游综合服务功能区,小镇目前正在与今典集团、碧桂园集团等企业洽谈合作事宜。

　　(2)融资项目

　　课题组通过实地调研了解到,围绕着特色小镇的定位,沈家门渔港小镇主要的项目有产业类和公共配套设施类两类共 19 个,总投资约为 127.94 亿元。项目建设按照"统一规划、分期实施、滚动开发、梯度推进"的原则,2016—2018 年间项目投资额为 72.35 亿元,其中产业类项目投资 35.15 亿元,占总投资的 48.6%。产业类的项目资金除了社会资本外,其他的是由政府成立的渔港小镇旅游开发投资公司负责融资的,公共配套设施类项目多数是由早已成立的舟山市普陀区建设投资有限公司进行建设的(见表 16)。

表 16　沈家门渔港小镇建设项目一览

类型	名称	2016—2018年投资额/亿元	总投资额/亿元	投资主体	建设年份	建设内容
产业类	墩头渔民部落	2.5	15.0	渔港小镇旅游开发投资公司及社会资本	2016—2020	对墩头片区现有的建筑物进行整体改造,建设河道沿线渔民特色古街,集聚普陀十大名小吃、特色民宿、渔村文化等元素,打造特色渔村"慢生活"休闲社区
	半升洞渔人码头	13.0	20.0	引进社会资本	2016—2020	对半升洞区块进行综合性开发,建设鱼鲜大排档、海鲜加工铺、主题餐饮中心、城市广场、旅游集散中心等,打造渔港美食休闲、旅游度假、商务办公等城市综合服务功能区

类型	名称	2016—2018年投资额/亿元	总投资额/亿元	投资主体	建设年份	建设内容
产业类	渔港特色街区	2.0	9.5	渔港小镇旅游开发投资公司及社会资本	2016—2020	打造海鲜美食街、渔港风情街、渔都购物街、渔文化历史街四个特色街区,对海鲜大排档进行改造提升,提升各街区特色品质,优化布置商业业态
	渔港印象	5.0	5.0	引进社会资本	2017—2018	以沈家门"十里渔港"的海港城为主题,以地标性建筑、渔船等为载体打造渔港灯光秀,开发渔港夜游路线;引进浮式装置平台,开发水幕电影、渔港风情等主题演出、渔港观光、水上运动等
	渔港客厅	0.4	0.4	渔港小镇旅游开发投资公司、舟山水产品中心批发市场公司	2016	利用国际水产城游客集散中心,建设小镇规划展示区、游客服务中心、复合旅游集散中心和开发小镇客厅功能,展示渔都港城特色形象
	普陀海洋文化创意产业园	2.2	4.5	浙江海博投资发展有限公司	2016—2018	打造集海洋旅游、海洋文化、海洋帆船运动为一体的综合性海洋产业园区,由综合功能区、会展功能区、总部经济区三部分组成,具有海上休闲服务区、游艇帆船产业区、海洋文化演艺和影视创作产业区、海钓产业园以及游客中心等区域
	沈家门渔港博物馆	1.5	1.5	渔港小镇旅游开发投资公司	2016—2018	建筑面积2万平方米,按照渔港、渔业、渔文化"三馆合一"的要求,布局沈家门渔港发展历史演变、渔俗文化、渔业发展宣传展示

续表

类型	名称	2016—2018年投资额/亿元	总投资额/亿元	投资主体	建设年份	建设内容
产业类	灯塔渔港文化公园	0.4	2.0	浙江海博投资发展有限公司	2018—2020	打造俯瞰渔港全貌的观景制高点和宣传渔港文化的主题公园,包括海洋文化长廊、游步道、观景台、留影长廊等平台,进行景观绿化等一系列配套基础设施建设
	渔家石屋高端民宿	1.0	1.0	引进社会资本	2016—2018	引进高端民宿开发运营商,改造刺棚山上渔家石屋,并规划新建渔家风格建筑,打造以渔家体验、传统美食、住宿为特色的高端民宿
	青龙山城市公园	0.4	2.0	渔港小镇旅游开发投资公司	2018—2020	对青龙山公园进行整体改造提升,建设游步道、景观平台等,发展休闲、旅游、商业业态,打造远眺东海的景观点
	舟山国际水产科技物流园	6.1	9.0	舟山水产品中心批发市场有限公司	2016—2019	建设水产科技园区,包括电子商务园区、水产品电子拍卖中心、水产品交易所和创业孵化中心等;建设冷链物流园区,包括国际水产品和远洋水产品装卸码头、大型水产品冷藏仓储库、大型水产品物流配送中心、质检报关中心等配套设施
	沈家门中心渔港扩建工程	0.7	0.7	普陀区沈家门中心渔港开发有限公司	2016—2017	拟新建350HP浮码头8个泊位,护岸503米,港池疏浚约19.7万平方米,港区道路4050平方米,服务中心建筑面积200平方米,渔业作业场地6850平方米

类型	名称	2016—2018年投资额/亿元	总投资额/亿元	投资主体	建设年份	建设内容
公共配套设施类	百里滨海大道(普陀段)建设工程	22.0	22.0	舟山市普陀区建设投资有限公司	2016—2018	西起勾山河,东至墩头码头,全长4800米、宽26米,包括道路、桥梁、排水、照明、景观及其他相关附属设施
	鲁家峙至半升隧道工程	4.1	11.5	舟山市普陀区交通投资有限公司	2016—2020	隧道连接沈家门与鲁家峙岛,与已建成的鲁家峙大桥形成交通环线,按照一级公路的标准建设,全长1.8千米,设计速度为60千米/时
	公共服务提升工程	2.5	4.3	渔港小镇开发建设指挥部	2016—2020	鲁家峙体育动力公园建设工程、鲁家峙小学建设工程、鲁家峙市场建造工程、鲁家峙社区医院及附属办公用房建设工程
	特色小镇道路综合提升工程	4.6	15.5	舟山市普陀区建设投资有限公司	2016—2020	沈家门道路提升工程,鲁家峙鲁滨路、鲁中路等道路的建设工程以及鲁家峙肚脐山隧道的连接线工程
	"一港两岸"景观提升工程	2.5	2.5	渔港小镇旅游开发投资公司	2017—2018	对沈家门渔港两岸绿化、水系等景观进行整体分段改造,对滨港路进行立体交通与功能提升改造,保留现有道路,采用上盖景观步行平台模式,注入商业、休闲、娱乐功能
	渔港绿道及旅游标示建设工程	1.0	1.0	渔港小镇旅游开发投资公司	2016—2017	沿渔港两侧滨海路、鲁滨路建设游步道、骑行道,打造"十里渔港"绿道;按5A级景区标准,完善小镇引导标示、公共服务、安全设施等

续表

类型	名称	2016—2018年投资额/亿元	总投资额/亿元	投资主体	建设年份	建设内容
公共配套设施类	渔港门户	0.5	0.5	引进社会资本	2016—2017	在半升洞区块、天吴隧道、城北区块、百里滨海大道小镇西入口设置四个小镇主体门户,建设仿古建筑、特色雕塑等标识景观及绿化工程
合计		72.4	127.9			

资料来源:课题组根据实地调研和小镇规划报告整理得到。

(3)融资方式

小镇的各项产业类项目资金主要由渔港小镇旅游开发投资公司、舟山水产品中心批发市场有限公司、浙江海博投资发展有限公司、舟山市普陀区沈家门中心渔港开发有限公司、舟山市普陀建设投资有限公司及引进的相关企业自筹,或通过银行贷款的方式解决。公共配套服务建设由舟山市普陀交通投资有限公司和舟山市普陀建设投资有限公司负责,资金主要通过自筹和银行贷款来解决,并按照 PPP 模式积极吸引各类社会资本参与(见表17)。

表 17   沈家门渔港小镇融资方式

项目类别	资金来源
产业类	渔港小镇旅游开发投资公司和社会投资主体企业筹资及银行贷款
公共配套设施类	舟山市普陀交通投资有限公司、舟山市普陀建设投资有限公司以及运用 PPP 模式吸引社会资本

(4)融资模式

小镇建设资金总投入 127.9 亿元,投资计划如表18所示。2016—2020 年是小镇建设期,资金需求量大而回报少,这是融资建设和城镇化的困难时期。现有的融资方式主要是企业自筹、银行贷款和 PPP 模式。面对如此巨大的资金需求,应积极拓宽社会资本融资渠道,引入各类基金、发行债券,以市场化机制带动小镇开发建设。

表 18　沈家门渔港小镇投资计划

类型	名称	分年度计划投资金额/亿元				投资主体
		2016 年	2017 年	2018 年	2019—2020 年	
产业类	墩头渔民部落	0.5	1.0	1.0	12.5	渔港小镇旅游开发投资公司及相关社会资本
	半升洞渔人码头	3.0	5.0	5.0	7.0	引进社会资本
	渔港特色街区	0.4	0.8	0.8	7.5	渔港小镇旅游开发投资公司及相关社会资本
	渔港印象		2.0	3.0		引进社会资本
	渔港客厅	0.4				渔港小镇旅游开发投资公司、舟山水产品中心批发市场有限公司
	普陀海洋文化创意园	0.6	0.8	0.8	2.3	浙江海博投资发展有限公司
	沈家门渔港博物馆	0.3	0.6	0.6		渔港小镇旅游开发投资公司
	灯塔渔港文化公园			0.4	1.7	浙江海博投资发展有限公司
	渔家石屋高端民宿	0.2	0.4	0.4		引进社会资本
	青龙山城市公园			0.4	1.6	渔港小镇旅游开发投资公司
	舟山国际水产科技物流园	2.1	2.0	2.0	2.9	舟山水产品中心批发市场有限公司
	沈家门中心渔港扩建	0.4	0.3			舟山市普陀区沈家门中心渔港开发有限公司

续表

| 类型 | 名称 | 分年度计划投资金额/亿元 | | | | 投资主体 |
		2016 年	2017 年	2018 年	2019—2020 年	
公共配套设施类	百里滨海大道（普陀段）建设工程	6.0	8.0	8.0		舟山市普陀区建设投资有限公司
	鲁家峙至半升隧道工程	1.3	1.4	1.4	7.4	舟山市普陀区交通投资有限公司
	公共服务提升工程	0.5	1.0	1.0	1.8	渔港小镇开发建设指挥部
	特色小镇道路综合提升工程	1.6	1.5	1.5	10.9	舟山市普陀区建设投资有限公司
	"一港两岸"景观提升工程		1.0	1.5		渔港小镇旅游开发投资公司
	渔港绿道及旅游标示建设工程	0.5	0.5			渔港小镇旅游开发投资公司
	渔港门户	0.2	0.3			引进社会资本
合计		18.0	26.6	27.8	55.6	

资料来源：课题组根据实地调研和小镇规划报告整理得到。

综上可见,沈家门渔港小镇城镇化可以算是典型的政企合作的融资驱动模式,这种融资模式兼具政府主导的优点,并且在融资方式的选择上更加灵活,可以借助企业的活力带动小镇的融资,有企业的参与会使小镇建设更加高效。

4.2 吴兴美妆小镇

吴兴美妆小镇地处湖州市吴兴区埭溪镇,位于中国经济最开放、最活跃、最具国际竞争力的地区——长江三角洲的地理中心,南距杭州 30 千米,东邻全国经济中心上海 120 千米,2 小时经济物流半径内就可达浙、苏、皖、沪三省一市 16 座核心城市。综合交通网络发达,高速公路、高速铁路从小镇通过。美妆小镇所在的埭溪镇,是湖州市的南大门,区域面积 170 平方千米,是湖州市 16 个重点中心镇之一,也是全国的重点镇。埭溪镇依山傍水,风景宜人,生态环境良好,有着浓厚的人文底蕴。吴兴地区早就汇聚了珀莱雅、美诺日化这些美妆业的龙头企业,2014 年,该地区化妆品相关产业产值达 20 亿元,利税总额达到 5 亿元以上,经济效益指标年均增长 15.0%以上,为特色小镇化妆品产业的发展奠定了坚实的基础。

吴兴美妆小镇东至杭宁高速/青山互通旁,南至 G104 国道,西至创业路桥,北至杨山坞山体。规划面积 3.28 平方千米,建设面积 1.33 平方千米。小镇于 2015 年 6 月开始启动规划方案的编制,9 月完成方案申报并立项,主要以中国化妆品生产基地为主平台,依托珀莱雅等行业龙头企业和一系列产业链配套企业的综合集聚效应。目前,小镇已成功引进优质项目 20 个,计划总投资达 57.90 亿元。2016 年 1—7 月,小镇化妆品及相关产业完成工业产值 14.75 亿元,同比增长 268.7%,利税 2.68 亿元,同比增长 154.9%;已签约入驻项目共 20 个,完成投入 6.70 亿元。小镇坚持以企业为主导,秉持"产业高地、时尚园区、特色小镇"的发展主题,推进化妆品业主导的全产业链构建,集聚关联产业和高端要素,加快产业创新和转型升级。

4.2.1　驱动产业

根据实地采访,了解到美妆小镇有着树立中国化妆品品牌,做大日化行业的远期目标。近几年中国化妆品消费规模呈现快速增长态势,年均增长率达 20% 以上。然而,目前国产化妆品的份额只占到 20%,发展潜力巨大。以此为契机,美妆小镇不仅仅局限于化妆品,而是要打造出一个创新开放、特色鲜明、高端要素集聚、多功能叠加和活力四射的小镇。小镇遵照浙江省特色小镇的总规划思想,争取做到"产、城、人、文"有机融合,完善文化、旅游和社区服务等功能,小镇产业的定位非常关键。目前小镇主要产业如下。

(1)化妆品产业。化妆品生产是小镇产业的核心,主要产品包括护肤产品、彩妆产品和香水产品。小镇目前正在围绕化妆品生产的配套产业,开展大项目的谋划招引工作,确保原料和包装产品的稳定、安全、可靠供应,完善产业链以大大缩短化妆品的物流时间、提高生产效率。除此之外,小镇还对产业进行拓宽,依托现有科研技术力量,建设公共研发平台和企业研究院,以自主创新和产业孵化为核心,为化妆品企业提供科技孵化,加大定向招才引智力度,提高研发设计能力,将小镇打造成区域科技创新示范引领区和化妆品产业创业孵化及成果转化应用基地。小镇还结合互联网,由龙头企业珀莱雅带头打造"互联网＋美妆"模式,积极发展了信息服务、电子商务。

(2)文化产业。美妆小镇的建设还突出了"人、文"的力量,发展文化产业。依托吴兴区深厚的人文历史、生态文化、民俗文化等资源,规划建设大师创意工作坊、众创基地、美妆研究院等有效创意载体,面向沪、杭等周边地区,引入化妆品文化创意的专家、学者、青年学生等文创群体,积极与高校合作建设文创实习基地,逐步把吴兴美妆小镇打造为创新要素集聚,集设计服务、生产制作、人才培训、衍生产品设计开发为一体的化妆品文化创意基地。积极构建结构完善、主导产业突出、特色显著、高效优质、多元共生的文化创意产业发展链条。弘扬特色小镇传统文化,挖掘化妆品品牌文化价值,丰富文化创意要素。突出化妆品工业设计,以产业发展需求为重点,着力提高创意设计与二、三产业的关联度、渗透度和融合度,实现其与化妆品制造环节的紧密协作,提高化妆产品附加值,提升吴兴美妆小镇核心竞争力。

(3)旅游产业。美妆小镇里的旅游产业并不单单指自然景观,还包括新兴的工业体验式旅游。小镇三面环山,西部有老虎潭水库,拥有小镇独有的自然景观。借助于稀有的原生态环境和鲜明的特色优势产业,打造花园式工厂和透明工厂,开辟专业参观通道,通过从化妆品原料种植、加工到生产、包装环节的透明展示,探索工业体验式旅游发展的新思路。建设全球最大的化妆品主题博物馆,向游客或消费者展示国内外化妆品历史沿革和不同地域特色文化。此外,以香料植物园、情景商业街等项目的开发建设,满足游客的休闲游憩、购物娱乐需求。一方面结合亲山近水的自然地理优势和湖州南部生态文化休闲旅游区的区位优势,积极发展康体养生,丰富旅游业态;另一方面围绕化妆品特色时尚主题,加快建设化妆品体验、展示设施,定期举办新产品发布会、产品展示展销会,举办化妆品产业发展及应用高峰论坛等会议,以会展活动带动工业旅游,提高特色小镇的知名度和美誉度。

综上,吴兴美妆小镇以化妆品产业为核心,依托吴兴区化妆品产业基础,打造时尚产业和现代服务两大经济板块,通过企业创新、配套联动,聚合全产业链,实施上下游产业构链、薄弱环节补链战略,完善化妆品生产、研发设计、展示销售和综合服务等产业链的重点环节和关键领域,完善特色小镇产业、文化、旅游、社区服务功能,以此驱动小镇城镇化。

4.2.2 融资模式

(1)融资主体

美妆小镇城镇化过程中主要有政府和企业两类融资驱动的主体。与其他特色小镇建设类似,美妆小镇坚持"政府引导、企业主导"的原则,而在小镇建设过程中,政府始终要负责基础设施建设。据了解,小镇成立了美妆小镇管委会,负责美妆小镇的发展规划、制定优惠政策引进企业、把握小镇建设的大方向。基础设施类项目由湖州吴兴上强工贸有限公司进行投资,计划投资 6.16 亿元。由于上级政府对小镇管委会的融资要求为"控总量、优结构、降成本",政府能执行的建设融资非常有限,融资缺口要依靠企业来填补。

美妆小镇由国内化妆品龙头企业珀莱雅牵头合作成立了化妆品产业(湖州)投资发展有限公司。该公司进行实体运作,负责招商引资和产业项目投资,借助紧邻长三角的巨大化妆品消费市场优势和埭溪镇化妆品产业集聚优势,以良好

的投资环境吸引国内外化妆品终端生产企业及配套企业投资建厂,产业及配套
服务类项目计划投资 59 亿元。

美妆小镇的融资驱动模式非常特殊,所有的招商环节是都由企业负责,出现
了企业实施的行业内招商的特殊形式,这种模式基于行业"人脉资源",招商更具
优势。此外,吴兴区政府与化妆品产业(湖州)投资发展有限公司共同出资设立
化妆品产业基金,首期 3 亿元(包括政府出资 3000 万)已募集到位,二期 5 亿元
正在募集中,提供了良好的资金保障。

综上可知,美妆小镇的融资主体是政府和企业。其中政府性企业湖州吴兴
上强工贸有限公司负责基础设施类项目建设,产业类项目则由化妆品产业(湖
州)投资发展有限公司全权负责招商引进。

(2)融资项目

吴兴美妆小镇计划将于 2025 年全面建成。2015—2017 年三年间计划完成
投资 50.25 亿元,其中 2015 年完成投资 10.73 亿元,2016 年完成投资 21.12 亿
元,2017 年完成投资 18.40 亿元。计划建设项目有 35 个,目前小镇已成功引进
优质项目 20 个(不包括基础设施类项目),运行情况良好,项目情况如表 19
所示。

表 19   吴兴美妆小镇建设项目

类型	名称	建设内容	建设年份	用地面积/万平方米	投资金额/万元	投资主体
产业类	澳美凯化妆品项目	化妆品生产	2015—2018	4.13	19880	浙江澳美凯化妆品科技有限公司
	包装新材料产业园	化妆品包装材料生产	2014—2017	5.67	50000	湖州国仁包装新材料产业园有限公司
	楚成塑胶制品项目	化妆品包装材料生产	2014—2017	3.33	10000	楚成塑胶制品(湖州)有限公司
	科玛化妆品项目	化妆品生产	2015—2018	4.33	25000	韩国科玛公司
	奥洛菲化妆品项目	化妆品生产	2015—2017	2.87	5000	奥洛菲公司
	菲丝凯化妆品项目	化妆品生产	2015—2017	2.80	5000	菲丝凯公司
	美诺化妆品项目	化妆品生产	2015—2017	2.87	5000	美诺公司
	草之语化妆品项目	化妆品生产	2015—2017	3.67	10000	草之语公司
	优图碧化妆品项目	化妆品生产	2016—2017	3.07	6000	优图碧公司

续表

类型	名称	建设内容	建设年份	用地面积/万平方米	投资金额/万元	投资主体
产业类	衍宇化妆品包材项目	化妆品包装材料生产	2015—2017	3.20	10000	韩国衍宇公司
	清美化妆品包材项目	化妆品包装材料生产	2015—2017	3.33	10000	韩国清美公司
	标准租赁厂房	化妆品及相关辅料生产厂房	2015—2020	7.00	150000	
	化妆品博物馆	文化旅游设施	2015—2018	1.67	25000	
	香料植物园	文化旅游设施	2015—2017	—	20000	
	人才公寓	居住设施	2015—2017	3.47	30000	
	检测认证中心	监测设施	2015—2017	1.67	20000	
	综合服务中心	办公设施	2015—2018	3.47	50000	
	物流中心	物流设施	2015—2017	4.00	42000	
	研发中心	研发设施	2016—2018	2.20	20000	
	美妆研究院	科教设施	2015—2018	4.67	15000	化妆品产业（湖州）投资发展有限公司及合作方
	情景商业街	购物、体验、餐饮、商业设施	2015—2018	5.00	30000	
	酒店会议中心	建设酒店，满足商务、会议、旅游接待需求	2015—2017	2.80	5000	
	大师创意工坊	为文化创意工作者搭建办公场所	2015—2017	2.13	5000	
	康体养生基地	健康、养生旅游设施	2015—2017	2.00	10000	
	众创基地	支持大众创业创新的服务设施	2015—2017	2.00	5000	
	游客接待中心	旅游接待、展示、导览服务设施	2015—2016	1.33	5000	

续表

类型	名称	建设内容	建设年份	用地面积/万平方米	投资金额/万元	投资主体
基础设施类	创业路、白岩路、上前路道路工程	建设三条道路总长 2900 米	2015	6.00	9500	湖州吴兴上强工贸有限公司(政府)
	创业路东延道路工程	建设园区道路 1600 米	2015—2017	3.33	5000	
	小羊山路道路工程	建设园区道路 750 米	2016	1.67	2400	
	平地路道路工程	建设园区道路 1300 米	2017	2.67	4300	
	下沈路道路工程	建设园区道路 1400 米	2016	3.00	4800	
	邮电设施	建立邮政和电信服务设施	2015—2016	0.33	1000	中国邮政、中国电信
	板庄山区块场平工程	平整场地 40 万平方米	2015—2016	—	13000	湖州吴兴上强工贸有限公司(政府)
	烟堆山区块场平工程	平整场地 50 万平方米	2015	—	7600	
	延山区块场平工程	平整场地 67 万平方米	2016—2017	—	14000	
总计				99.67	649480	

资料来源:课题组根据实地调研和小镇规划报告整理得到。

35 个项目除具体项目企业自行出资建造以外,化妆品产业(湖州)投资发展有限公司发挥了巨大的作用,有效地减轻了政府的压力,政府企业只需要负责基础设施类的 8 个项目融资即可,有效地缓解了政府资金上的压力。

(3)融资渠道

据了解,小镇的建设期为三年(2015—2017 年),资金的分年度投资计划如表 20 所示。就基础设施类项目来说,融资压力最重的是 2015—2016 年,产业类项目融资压力主要在 2016—2017 年。吴兴美妆小镇的融资方式与之前的案例大同小异。政府主导融资,主要是依靠政府投资、发行政府债券或者是基于政府信用的银行贷款,这类融资在本案例中用在基础设施类项目建设中。依靠招商引资,引入社会资本,通过引入社会资本缓解政府融资压力,此类融资在案例中主要用在产业类项目上,项目建成全由企业自行使用。由于政府债务的限制,要用有限的资金更有效地进行投资,就要采取政企合作的方式,用 PPP 模式或者是产业基金的方式进行融资。案例中的研发中心融资就采用了 PPP 模式,而其他项目资金是通过产业基金投入的。关于小镇的产业基金,现已发行的基金名为"望舒资本基金",价值 3 亿元,其中政府投资 5000 万,其他部分由社会资本组成。

表 20　吴兴美妆小镇分年度投资计划

项目类型	项目名称	分年度计划投资金额/万元				总投资金额/万元	投资主体
		2015 年	2016 年	2017 年	2015—2017 年		
产业类	澳美凯化妆品项目	5000	10000	4880	19880	19880	浙江澳美凯化妆品科技有限公司
	包装新材料产业园	10000	10000	5000	25000	50000	湖州国仁包装新材料产业园有限公司
	楚成塑胶制品项目	1500	4500	1000	7000	10000	楚成塑胶制品(湖州)有限公司
	科玛化妆品项目	4000	6000	5000	15000	25000	韩国科玛公司
	奥洛菲化妆品项目	1000	2000	2000	5000	5000	奥洛菲公司
	菲丝凯化妆品项目	1000	2000	2000	5000	5000	菲丝凯公司
	美诺化妆品项目	1000	2000	2000	5000	5000	美诺公司
	草之语化妆品项目	2000	4000	4000	10000	10000	草之语公司
	优图碧化妆品项目	0	2000	2000	4000	6000	优图碧公司
	衍宇化妆品包材项目	2000	4000	4000	10000	10000	韩国衍宇公司
	清美化妆品包材项目	2000	4000	4000	10000	10000	韩国清美公司
	标准租赁厂房	15000	30000	30000	75000	150000	化妆品产业(湖州)投资发展有限公司及合作方
	香料植物园	4000	8000	8000	20000	20000	
	人才公寓	5000	10000	15000	30000	30000	
	检测认证中心	2000	8000	10000	20000	20000	
	综合服务中心	10000	20000	10000	40000	50000	
	物流中心	2000	20000	20000	42000	42000	
	研发中心	0	8000	10000	18000	20000	
	情景商业街	4000	8000	8000	20000	30000	

项目类型	项目名称	分年度计划投资金额/万元				总投资金额/万元	投资主体
		2015 年	2016 年	2017 年	2015—2017 年		
产业类	美妆研究院	2000	4000	4000	10000	15000	化妆品产业（湖州）投资发展有限公司及合作方
	酒店会议中心	1000	2000	2000	5000	5000	
	大师创意工坊	1000	2000	2000	5000	5000	
	康体养生基地	1000	5000	4000	10000	10000	
	众创基地	1000	2000	2000	5000	5000	
	游客接待中心	2000	3000	0	5000	5000	
	小计	79500	180500	160880	420880	562880	
基础设施类	创业路、白岩路、上前路道路工程	9500	0	0	9500	9500	湖州吴兴上强工贸有限公司（政府）
	创业路东延道路工程	1200	1800	2000	5000	5000	
	小羊山路道路工程	0	2400	0	2400	2400	
	平地路道路工程	0	0	4300	4300	4300	
	下沈路道路工程	0	4800	0	4800	4800	
	邮电设施	500	500	0	1000	1000	中国邮政、中国电信
	板庄山区块场平工程	5000	8000	0	13000	13000	湖州吴兴上强工贸有限公司（政府）
	烟堆山区块场平工程	7600	0	0	7600	7600	
	延山区块场平工程	0	5200	8800	14000	14000	
	小计	23800	22700	15100	61600	61600	
	总计	103300	203200	175980	482480	624480	

数据来源：课题组根据实地调研和小镇规划报告整理得到。

（4）融资驱动模式

湖州吴兴美妆小镇依照"企业主体、政府引导、市场运作"原则,实行了一种独特的"公司＋基金＋政府"运作模式。运营公司即化妆品产业（湖州）投资发展有限公司负责招商引资和各功能区管理。公司与政府共同设立化妆品产业发展基金,扶持产业发展和基础设施投入。政府负责提供产业园区建设用地、提供优惠政策,并全程为公司代理企业的开办完成有关审批工作,协助公司做好项目建设协调服务工作。根据项目推进时序,在拓展区块积极探索 PPP 模式,探索政府与民营企业或个人的有效合作机制,激发社会资本活力,以特许经营形式建立政府与社会主体"利益共享、风险共担、全程合作"的共同体关系,发挥有限财政资金的杠杆作用,减轻政府财政负担,降低社会资本投资风险,共同为吴兴美妆小镇开发建设提供可靠要素保障。化妆品产业（湖州）投资发展有限公司是由珀莱雅这一龙头企业牵头成立的,可以说在融资这个阶段主要是以企业为主体。在这一运作模式以及 PPP 模式的启示下,分析小镇的融资模式不能只看基本的融资方式。小镇融资的最大特点就是产融结合的融资平台,以及对基金的应用。根据产业及发展需求的不同,设立多类别的子基金进行专项投资;基金的募资对象包括政府、产业、社会三方;各子基金根据政府出资的情况,制定产业及社会资本配套出资方案。由于吴兴美妆小镇中龙头企业的贡献,此案例成为"企业为主体"的典型模式。这种模式弱化了政府作用,对小镇未来的持续发展相当有利,因为小镇未来的维持不可能一直依靠政府,只有依靠企业,依靠产业才能走得更远。

4.3 小结

政企合作型特色小镇融资模式案例分析表明,金融深化给了特色小镇较自由的金融空间,在政企合作的融资模式下,可以建立地方政府、产业集群和集群中金融市场三者之间协调的关系。此类案例中,城镇化过程中的土地财政依赖问题在一定程度上得到了缓解。

从实践上看,政企合作模式是当前探究多元融资方式中重要的一个环节,它既保留了政府主导融资模式的优势,也规避了一些政府集中控制的弊端,缓解了政府融资的压力（如近期 PPP 模式的广泛应用）。受产业主导的影响,此类融资模式必然朝着市场化方向演进。

5　结论与政策建议

5.1　结论

本专题研究得到以下重要结论。

（1）从驱动主体角度来看,浙江特色小镇建设及城镇化模式主要有政府主导驱动型、政企合作驱动型和企业主导驱动型等三种类型。目前以政府主导模式(如余杭梦想小镇)最为成功。然而,由于小镇建设初期阶段政府实力很大程度上决定了小镇的建设投资水平,同时小镇的区位和产业选择也对小镇的发展有一定影响,所以尚不能说政府主导一定是未来全国其他地区可以效仿的案例。在特色小镇建设中,政企合作模式的小镇发展情况相对均衡,小镇还是由产业主导,企业的参与不可缺少,预计后期企业参与多的小镇会渐渐地展现出自己的发展优势。

（2）从融资角度来看,与驱动主体类型相对应,浙江特色小镇采取了政府主导融资、政企合作融资和企业主导融资等三种典型模式。政府主导型融资模式适用于政府财政实力强、周边区位土地价值高、主导产业基础良好的小镇;政企合作融资模式适用于企业和政府都不能全权主导小镇建设,小镇区位没有特定的要求的小镇,政企合作模式中企业承担的是筹资的角色,政府则负责承担信用及政策保障;企业主导融资主要适用于小镇已经形成产业区块产业链,不用大量建设筹资,小镇的建设与企业的发展几乎同步的小镇。

（3）从融资方式来看,除了直接的政府财政投资外,还可以通过专项建设资金、特色小镇投资基金、资产管理计划、发行永续债券以及首次公开募股等方式筹措资金。债券类融资可采用银行贷款、债券、融资租赁等方式。由于政府对债务有一定的限制,故可尝试通过 PPP、政府购买等方式引入社会资本,通过资产证券化、融资租赁等方式盘活存量资产。

（4）浙江特色小镇融资模式存在着一定的问题,这些问题对全国来说也具有一定的代表性。①小镇自身的融资能力较弱。特色小镇行政区块具有特殊性——它并不是行政上的镇或者村,因而不具备独立的财政权利。有的小镇通过周边大环境有实力的政府支持可获得部分政府财政收入,而有些小镇要依托区级,乃至县级平台开展融资,受当地财政以及投资主体实力普遍较弱、地方财政债务空间有限以及土地储备融资约束等因素的影响,融资普遍困难。②小镇融资模式相对单一。小镇主要的建设模式是通过成立小镇建设管委会负责小镇的日常管理运行,同时成立国有建设投资企业负责小镇的融资建设以及运行。

在这种建设模式下,小镇的融资主要是通过政府购买服务模式开展,资金来源主要是银行贷款,但这种融资模式大面积推广之后可能会面临各种政策上的障碍,其他模式如PPP由于运作周期长、流程烦琐、要兼顾各方利益、各方关系复杂等原因而推进缓慢。③项目小而散,不利于融资。特色小镇的建设涉及市政道路、园区建设、商业街、时尚社区、公园、污水管网、服务中心、展示中心、文化馆、旅游基础设施甚至还有些小镇有专门的教育配套等,这些单个项目投资额都不大,但加起来就是一笔不小的投资,并且这些项目分布在小镇各个区域,从先前的案例可以看出,小镇的融资项目最少也有十几个,当地政府对特色小镇项目各个子项目合并整体审批、整体融资的意愿比较强,但是接收打包项目的企业又不多,这其中就会存在问题。④特色小镇配套政策没有针对性。由于特色小镇的建设融资模式各不相同,难以配套统一的政策。特色小镇建设模式的大类有政府主导、政企合作、企业主导三大类,不同的模式下又有不同的产业定位,不同的企业规模,比如需要区分针对龙头企业的融资政策和针对小企业联合的融资政策等,大企业以税收减免,财政返还为主,小企业主要以扶植为主。在这一背景下,这些小镇面临着不同的融资难题,要分类有针对性地引导,所以在政策的制定上会有一定的难度。

(5)政府主导融资模式主要适用于政府实力较强、财政情况较好的特色小镇。此类融资主体本身自己资金充足,还可以依据政府自身信用开展融资,具体方式有以下几种。①采用政府购买服务,由特色小镇建设主体与政府就建设项目签订购买服务协议,并以此对小镇建设项目进行统一融资。②发行项目收益债券。对有收益的项目,可由特色小镇建设主体发行该项目的债券融资。③发行企业债。政府融资主体依托自身信用发行债券获得融资,如自身信用不足可以联名上级政府增强信用度。④发行政府债,纯公益性投资,表示对特色小镇的支持。⑤申请专项建设基金。特色小镇的融资主体可以积极向国家开发银行、农业发展银行争取专项建设基金支持,用于项目资本投入并指定某个国有企业作为基金回购主体,由于专项基金的投资收益率不高于1.2%,可有效降低融资成本,提高项目的收益率,吸引社会资本。对79个特色小镇中政府主导融资型特色小镇梳理的结果如表21所示。

(6)政企合作融资模式。这种模式主要适用于政府具有一定实力但前期投入有限的特色小镇,如沈家门渔港小镇和龙泉宝剑小镇等,具体有以下几种模式。①PPP模式,以吴兴美妆小镇为例,可以用场地租金、物业费等未来收益作为基础收益,并增加本级及上级政府担保,吸引金融机构、社会资本及政府多方合作。②招商引资模式。对有效益的项目,如酒店、写字楼等,可以引进社会资本进行建设、运营和管理,政府给予税收等相关优惠政策,如渔港小镇的古街

表 21 浙江省政府主导融资型特色小镇汇总

小镇名称	产业定位	融资主体
西湖云栖小镇	信息经济	杭州转塘科技经济开发有限公司
余杭梦想小镇	信息经济	杭州余杭创新投资有限公司
滨江物联网小镇	信息经济	杭州高新区(滨江)物联网产业园建设指挥部
德清地理信息小镇	信息经济	德清联创科技新城建设有限公司
朱家尖禅意小镇	旅游产业	普陀山朱家尖管委会、舟山群岛旅游投资开发有限公司、普陀山佛教协会
武义温泉小镇	旅游产业	浙江省武义温泉旅游开发有限公司
永康赫灵方岩小镇	旅游产业	永康市方岩风景区投资经营有限公司、浙江方岩胡公文化城开发有限公司
景宁畲乡小镇	旅游产业	畲乡小镇旅游投资(集团)有限公司(筹)
南浔善琏湖笔小镇	历史经典产业	湖州南浔湖笔文化发展有限公司
磐安江南药镇	历史经典产业	磐安新城区建设投资有限公司
青田石雕小镇	历史经典产业	青田县旅游发展有限公司
龙泉宝剑小镇	历史经典产业	龙泉市宝剑小镇投资发展有限公司、龙泉市城市建设投资开发有限公司
松阳茶香小镇	历史经典产业	松阳县中小企业孵化基地开发有限公司、松阳县旅游发展有限公司
上城玉皇山南基金小镇	金融产业	杭州玉皇山南基金小镇经营管理有限公司
南湖基金小镇	金融产业	嘉兴市南湖金融区建设开发有限公司
义乌丝路金融小镇	金融产业	义乌市城市投资建设集团有限公司
桐庐健康小镇	健康产业	浙江富春山健康城投资开发有限公司
临安云制造小镇	高端装备制造	浙江青山湖科研创新基地投资有限公司
长兴新能源小镇	高端装备制造	长兴雉城新兴城镇建设服务有限公司
缙云机床小镇	高端装备制造	缙云县欣达城市建设开发有限公司、浙江丽缙五金科技产业开发有限公司

民宿部分。③采用合作运营模式。对收益性的项目,如游乐场、养老项目基地,可以由政府承担基础设施建设部分,其他经营性工程由引入的合作伙伴承建并共同运营,如龙泉宝剑小镇中的水上运动项目。在政企合作的模式中,企业的形式可以很多样,如一个龙头企业主导与政府合作,体现龙头企业的优势。尤其是对产业制造类小镇,如吴兴美妆小镇,这些小镇只有引入市场力量强大、实力雄厚的龙头企业,才能建设大项目,布局合理的产业链。这时候政府可以适当弱化自己的作用,为企业提供政策扶持和与企业联合,提升信用度。除龙头企业主导外,也可以是多个企业联合,此时企业需要政府的有效介入,对小镇的建设做一个统筹的规划,合理地分配企业利益,共同承担风险。政企合作融资模式在浙江省特色小镇建设中应用最广(参见附表3)。

(7)企业主导类融资模式。这种模式主要用于特色鲜明,并明确由大企业为主体开发建设的小镇,如龙游红木小镇。此类小镇为数不多,但可以依据企业自身信用开展融资。①企业融资,企业利用自身信用申请银行融资并以企业现金流作为还款来源。②项目融资,企业依据小镇建设内容设立项目公司向银行申请贷款,由企业提供担保并以项目现金流等综合收益作为还款来源。③发债融资,由企业依据自身信用发行债券获得融资。④合作运营,引入其他有实力有品牌的企业强强联手并承担融资。由于企业主导的融资对企业的要求较高,相比政企合作模式,采用这种模式的小镇少一些,但企业主导建设、发展、融资在可持续发展的角度打造的优质小镇更多。浙江省企业主导融资型特色小镇汇总如表22所示。

表22 浙江省企业主导融资型特色小镇汇总

小镇名称	产业定位	融资主体
富阳硅谷小镇	信息经济	杭州网新银湖科技有限公司、杭州天安百富投资有限公司
下城跨贸小镇	信息经济	杭州财富盛典投资有限公司、杭州新天地集团
瓯海时尚智造小镇	时尚产业	森马集团
海宁皮革时尚小镇	时尚产业	海宁中国皮革城股份有限公司
诸暨袜艺小镇	时尚产业	浙江大唐袜艺有限公司
文成森林氧吧小镇	旅游产业	浙江省文成县安福寺、文成县中兴房地产投资有限公司、文成县山里人家运动休闲有限公司

小镇名称	产业定位	融资主体
龙游红木小镇	旅游产业	浙江年年红家居有限公司
常山赏石小镇	旅游产业	世纪龙腾控股集团公司
西湖龙坞茶镇	历史经典产业	浙江省旅游集团有限公司
龙泉青瓷小镇	历史经典产业	浙江龙泉披云青瓷文化园有限公司
富阳药谷小镇	健康产业	海正药业有限公司、海正辉瑞制药有限公司、法国赛诺菲安万特集团
奉化滨海养生小镇	健康产业	深圳宝能投资集团有限公司
瓯海生命健康小镇	健康产业	温州医科大学附属第一医院、原能细胞科技集团有限公司、温州卫生发展投资集团有限公司
天子岭静脉小镇	环保产业	杭州市环境集团有限公司
江山光谷小镇	环保产业	浙江正泰新能源开发有限公司、浙江同景新能源集团有限公司、浙江天蓬集团有限公司
衢州循环经济小镇	环保产业	浙江元立金属制品集团有限公司、巨化集团有限公司、衢州华友钴新材料有限公司
江北动力小镇	高端装备制造	中国船舶工业集团公司、北京联东投资(集团)有限公司
苍南台商小镇	高端装备制造	台湾富士康富奇投资开发有限公司
海盐核电小镇	高端装备制造	海盐中国核电城投资开发有限公司
新昌智能装备小镇	高端装备制造	浙江日发精密机械股份有限公司、浙江三花股份有限公司
黄岩智能模具小镇	高端装备制造	台州市黄岩智能模具小镇开发有限公司
路桥沃尔沃小镇	高端装备制造	浙江吉利控股集团有限公司
温岭泵业智造小镇	高端装备制造	传化集团、利欧集团、新界泵业、五洲国际控股等9家国内外知名企业

(8)其他小企业融资模式。前几种融资模式主要适用于基础设施类项目以及投资额比较大的大型项目,考虑到小镇中的一些小项目和一些入镇企业以轻资产为主,总产量比较小,负债能力不强,无法依靠传统的融资模式进行融资,即难以从金融机构获得贷款,也较难直接发行债券筹措资金,需要引入新的筹集渠道。

5.2 政策建议

基于本专题研究结论,提出如下政策建议。

(1)强调以市场为主体,科学引导特色小镇建设,做好后续财政安排

对于特色小镇的建设,不同的产业、不同的小镇类型,有不同的建设模式和适宜的融资方法。对此政府应该做好科学引导,以产业为核心引进龙头或者是有经验的企业,把握行业趋势,通过合作运营的模式实现项目共建、收益共享,提升小镇的综合管理水平。小镇始终是以产业为核心的,一两个以政府为主导的非典型小镇的成功并不能代表全部。应坚持以市场为主体,关注企业的资金来源,鼓励企业以多种方式融资。对于有龙头企业带头的小镇,要给予财政返还,并出台制度,合理安排该项资金的使用;对于缺少龙头企业的小镇,除财政返还外,还应引导企业与金融企业合作,以控股、参股、相互持股、PPP 等方式组建集团公司,吸引民间资本参与小镇建设,实现利益共享、风险共担。

(2)创新特色小镇建设和城镇化的融资机制,减弱城镇化过程中的土地财政依赖,逐步解决小镇的融资问题

设立"特色小镇专项债"。从债权类融资角度看,由于特色小镇尚处于初建阶段,又集合着各种新兴产业,小镇缺少抵押品,这时小镇的融资不能仅仅依靠政府投资或是银行贷款,建议向中央政府争取"特色小镇专项债"。并且由于小镇的发展模式、发展水平各不相同,政府应该结合小镇建设主体的特点,适当降低融资门槛,制定相应的差异化政策。由于一些入镇企业自身信用不足,政府还应当做好针对"专项债"的增信工作。

设立特色小镇专项基金。现在小镇都成立了相应的产业基金,而这些基金的出处还是小镇的建设方,并没有从根本上缓解小镇的融资困难问题。针对此问题,可以依托省级产业基金设立"特色小镇子基金",吸引保险投资基金、社保基金、养老基金等政策性基金注入,也可吸引央企、金融机构等参与,以股权方式投入,作为项目建设资本金来源。

分类引导多元融资。由于特色小镇运作模式各不相同,建议结合特色小镇资源条件和建设特点,分类探索多元的融资模式在不同小镇中的应用,并形成一类典型案例进行推广,今后类似小镇都可以用相同模式进行融资,这对浙江省乃

至全国的特色小镇建设都将有很大的帮助。特别是对小项目和入镇企业以轻资产为主的特色小镇,建议引入以下融资模式。①股权融资。由政府搭建信息交流平台,提供孵化器,串联各个特色小镇、各个政府职能部门,将入镇企业信息及风投、私募、券商等机构的信息进行整合,及时交换共享各方信息。整合从种子轮、天使投资、风险投资、财务投资,直至首次公开募股、定增、员工持股计划等全流程股权类投资信息,为企业提供从初创、发展期到成熟期各环节的融资机会。②基金投资。允许政府重点扶持行业、产业内的企业,在通过评估之后,申请政府类投资引导基金,直接获得投资。同时为了支持产业发展,提升政府基金引导职能,使政府资金起到杠杆效应,政府还可让利,以薄利或者微利吸引其他投资者投入资金,支持企业发展。③投贷联动。2016年4月,银监会、科技部、人民银行联合发布《关于支持银行业金融机构加大创新力度开展科创企业投贷联动试点的指导意见》,可见投贷联动是未来的趋势。可以允许云计算、信息技术、大数据、物联网、机器人等有特色的创新产业,以及一些成长性较好的高技术企业进行投贷联动的贷款申请,让放贷机构用投资收益抵补信贷风险,实现科创企业信贷风险和收益匹配。④收益权质押。一些具有较好市场前景的企业,如果已经获得专利技术或知识产权,可以进行创新,开发以专利权等受益权作为标的的金融产品进行融资。⑤资产证券化。拥有稳定现金流资产的企业可以引入券商、信托、融资租赁等机构,通过采用资产证券化等技术方法,盘活企业资产,提高企业资金使用率。

　　(3)推动建立跨部门的特色小镇建设协调机制

　　目前浙江特色小镇的建设已经实现三级联动,在融资方面,也要实现多部门合作,全力支持小镇融资建设。一方面,主管部门要积极地联系各地小镇分享成功经验,发现存在的问题,对接各部门协调解决问题;另一方面,上层部门,甚至是国家层面的金融机构要加强协调,为特色小镇基础设施项目的融资提供政策和资金支持。

参考文献

巴顿,1984.城市经济学[M].北京:商务印书馆.

巴曙松,王劲松,李琦,2011.从城镇化角度考察地方债务与融资模式[J].中国金融(19):20-22.

陈津,2016.探索存量与增量空间相融合的城市有机更新路径:以余杭梦想小镇为例[J].小城镇建设(3):62-66.

陈良宇,2000.努力推进城市基础设施投融资体制改革[J].宏观经济研究(12):

15-17.

陈雨露,2013.中国新型城镇化建设中的金融支持[J].经济研究(2):10-12.

高中卫,2013.旅游城镇特色的多维度塑造方法探讨——以新疆尉犁县罗布风情
　　小镇规划设计为例[J].城市建筑(12):1-2.

广东经济学会课题组,1998.小镇扮演大角色——虎门发展特色经济的初步探索
　　[J].经济学动态(11):36-39.

郭兴平,王一鸣,2011.基础设施投融资的国际比较及对中国县域城镇化的启示
　　[J].上海金融(5):22-27.

韩振华,王崧,2009.乡村文化旅游资源的开发与整合研究[J].改革与战略,
　　25(9):91-93.

和宏明,2003.论城市基础设施投融资改革[J].基建优化,24(2):1-5.

和宏明,2008.论政府在城市基础设施投融资中的多元化角色[J].科技创新导报
　　(34):77-82.

黄富雄,2000.小城镇 大战略 高级研讨会综述[J].小城镇建设(1):35-36.

贾康,孙洁,2009.公私伙伴关系模式的特征与职能[J].经济纵横(8):7-10.

李建华,2015.我国城市基础设施投融资研究文献综述[J].技术经济与管理研究
　　(9):114-117.

李金波,2011.地方政府融资的 PPP 模式:应用与分析[J].中国市场(16):37-41.

李里特,2002.农业产业化和结构调整的几个关键问题[J].科技导报(1):36-39.

李强,2015.用改革创新精神推进特色小镇建设[J].今日浙江(13):8-10.

李强,2016.特色小镇是浙江创新发展的战略选择[J].中国经贸导刊(4):10-13.

李亚卿,2014.以小微古村镇为产业集聚地的苏南新型城镇化战略研究[J].当代
　　经济管理,36(1):45-50.

刘亭,2015.建设"特色小镇"要力戒行政化[J].浙江经济(3):14.

路培,马世梁,刘贺明,等,2013.特色文化旅游小城镇建设探索——以武强周窝
　　音乐小镇概念性规划为例[J].生态经济(12):149-153.

马庆斌,刘诚,2012.中国城镇化融资的现状与政策创新[J].中国市场(16):
　　34-40.

毛腾飞,2006.中国城市基础设施建设投融资模式创新研究[D].长沙:中南
　　大学.

潘斌,2008.旅游小城镇规划研究——以云南勐仑旅游小城镇规划为例[D].上
　　海:同济大学.

阙立峻,2014.中心镇基础设施建设融资模式研究——以浙江省丽水市为例[J].
　　经营管理者(9):109-110.

沈朝阳,2015.基于产业定位打造特色小镇的探索——以龙坞茶镇规划建设为例[J].杭州:生活品质(12):31-32.

沈晔冰,2015.旅游在特色小镇建设中具有重要的地位与作用[J].政策瞭望(10):21-24.

盛世豪,张伟明,2016.特色小镇:一种产业空间组织形式[J].浙江社会科学(3):36-38.

梭罗,1997.中国的基础设施建设问题[J].经济研究(1):59-65.

汤铭潭,2001.基础设施在小城镇发展中的作用[J].小城镇建设(4):56-57.

万冬君,王要武,姚兵,2006.基础设施PPP融资模式及其在小城镇的应用研究[J].土木工程学报,39(6):115-119.

万平,姚从军,2009.社会主义新农村经济建设的两大法宝:特色产业与发展环境[J].生产力研究(20):39-41.

王关义,刘寿先,2010.产业集群社会资本治理:一个尝试性研究[C].全国比较管理研讨会.

王瑾,2013.特色产业小城镇的实现之路——猕猴桃小镇蒂普基的经验借鉴[J].四川建筑,33(4):7-8.

王祁东,2015.以产业链思维运作特色小镇[J].浙江经济(11):17.

王战和,许玲,2005.大城市周边地区小城镇发展研究[J].西北大学学报(自然科学版),35(2):227-230.

吴利学,魏后凯,刘长会,2009.中国产业集群发展现状及特征[J].经济研究参考(15):2-15.

肖林,张曼,2001.中国大型基础项目融资机制研究[J].上海综合经济(1):36-38.

徐曙娜,2000.政府与基础设施、基础产业[J].财经研究(3):54-59.

叶慧,2015.经济转型发展的战略选择——浙江规划建设特色小镇综述[J].今日浙江(13):14-17.

于新东,2015.关于浙江加快特色小镇培育发展的建议[J].党政视野(8):18-22.

云南省建设厅,云南省旅游局,2006.加快"旅游小镇"建设 走云南特色城镇化发展道路[J].小城镇建设(7):41-46.

张卫国,任燕燕,侯永建,2010.地方政府投资行为对经济长期增长的影响——来自中国经济转型的证据[J].中国工业经济(8):23-33.

浙江省经济贸易委员会,2003.浙江块状经济发展报告[M].北京:社会科学文献出版社.

中国建筑设计研究院小城镇发展研究中心,2006.大城市周边地区重点小城镇发展研究[J].小城镇建设(8):15-19.

周晨,2016.湖州特色小镇的"特"与"色"[J].中国工程咨询(7):15-17.

朱莹莹,2016.浙江省特色小镇建设的现状与对策研究——以嘉兴市为例[J].嘉
　　兴学院学报,28(2):49-56.

住房和城乡建设部,2016.2015年城乡建设统计公报[J].城乡建设(8):58-63.

卓勇良,2016.创新政府公共政策供给的重大举措——基于特色小镇规划建设的
　　理论分析[J].浙江社会科学(3):32-36.

附表 1 1997—2016 年中央有关 特色小镇的政策一览

时间	政策来源	具体内容
1997 年 9 月 12—18 日	中共十五大报告	提出"搞好小城镇规划建设"
1998 年 10 月 12—14 日	中共十五届三中全会	《中共中央关于农业和农村工作若干重大问题的决定》指出:"发展小城镇,是带动农村经济和社会发展的一个大战略"
2000 年 3 月 5—15 日	第九届全国人大第三次会议	政府工作报告指出:"统筹规划,采取有力的政策措施,加快小城镇发展"
2000 年 6 月 13 日	中发〔2000〕11 号文件	《中共中央国务院关于促进小城镇健康发展的若干意见》指出:"发展小城镇,是实现我国农村现代化的必由之路"
2000 年 10 月 9 日	中共十五届五中全会	《中共中央关于制定国民经济和社会发展第十个五年计划的建议》指出:"要不失时机地实施城镇化战略""发展小城镇是推进我国城镇化的重要途径""要把发展的重点放到县城和部分基础条件较好、发展潜力大的建制镇""发展小城镇的关键在于繁荣小城镇经济"
2002 年 11 月 8—14 日	中共十六大报告	提出"坚持大中小城市和小城镇协调发展"
2007 年 10 月 15—21 日	中共十七大报告	提出"走中国特色城镇化道路,按照统筹城乡、布局合理、节约土地、功能完善,以大带小的原则,促进大中小城市和小城镇协调发展"
2012 年 11 月 8 日	中共十八大报告	提出"既要重视中小城市和小城镇建设,也要重视培育新的城市群"

续表

时间	政策来源	具体内容
2013 年 11 月 15 日	《中共中央关于全面深化改革若干重大问题的决定》	提出"坚持走中国特色新型城镇化道路,推进以人为核心的城镇化,推动大中小城市和小城镇协调发展、产业和城镇融合发展"
2014 年 3 月 17 日	《国家新型城镇化规划(2014—2020 年)》	提出"以城市群为主体形态,推动大中小城市和小城镇协调发展"
2014 年 5 月 16 日	《国务院办公厅关于改善农村人居环境的指导意见》	提出"利用小城镇基础设施以及商业服务设施,整体带动提升农村人居环境质量"
2015 年 12 月 20—21 日	中央城市工作会议公报	提出"各城市要结合资源禀赋和区位优势,明确主导产业和特色产业,强化大中小城市和小城镇产业协作协同,逐步形成横向错位发展、纵向分工协作的发展格局"
2015 年 12 月 24 日	习近平总书记在中央财办报送的《浙江特色小镇调研报告》上做了重要批示	从浙江和其他一些地方的探索实践看,抓特色小镇、小城镇建设大有可为,对经济转型升级、新型城镇化建设,都具有重要意义
2016 年 2 月 6 日	《国务院关于深入推进新型城镇化建设的若干意见》(国发〔2016〕8 号)	提出"加快培育中小城市和特色小城镇"
2016 年 2 月 23 日	国务院深入推进新型城镇化建设电视电话会议	对特色小镇建设进行全面部署。习近平强调坚持以创新、协调、绿色、开放、共享的发展理念为引领,以人的城镇化为核心
2016 年 7 月	《住房城乡建设部、国家发展改革委、财政部关于开展特色小镇培育工作的通知》	到 2020 年,培育 1000 个左右特色小镇

附表 2 浙江省特色小镇政策文件一览

政策文件类型	文件名称	发布机构
主导性文件	《浙江省人民政府关于加快特色小镇规划建设的指导意见》(浙政发〔2015〕8 号)	浙江省人民政府
省级文件	《浙江省人民政府办公厅关于高质量加快推进特色小镇建设的通知》(浙政办发〔2016〕30 号)	浙江省政府办公厅
省级文件	《关于印发浙江省特色小镇规划建设工作联席会议成员名单及责任通知》(浙特镇办〔2015〕1 号)	浙江省特色小镇规划建设联席会议办公室
省级文件	《关于印发〈浙江省特色小镇创建导则〉的通知》(浙特镇办〔2015〕9 号)	浙江省特色小镇规划建设联席会议办公室
省级文件	《关于公布第一批省级特色小镇创建名单的通知》(浙特镇办〔2015〕2 号)	浙江省特色小镇规划建设联席会议办公室
省级文件	《关于开展第二批省级特色小镇创建名单申报工作的通知》(浙特镇办〔2015〕6 号)	浙江省特色小镇规划建设联席会议办公室
省级文件	《关于公布省级特色小镇第二批创建名单和培育名单的通知》(浙特镇办〔2016〕2 号)	浙江省特色小镇规划建设联席会议办公室
省级文件	《关于开展第一批省级特色小镇创建对象 2015 年度考核的通知》(浙特镇办〔2016〕5 号)	浙江省特色小镇规划建设联席会议办公室
省级文件	《关于省考核组开展第一批 37 个省级特色小镇创建对象 2015 年度实地考核的通知》(浙特镇办〔2016〕7 号)	浙江省特色小镇规划建设联席会议办公室
省级文件	《关于金融支持浙江省特色小镇建设的指导意见》(杭银发〔2015〕207 号)	人民银行杭州支行和浙江省特色小镇规划建设联席会议办公室
省级文件	《浙江省特色小镇建成旅游景区的指导意见》(浙旅政发〔2015〕216 号)	浙江省旅游局和浙江省发展和改革委员会

续表

政策文件类型	文件名称	发布机构
省级文件	《关于加快推进特色小镇建设规划编制工作的指导意见》(浙建规〔2015〕83号)	浙江省住建厅
省级文件	《关于推进电子商务特色小镇创建工作的通知》(浙电商办〔2015〕6号)	浙江省电子商务工作领导小组办公室
省级文件	《浙江省工商局关于发挥职能作用支持省级特色小镇加快建设的若干意见》(浙工商企〔2015〕8号)	浙江省工商行政管理局
省级文件	《关于推进森林特色小镇和森林人家建设的指导意见》(浙林产〔2015〕66号)	浙江省林业厅
省级文件	《浙江省科学技术厅关于发挥科技创新作用推进浙江特色小镇建设的意见》(浙科发高〔2016〕90号)	浙江省科技厅

附表 3 浙江省政企合作融资型特色小镇一览

小镇名称	产业定位	融资主体
江干丁兰智慧小镇	信息经济	杭州东部软件城发展有限公司(由东部软件园、区政府及丁兰街道出资)
萧山信息港小镇	信息经济	萧山经济技术开发区国有资产经营有限公司、浙江杭州湾信息港高新建设开发有限公司、杭州萧山创客新天地投资管理有限公司、微医集团、浙江数联云实业有限公司、无线生活信息科技有限公司
桐乡乌镇互联网小镇	信息经济	乌镇国际旅游区投资建设公司、乌镇旅游股份有限公司、杭州海康威视数字技术股份有限公司、乌镇互联网医院管理有限公司
上虞 e 游小镇	信息经济	上虞经济开发区投资开发有限公司、浙江惠盈置业有限公司、浙大网新科技园发展有限公司、浙江新华定制信息服务股份有限公司、浙江世纪华通集团股份有限公司
西湖艺创小镇	时尚产业	中国美术学院资产经营有限公司、浙江乐典文化有限责任公司、杭州之江创意园开发有限公司
余杭艺尚小镇	时尚产业	杭州市城市建设集团有限公司、杭州凯华投资有限公司
普陀沈家门渔港小镇	时尚产业	浙江省海博投资发展有限公司、上海三盛宏业投资集团、舟山市普陀建设投资有限公司
平阳宠物小镇	时尚产业	水头投资有限公司、亚太中金资产投资公司、温州佩蒂动物营养科技有限公司、温州源飞宠物玩具制品有限公司
吴兴美妆小镇	时尚产业	湖州吴兴上强工贸有限公司、化妆品产业(湖州)投资发展有限公司

续表

小镇名称	产业定位	融资主体
桐乡毛衫时尚小镇	时尚产业	桐乡市濮院毛衫发展有限公司、桐乡市濮院旅游有限公司
建德航空小镇	旅游产业	杭州寿昌航空乐园发展有限公司、建德千岛湖通用机场公司
杭州湾新区滨海欢乐假期小镇	旅游产业	宁波华强文化科技开发有限公司、中美假期投资有限公司、宁波杭州湾新区开发建设有限公司
安吉天使小镇	旅游产业	浙江银润休闲旅游开发有限公司、安吉县城市建设投资集团有限公司
嘉善巧克力甜蜜小镇	旅游产业	嘉善大云文化生态旅游发展有限公司、康辉集团、麦斯乐集团、梦东方文化投资有限公司、深圳文旅投资有限公司等主体联合投资建设
柯桥酷玩小镇	旅游产业	绍兴金沙旅游发展股份有限公司、绍兴县柯岩建设投资有限公司
杭州湾花田小镇	旅游产业	浙江省发澜海实业有限公司、上虞杭州湾滨海新城投资开发建设有限公司
开化根缘小镇	旅游产业	开化根缘建设发展有限公司、衢州醉根艺品有限公司
仙居神仙氧吧小镇	旅游产业	仙居县神仙居旅游度假区投资发展有限公司、上海君杰房地产开发有限公司、远洲房地产开发有限公司、江西登云投资有限公司、重庆时间汇投资发展有限公司、美国富邦公司
天台山和合小镇	旅游产业	天台山旅游集团公司、民丰文化产业有限公司、天皇药业有限公司
莲都古堰画乡小镇	旅游产业	丽水古堰画乡开发建设有限公司、丽水金龙房地产开发有限公司、丽水市艺境置业有限公司、丽水市合力旅游开发有限公司

小镇名称	产业定位	融资主体
湖州丝绸小镇	历史经典产业	西山漾旅游发展有限公司、荻港古村旅游建设公司、荻港鱼庄生态有限公司
越城黄酒小镇	历史经典产业	中国黄酒集团、绍兴市交投集团
东阳木雕小镇	历史经典产业	东阳市长征投资开发有限公司、东阳市天旃檀香工艺品有限公司
庆元香菇小镇	历史经典产业	庆元香菇市场有限公司、浙江天民菌菇有限公司
拱墅运河财富小镇	金融产业	杭州大宸发展投资有限公司、杭州市运河综合保护开发建设集团、杭州英蓝置业有限公司、绿地控股集团房地产开发公司、杭州远洋运河商务区开发有限公司
梅山海洋金融小镇	金融产业	梅山岛开发投资公司、信达资本管理有限公司
鄞州四明金融小镇	金融产业	鄞州区城市建设投资公司、宁波圣嘉置业有限公司、曼哈顿资源有限公司
定海远洋渔业小镇	健康产业	舟山国家远洋渔业基地建设投资有限公司、舟山西码头海洋生物产业园开发有限公司、中国水产舟山海洋渔业公司、浙江兴业集团、浙江大洋兴和食品有限公司、舟山日网科技有限公司
嘉兴马家浜健康食品小镇	健康产业	嘉兴经济技术开发区投资发展有限公司、雅培营养品有限公司、玛氏食品有限公司、嘉兴荷美尔食品有限公司、莫林食品有限公司、米开朗食品有限公司
余杭梦想小镇	高端装备制造	杭州余杭良渚组团投资有限公司、杭州亿脑创新工场有限公司、杭州余杭交通集团有限公司
桐庐智慧安防小镇	高端装备制造	桐庐县富春科技建设投资有限公司、中电海康集团有限公司
余姚模客小镇	高端装备制造	余姚世模投资有限公司、余姚工业园区开发建设投资公司

续表

小镇名称	产业定位	融资主体
宁海智能汽车小镇	高端装备制造	宁海宁东新城开发投资有限公司、宁海知豆电动汽车有限公司、宁波模具产业园区投资经营有限公司
秀洲光伏小镇	高端装备制造	嘉兴秀湖光伏科创园管理有限公司、奥瑟亚环球光伏电力投资有限公司、嘉兴盛泰光伏能源有限公司
金华新能源汽车小镇	高端装备制造	金华融盛投资发展集团有限公司、金华华科汽车工业公司

附　录　本书使用的数据

附表 4.1　我国省会城市及直辖市 2000—2013 年地方政府土地财政依赖度、
城镇化率、服务化率、GDP 增长率以及财政压力值

（单位：%）

城市	年份	土地财政依赖度	城镇化率	服务化率	GDP 增长率	财政压力值
北京	2000	20.74	68.51	58.31	11.00	77.88
	2001	26.36	69.72	58.95	11.00	81.23
	2002	25.42	71.01	61.35	10.20	84.98
	2003	55.44	72.56	61.41	10.50	80.64
	2004	84.80	73.80	60.00	13.20	82.88
	2005	10.77	74.78	67.74	11.10	86.86
	2006	17.47	75.75	70.01	12.00	86.14
	2007	25.12	76.76	71.35	12.30	90.49
	2008	37.37	77.31	73.25	9.00	93.77
	2009	34.19	78.13	75.89	10.10	87.38
	2010	56.03	78.96	74.98	10.20	86.63
	2011	51.74	79.55	75.75	8.10	92.64
	2012	19.80	80.13	76.36	7.70	89.95
	2013	49.76	80.91	76.85	7.70	87.79
天津	2000	5.83	58.31	46.02	10.80	71.43
	2001	10.52	59.26	46.89	12.00	69.73
	2002	15.53	59.48	47.46	12.50	64.79
	2003	102.44	59.77	45.45	14.50	65.54
	2004	170.47	60.07	43.30	15.70	65.64

233

续表

城市	年份	土地财政依赖度	城镇化率	服务化率	GDP 增长率	财政压力值
天津	2005	38.70	59.96	41.05	14.50	75.06
	2006	39.94	60.30	39.95	14.40	76.79
	2007	69.55	60.41	40.33	15.10	80.14
	2008	58.26	60.72	37.94	16.50	77.86
	2009	69.58	61.20	43.45	16.50	73.11
	2010	79.80	61.40	45.25	17.40	77.63
	2011	52.73	61.75	46.05	16.40	81.01
	2012	30.06	62.14	46.95	13.80	82.12
	2013	38.37	62.97	48.05	12.50	82.92
石家庄	2000	6.45	24.00	38.95	10.50	76.87
	2001	22.03	25.81	39.60	9.10	74.65
	2002	76.30	29.52	39.72	9.90	65.01
	2003	69.88	36.39	38.30	12.50	61.50
	2004	66.45	38.57	37.23	14.10	60.41
	2005	32.48	38.26	36.61	13.60	60.91
	2006	33.13	39.04	37.98	13.20	60.33
	2007	56.34	40.94	38.45	13.20	58.76
	2008	35.83	41.21	38.92	11.00	56.78
	2009	63.01	41.38	40.17	11.10	52.28
	2010	79.46	41.43	40.49	12.20	53.62
	2011	58.78	41.47	40.07	12.00	54.82
	2012	64.58	41.28	40.16	10.40	58.67
	2013	57.97		43.00	9.50	60.26
太原	2000	6.73	60.97	47.01	9.26	92.77
	2001	14.81	62.39	47.06	10.50	81.23
	2002	41.24	64.25	46.56	13.50	72.76
	2003	48.94	65.51	44.97	15.50	77.97

城市	年份	土地财政依赖度	城镇化率	服务化率	GDP增长率	财政压力值
太原	2004	30.93	66.37	41.96	15.70	74.56
	2005	27.24	69.69	49.67	14.70	79.28
	2006	28.04	71.96	51.16	11.50	78.94
	2007	31.28	72.16	47.49	16.40	56.75
	2008	41.08	72.36	48.09	8.10	76.49
	2009	51.13	72.22	54.27	2.60	73.50
	2010	45.85	71.96	53.34	11.00	73.02
	2011	44.26	71.70	52.74	9.90	73.01
	2012	30.52	71.53	53.64	10.50	77.73
	2013	74.20	71.88	54.79	8.10	77.51
呼和浩特	2000	1.10	44.42	42.22	14.40	86.10
	2001	8.27	45.28	42.76	19.90	51.00
	2002	14.21	45.44	47.68	31.40	46.00
	2003	7.90	45.73	47.81	24.90	48.97
	2004	33.97	45.60	56.66	22.90	54.08
	2005	98.18	45.95	56.30	28.60	58.94
	2006	83.83	46.40	55.36	18.00	60.29
	2007	89.59	46.71	56.63	18.10	57.67
	2008	46.39	47.06	56.16	13.60	61.76
	2009	33.99	47.50	59.16	15.90	64.66
	2010	47.24	47.96	58.71	13.00	71.50
	2011	42.72	48.15	58.69	11.30	59.23
	2012	52.50	49.65	58.68	11.00	64.89
	2013	79.92	49.88	63.05	10.00	62.32
沈阳	2000	2.34	63.25	49.30	10.30	70.70
	2001	15.52	63.21	50.03	10.10	76.69
	2002	17.90	63.62	50.09	13.10	76.97

235

续表

城市	年份	土地财政依赖度	城镇化率	服务化率	GDP 增长率	财政压力值
沈阳	2003	73.81	63.94	47.15	14.20	58.03
	2004	92.11	64.31	44.69	15.50	63.79
	2005	97.85	64.47	50.45	16.00	63.65
	2006	48.90	64.62	48.73	16.50	65.35
	2007	166.70	64.21	47.35	17.70	67.95
	2008	87.40	64.54	45.14	16.30	71.55
	2009	89.97	64.77	44.68	14.10	67.29
	2010	62.95	65.21	48.28	14.10	90.08
	2011	144.80	65.62	44.10	12.30	97.00
	2012	63.17	66.08	43.93	10.00	93.34
	2013	65.79		43.50	8.80	90.83
长春	2000	16.72	41.14	41.03	13.10	73.28
	2001	31.93	41.61	42.22	13.40	65.28
	2002	37.95	42.14	43.52	13.10	53.98
	2003	56.56	43.59	41.14	14.20	53.56
	2004	62.68	43.90	40.72	13.50	50.31
	2005	63.13	43.89	42.30	8.10	50.17
	2006	103.37	44.05	41.78	15.10	48.81
	2007	81.43	44.16	40.20	17.70	51.38
	2008	53.90	44.10	40.29	16.50	49.53
	2009	72.04	44.10	41.49	15.00	46.62
	2010	155.73	44.10	40.74	15.30	47.23
	2011	128.84	45.29	40.47	13.30	55.65
	2012	70.69	45.30	41.46	12.00	61.35
	2013	75.83		40.22	8.30	36.54
哈尔滨	2000	4.91	46.54	48.47	12.40	97.10
	2001	3.27	46.85	48.29	11.20	69.85

城市	年份	土地财政依赖度	城镇化率	服务化率	GDP增长率	财政压力值
哈尔滨	2002	13.08	47.37	48.62	11.50	64.01
	2003	17.10	47.63	47.63	13.50	62.82
	2004	12.99	48.07	45.34	14.70	63.58
	2005	18.82	48.16	48.32	14.10	59.57
	2006	17.39	48.27	48.28	13.50	60.76
	2007	37.77	48.30	48.70	13.50	56.82
	2008	34.63	48.18	48.83	13.20	54.44
	2009	59.43	48.11	49.53	13.00	55.50
	2010	90.15	47.96	50.97	14.00	52.57
	2011	125.57	47.97	50.64	12.30	53.90
	2012	41.48	48.21	52.84	10.00	55.12
	2013	28.00		53.40	8.90	56.68
上海	2000	7.00	74.62	50.15	10.80	79.95
	2001	13.43	75.28	50.69	10.20	85.39
	2002	17.82	76.36	50.95	10.90	82.00
	2003	32.72	77.61	48.43	11.80	81.56
	2004	43.96	81.14	47.86	13.60	80.23
	2005	27.18	84.46	50.18	11.10	86.36
	2006	23.67	85.76	50.55	12.00	88.23
	2007	18.09	86.81	51.86	13.30	95.49
	2008	23.94	85.71	53.66	9.70	91.01
	2009	38.41	88.25	59.37	8.20	84.97
	2010	30.63	88.86	57.01	9.90	87.00
	2011	27.64	89.32	57.88	8.20	87.61
	2012	16.07	89.76	60.00	7.50	89.48
	2013	55.04	90.00	62.24	7.70	90.75

续表

城市	年份	土地财政依赖度	城镇化率	服务化率	GDP 增长率	财政压力值
南京	2000	16.42	56.80	46.27	12.20	94.76
	2001	21.36	58.56	46.61	11.20	95.70
	2002	57.88	60.25	47.88	12.50	86.84
	2003	148.17	68.45	44.84	15.10	87.89
	2004	44.58	71.64	43.72	17.30	88.63
	2005	46.78	73.06	46.33	15.20	91.24
	2006	52.29	77.63	47.51	15.10	93.90
	2007	79.06	77.99	48.37	15.60	96.28
	2008	47.24	82.83	49.99	12.10	95.53
	2009	58.46	83.17	50.24	11.50	94.20
	2010	100.61	85.73	50.70	13.10	95.69
	2011	83.27	85.94	52.41	12.00	95.32
	2012	56.74	90.07	53.41	11.70	95.24
	2013	99.95		54.37	11.00	97.69
杭州	2000	36.33	36.52	41.09	11.80	94.22
	2001	56.84	37.79	42.28	12.20	99.38
	2002	72.39	39.58	42.98	13.20	83.90
	2003	200.38	41.02	42.26	15.00	91.93
	2004	105.97	43.34	41.47	15.00	100.93
	2005	86.81	45.05	44.09	13.00	105.09
	2006	82.95	46.49	44.87	14.30	109.40
	2007	132.43	48.15	45.74	14.60	116.65
	2008	58.58	50.29	46.29	11.00	108.50
	2009	205.45	51.87	48.53	10.00	106.20
	2010	152.71	53.00	48.66	12.00	108.88
	2011	92.91	54.05	49.25	10.10	105.04
	2012	65.64	54.83	50.25	9.00	109.37
	2013	140.29	55.70	52.93	8.00	110.45

城市	年份	土地财政依赖度	城镇化率	服务化率	GDP 增长率	财政压力值
合肥	2000	4.71	32.64	41.23	10.30	94.57
	2001	25.95	33.26	40.99	11.30	89.32
	2002	82.68	34.38	40.23	13.10	80.90
	2003	169.21	35.05	41.58	13.30	77.26
	2004	201.45	37.98	40.44	16.20	78.74
	2005	154.69	39.96	49.02	16.90	78.51
	2006	108.00	41.75	46.70	17.50	77.18
	2007	42.41	42.53	45.19	18.10	77.08
	2008	57.14	43.14	43.53	17.20	99.92
	2009	89.02	43.48	42.26	17.30	73.58
	2010	72.32	43.60	41.16	17.50	81.65
	2011	69.32	36.80	39.22	15.40	71.28
	2012	78.58	37.19	39.17	13.60	68.08
	2013	71.36	37.63	39.42	11.50	121.78
福州	2000	10.96	28.04	40.01	10.20	111.52
	2001	8.99	29.16	40.58	9.40	108.00
	2002	41.24	29.77	40.31	10.70	103.00
	2003	96.23	33.96	38.65	13.50	98.31
	2004	94.79	35.17	38.18	13.00	98.05
	2005	88.78	36.10	41.22	9.80	106.45
	2006	115.29	38.19	41.38	12.20	105.05
	2007	102.64	38.87	42.43	15.10	102.43
	2008	31.69	41.34	42.26	13.00	94.76
	2009	80.37	41.43	42.97	12.80	95.21
	2010	147.70	41.34	46.26	14.00	94.44
	2011	119.05	41.24	44.77	13.00	88.09
	2012	78.87	41.22	45.84	12.10	93.01
	2013	66.74		45.79	11.50	128.96

续表

城市	年份	土地财政依赖度	城镇化率	服务化率	GDP 增长率	财政压力值
南昌	2000	4.49	40.66	42.20	10.80	95.84
	2001	79.30	41.65	42.78	11.56	95.00
	2002	146.32	42.51	41.92	13.80	74.14
	2003	57.06	43.36	41.18	15.50	79.33
	2004	84.29	45.69	39.85	16.50	80.85
	2005	98.38	46.15	39.91	16.80	76.89
	2006	78.97	47.05	39.14	15.20	72.94
	2007	86.80	47.09	40.06	15.50	74.64
	2008	111.93	47.13	38.49	15.00	68.94
	2009	91.82	47.08	38.59	13.10	63.76
	2010	102.25	46.60	37.81	14.00	63.12
	2011	105.24	46.29	36.25	13.00	62.47
	2012	66.86	46.13	37.20	12.50	69.47
	2013	88.11	46.25	39.80	10.70	69.87
济南	2000	2.57	41.43	46.06	12.10	89.67
	2001	7.27	44.13	49.36	12.10	93.20
	2002	21.34	49.71	49.98	13.20	85.55
	2003	61.69	51.01	48.49	14.50	86.03
	2004	93.06	52.19	46.81	15.60	87.71
	2005	50.54	55.28	46.90	15.60	87.98
	2006	73.20	56.12	47.51	15.70	87.39
	2007	68.22	69.91	48.58	15.70	88.55
	2008	62.60	71.39	50.10	13.00	84.05
	2009	77.93	71.32	51.04	12.20	80.87
	2010	116.32	71.35	52.63	12.70	79.02
	2011	95.98	71.45	53.09	10.60	81.99

城市	年份	土地财政依赖度	城镇化率	服务化率	GDP增长率	财政压力值
济南	2012	96.03	71.59	54.46	9.50	81.78
	2013	70.73		55.30	9.60	92.30
郑州	2000	13.27	35.14	45.08	11.00	89.00
	2001	13.72	36.86	45.80	10.70	87.05
	2002	18.52	37.52	46.07	10.90	75.79
	2003	19.64	37.50	43.52	14.70	78.25
	2004	31.79	38.94	41.89	15.50	96.79
	2005	28.87	41.83	42.73	15.80	99.64
	2006	28.59	42.33	42.66	15.70	93.80
	2007	25.47	42.13	42.30	15.60	91.21
	2008	49.60	41.94	41.60	12.20	89.94
	2009	40.11	42.02	42.29	12.00	85.52
	2010	41.24	42.08	40.14	13.00	90.63
	2011	51.06	42.15	38.32	13.20	88.66
	2012	54.56	42.25	39.59	12.00	86.58
	2013	68.34		41.67	10.00	88.65
武汉	2000		58.88	49.05	12.00	78.36
	2001	7.51	59.20	49.55	12.00	76.55
	2002	30.99	59.80	49.77	11.80	58.31
	2003	112.70	60.80	49.71	12.10	68.29
	2004	85.89	61.67	48.57	14.50	72.94
	2005	62.18	62.78	49.57	14.70	78.48
	2006	84.09	63.38	49.42	14.80	69.28
	2007	99.50	63.83	50.05	15.60	72.15
	2008	65.74	64.48	50.19	15.10	73.39
	2009	57.43	64.75	49.76	13.70	62.76
	2010	93.11	64.69	51.09	14.70	66.86

续表

城市	年份	土地财政依赖度	城镇化率	服务化率	GDP 增长率	财政压力值
武汉	2011	85.72	66.07	48.90	12.50	88.00
	2012	44.88	67.52	47.89	11.40	93.57
	2013	52.51	67.59	47.72	10.00	88.67
长沙	2000	7.17	31.97	47.82	11.30	90.34
	2001	33.92	32.68	48.43	12.10	85.00
	2002	90.36	33.44	48.58	12.70	81.00
	2003	102.62	34.20	48.62	14.00	76.38
	2004	114.57	34.82	50.85	14.80	80.21
	2005	50.29	35.12	49.48	14.90	81.22
	2006	41.42	35.76	49.86	14.80	79.45
	2007	70.28	36.17	48.70	16.00	80.02
	2008	61.09	36.34	42.03	15.10	78.90
	2009	18.66	36.29	44.29	14.70	78.43
	2010	57.48	36.56	41.96	15.50	77.92
	2011	80.24	36.83	39.58	14.50	81.74
	2012	58.44	37.16	39.61	13.00	78.55
	2013	90.75	37.70	40.75	12.00	77.43
广州	2000	19.36	62.24	52.35	13.60	86.79
	2001	21.50	63.30	54.10	12.70	84.13
	2002	22.28	69.70	55.59	13.20	75.27
	2003	14.64	85.99	53.59	15.00	74.24
	2004	4.31	88.35	53.03	15.00	74.17
	2005	20.07	89.03	56.86	13.00	84.68
	2006	37.06	89.57	57.73	14.70	84.27
	2007	46.35	89.67	57.76	14.50	83.98
	2008	19.38	89.80	59.02	12.30	87.17
	2009	78.49	89.85	60.85	11.50	88.95

城市	年份	土地财政依赖度	城镇化率	服务化率	GDP增长率	财政压力值
广州	2010	41.74	89.82	60.96	13.00	89.29
	2011	33.93	89.90	61.51	11.00	82.92
	2012	27.02	90.48	63.59	10.50	82.05
	2013	66.81	82.50	64.62	11.60	80.10
南宁	2000	35.95		53.41	9.30	81.66
	2001	31.42	19.42	54.03	9.80	94.55
	2002	49.40	25.45	57.08	11.50	76.35
	2003	45.18	26.18	52.94	10.70	69.04
	2004	132.51	26.47	51.14	13.20	69.63
	2005	35.09	26.89	51.49	13.20	61.45
	2006	99.02	27.05	50.32	15.10	60.83
	2007	119.15	27.19	50.52	17.10	59.45
	2008	12.41	27.32	49.91	14.50	56.22
	2009	45.50	27.35	50.50	15.00	59.18
	2010	117.32	27.95	50.16	14.20	59.74
	2011	71.56	27.12	47.88	13.50	61.62
	2012	50.40	27.00	48.75	12.30	61.01
	2013	39.57	26.59	47.89	10.30	61.25
海口	2000		43.70	71.87	10.20	122.39
	2001	23.54	51.84	70.27	10.40	121.66
	2002	23.06	53.29	57.90	10.30	97.76
	2003	31.80	54.63	55.56	13.60	53.19
	2004	32.95	57.24	58.97	13.20	59.90
	2005	109.78	58.72	64.75	12.10	59.29
	2006	16.76	59.51	63.43	12.90	65.53
	2007	13.01	59.82	64.53	12.60	56.00
	2008	88.66	60.41	67.35	10.40	66.32

续表

城市	年份	土地财政依赖度	城镇化率	服务化率	GDP 增长率	财政压力值
海口	2009	116.84	60.40	68.57	10.80	57.71
	2010	33.76	60.29	69.78	17.50	63.76
	2011	27.74	60.08	68.28	12.30	61.28
	2012	41.47	60.10	68.39	9.40	64.27
	2013	39.47	59.90	69.53	9.90	68.37
重庆	2000	9.01	23.20	40.88	8.50	46.49
	2001	7.92	24.37	41.71	9.00	44.67
	2002	19.30	25.64	42.05	10.30	41.22
	2003	55.38	26.90	41.38	11.40	47.30
	2004	76.91	28.14	39.50	12.20	50.70
	2005	62.77	29.21	43.90	11.50	52.70
	2006	76.62	30.11	44.68	12.20	53.46
	2007	81.08	31.14	42.51	15.60	57.61
	2008	40.48	31.96	40.97	14.30	56.85
	2009	57.00	33.18	37.90	14.90	51.73
	2010	71.97	33.51	36.13	17.10	57.56
	2011	64.53	38.37	36.20	16.40	57.91
	2012	69.70	39.40	37.93	13.60	55.93
	2013	101.76	40.02	41.53	12.30	55.33
成都	2000	7.30	34.13	45.65	10.80	73.85
	2001	10.08	34.79	45.74	13.10	71.69
	2002	24.77	35.56	45.99	13.10	73.13
	2003	130.15	36.98	45.89	13.00	65.82
	2004	176.37	42.80	45.56	13.60	69.05
	2005	146.88	50.27	49.81	13.50	72.45
	2006	163.42	51.79	48.86	13.80	74.04
	2007	221.99	53.54	47.68	15.30	80.43

城市	年份	土地财政依赖度	城镇化率	服务化率	GDP 增长率	财政压力值
成都	2008	97.48	54.41	46.51	12.10	70.04
	2009	112.13	55.23	49.59	14.70	64.46
	2010	101.54	56.65	50.17	15.00	67.78
	2011	71.18	60.66	49.36	15.20	79.35
	2012	78.96	61.08	49.15	13.00	79.37
	2013	57.10	61.34	50.22	10.20	77.28
贵阳	2000	6.75	45.96	0.15	10.60	91.45
	2001	7.94	45.87	41.28	11.20	77.33
	2002	8.83	46.30	41.18	11.30	71.98
	2003	14.89	47.40	42.05	13.00	80.30
	2004	20.29	48.23	40.26	13.70	82.93
	2005	24.72	48.65	45.92	14.60	86.10
	2006	61.34	49.51	45.32	14.70	69.79
	2007	60.01	49.76	46.84	15.80	71.33
	2008	53.28	49.85	47.21	13.10	62.54
	2009	30.92	49.78	49.89	13.30	62.04
	2010	73.25	49.65	54.18	14.30	66.69
	2011	61.28	49.53	53.05	17.10	67.45
	2012	75.37	49.51	53.56	15.90	69.04
	2013		50.60	55.40	16.00	68.64
昆明	2000	1.88	39.33	44.72	5.81	89.20
	2001	3.05	39.96	45.52	7.47	84.98
	2002	5.93	40.52	46.25	9.20	80.77
	2003	63.11	40.99	46.34	10.30	76.56
	2004	69.09	41.37	44.78	12.00	79.23
	2005	35.47	41.54	47.23	11.10	78.96
	2006	50.87	42.49	46.52	12.30	77.59

续表

城市	年份	土地财政依赖度	城镇化率	服务化率	GDP 增长率	财政压力值
昆明	2007	22.09	41.56	47.25	12.50	80.84
	2008	58.61	42.07	47.35	12.00	74.95
	2009	45.18	42.00	48.10	12.80	74.47
	2010	97.70	42.00	49.01	14.00	73.30
	2011	227.47	42.01	48.40	14.00	71.92
	2012	115.56	54.51	48.93	14.10	72.00
	2013	89.53		49.86	12.80	70.45
西安	2000	8.18	41.54	45.43	13.10	94.93
	2001	18.95	42.11	48.91	13.10	94.91
	2002	20.24	42.71	49.03	13.30	94.15
	2003	45.15	43.66	47.24	13.50	89.54
	2004	121.51	43.93	49.29	13.50	89.45
	2005	55.28	44.91	52.47	13.10	74.68
	2006	101.37	45.66	52.69	13.00	72.04
	2007	111.58	46.30	51.32	14.60	70.03
	2008	70.86	47.11	50.18	15.60	64.15
	2009	59.63	47.42	53.59	14.50	65.52
	2010	54.14	47.86	52.19	14.50	65.08
	2011	25.81	49.42	51.62	13.80	64.41
	2012	69.66	50.05	52.22	11.80	66.44
	2013	43.69	50.79	52.18	11.10	68.78
兰州	2000	4.24	54.95	46.45	12.41	94.55
	2001	4.59	55.91	43.17	12.71	82.00
	2002	9.39	57.39	43.35	10.40	69.00
	2003	18.07	57.68	41.72	11.00	56.23
	2004	1.51	58.51	41.43	11.40	61.00
	2005	11.88	59.00	52.01	12.00	57.60

城市	年份	土地财政依赖度	城镇化率	服务化率	GDP增长率	财政压力值
兰州	2006	38.22	59.14	50.96	12.01	52.50
	2007	33.33	60.26	50.57	12.50	55.97
	2008	46.47	62.56	49.62	11.51	51.04
	2009	54.50	62.66	49.87	10.80	47.60
	2010	91.44	62.72	48.84	12.80	49.52
	2011	57.18	62.69	48.78	15.00	49.29
	2012	27.62	62.98	48.89	13.40	51.20
	2013	58.16	62.66	51.05	13.40	51.39
西宁	2000	4.70	38.71	47.44	10.00	91.17
	2001	13.25	39.03	49.69	12.50	47.08
	2002	29.07	39.42	49.98	12.90	41.31
	2003	14.71	39.75	46.69	13.70	44.05
	2004	18.34	40.10	43.84	14.80	42.49
	2005	24.34	40.05	41.20	14.80	2.56
	2006	7.36	40.30	46.65	14.50	41.28
	2007	6.32	40.79	43.79	15.30	40.87
	2008	8.80	40.94	41.59	14.70	34.86
	2009	155.72	40.81	46.41	13.30	33.07
	2010	120.91	41.32	45.05	18.20	31.70
	2011	103.22	41.28	43.08	15.00	30.16
	2012	54.65	41.22	44.70	15.00	29.55
	2013	83.17	44.26	43.70	14.10	32.33
银川	2000	20.84	44.63	45.10	9.50	96.82
	2001	3.42	45.38	46.20	9.50	81.53
	2002	2.99	52.63	44.36	11.40	61.00
	2003	98.89	59.55	42.91	14.20	64.31
	2004	89.52	60.88	41.45	14.90	63.34

续表

城市	年份	土地财政依赖度	城镇化率	服务化率	GDP 增长率	财政压力值
银川	2005	55.11	61.08	48.32	13.00	65.61
	2006	50.16	63.32	46.99	13.40	65.36
	2007	129.68	63.79	45.19	13.80	57.02
	2008	59.84	64.45	48.77	13.30	56.80
	2009	117.07	65.08	44.98	13.00	60.77
	2010	63.23	65.98	44.89	14.80	53.40
	2011	71.33	67.10	40.96	12.00	65.62
	2012	39.59	66.68	40.75	12.50	60.58
	2013	75.69		41.62	10.00	61.03
乌鲁木齐	2000	7.06	81.37	62.02	10.89	127.08
	2001	11.42	80.98	62.36	9.40	125.92
	2002	10.83	80.25	65.25	10.30	113.23
	2003	21.66	78.74	63.00	12.70	117.04
	2004	21.36	78.11	61.72	13.10	117.91
	2005	17.20	77.98	58.56	13.60	123.27
	2006	33.54	78.65	60.63	14.00	115.14
	2007	45.61	77.32	61.00	15.20	107.48
	2008	24.84	73.92	56.57	15.00	101.64
	2009	22.69	73.34	57.26	9.50	84.81
	2010	28.92	73.78	53.01	12.20	92.72
	2011	18.64	73.51	52.76	17.10	96.27
	2012	16.12	72.17	56.17	17.30	85.25
	2013	29.18	72.46	60.13	15.00	85.48

注:1.指标计算公式如下:地方政府土地财政依赖度=土地出让收入/地方财政一般预算收入×100%;城镇化率=非农人口/户籍总人口×100%;服务化率=第三产业产值/GDP×100%;财政压力值=地方财政预算收入/地方财政预算支出×100%。

2.2013年开始,很多城市人口统计中不再区分"农业人口"和"非农人口",因此这些城市的城镇化率缺失。

3.部分城市2000年的土地出让收入数据缺失,无法估算土地财政依赖度。

附表 4.2　我国 30 个省区市土地财政依赖度

（单位：%）

地区 （简称）	2000 年	2001 年	2002 年	2003 年	2004 年	2005 年	2006 年	2007 年	2008 年	2009 年	2010 年	2011 年	2012 年
京	20.74	26.37	25.42	55.44	84.80	10.77	17.47	25.13	37.37	34.19	56.03	51.74	19.80
津	5.83	10.52	15.53	102.44	170.47	38.71	39.94	69.55	58.26	69.58	79.80	52.73	30.06
冀	8.58	21.07	40.26	45.13	47.08	32.18	37.67	48.78	34.04	53.08	80.81	62.70	54.41
晋	2.54	4.03	17.91	24.70	18.66	13.30	9.98	17.88	17.44	21.07	27.43	30.03	28.26
蒙	2.45	4.87	8.83	9.53	13.79	18.61	16.75	33.15	18.87	24.44	45.61	45.01	35.74
辽	7.17	19.22	25.98	40.62	51.63	39.97	46.24	65.41	45.76	56.28	95.60	118.42	57.19
吉	5.73	11.44	14.69	22.20	24.78	28.24	40.66	38.50	26.14	30.49	67.43	63.35	43.09
黑	2.42	2.33	6.51	15.54	16.02	13.60	14.75	21.62	17.02	29.36	47.17	57.16	30.18
沪	7.18	13.67	18.09	33.20	44.49	27.50	24.03	18.34	24.18	38.41	30.63	27.64	16.07
苏	18.24	37.76	70.62	120.19	68.79	76.16	72.26	67.13	48.27	81.21	93.68	89.00	66.36
浙	34.36	48.57	81.55	165.68	108.48	75.60	77.82	101.82	53.48	118.84	139.55	96.30	58.98
皖	5.84	13.89	33.75	79.32	83.89	65.16	73.29	90.96	63.17	71.17	95.09	83.81	70.42
闽	14.00	15.78	36.50	54.66	61.26	55.52	96.05	101.78	27.95	70.77	98.87	74.74	58.17
赣	3.39	18.16	42.69	52.29	61.76	59.69	57.54	48.46	31.41	50.44	77.46	72.51	56.14
鲁	4.93	6.57	29.22	56.07	54.19	46.46	51.77	50.58	44.25	72.25	92.54	74.40	64.03
豫	5.18	6.88	12.07	22.91	28.30	23.83	30.26	27.71	33.26	32.91	47.15	55.19	53.10
鄂	0.35	9.09	20.61	54.75	63.27	43.74	57.08	63.38	45.82	43.52	75.74	73.28	53.88
湘	5.45	15.16	37.81	44.17	57.78	40.02	35.88	52.97	34.98	24.35	46.19	56.64	43.92
粤	7.16	12.53	11.17	16.50	16.85	19.55	28.26	40.64	20.40	36.51	29.89	24.83	24.36
桂	6.00	9.26	16.51	32.54	54.76	29.89	37.23	50.56	26.13	35.15	55.01	52.16	43.28
琼	0.52	17.30	15.29	14.63	15.53	41.94	26.97	51.34	84.67	74.07	74.72	51.85	51.34
渝	4.03	9.43	24.16	55.38	76.91	62.77	76.62	81.08	40.48	59.32	76.98	64.53	69.70
川	23.21	11.99	22.79	76.18	93.51	82.19	77.44	99.20	45.12	59.93	71.51	55.68	56.25

续表

地区（简称）	2000 年	2001 年	2002 年	2003 年	2004 年	2005 年	2006 年	2007 年	2008 年	2009 年	2010 年	2011 年	2012 年
黔	6.63	7.90	10.16	16.34	19.10	18.63	33.07	28.54	23.14	19.63	36.97	41.77	54.14
云	4.59	5.12	7.15	30.21	28.60	22.84	25.66	21.41	31.91	34.21	50.29	87.35	56.63
陕	4.39	10.03	10.66	24.46	52.73	24.33	32.87	42.40	26.91	24.02	27.69	18.21	33.69
甘	2.19	3.07	9.00	14.14	14.75	15.35	34.61	19.49	19.41	21.51	38.31	63.19	24.15
青	4.27	5.43	12.24	7.43	8.29	10.02	6.04	2.89	4.63	53.50	43.13	39.10	23.37
宁	10.19	3.17	7.27	53.88	53.31	28.84	34.32	63.70	32.00	58.13	58.56	58.27	35.52
新	4.42	7.01	9.13	19.62	18.53	11.90	16.21	21.44	17.05	15.12	27.68	19.23	25.71

资料来源：国有土地供应出让成交价款来源于历年《中国国土资源统计年鉴》；地方财政一般预算收入数据来源于历年《中国统计年鉴》。

注：土地财政依赖度为国有土地供应出让成交价款与地方财政一般预算收入的比值。

附表 4.3　我国 30 个省区市的人口城镇化率

（单位：%）

地区（简称）	2000 年	2001 年	2002 年	2003 年	2004 年	2005 年	2006 年	2007 年	2008 年	2009 年	2010 年	2011 年	2012 年
京	77.52	78.07	78.57	79.07	79.52	83.62	84.32	84.50	84.92	85.00	85.93	86.18	86.23
津	37.91	37.73	37.53	37.22	36.76	75.07	75.72	76.32	77.21	78.01	79.60	80.52	81.53
冀	26.09	26.33	33.00	33.52	35.83	37.69	38.76	40.26	41.91	43.74	44.50	45.60	46.80
晋	35.89	35.08	38.09	38.81	39.63	42.12	43.02	44.03	45.12	45.99	48.04	49.68	51.26
蒙	42.20	43.47	43.96	44.62	45.70	47.19	48.65	50.14	51.72	53.42	55.50	56.61	57.75
辽	54.90	55.01	55.51	56.01	56.01	58.71	58.98	59.19	60.05	60.35	62.10	64.04	65.64
吉	42.62	42.91	43.64	44.21	44.39	52.50	52.96	53.15	53.22	53.32	53.33	53.40	53.71
黑	51.94	52.38	52.57	52.59	52.78	53.09	53.49	53.90	55.40	55.49	55.67	56.49	56.91
沪	72.54	70.38	68.93	67.32	65.37	89.09	88.70	88.66	88.60	88.60	89.27	89.31	89.33
苏	41.50	42.60	44.70	46.77	48.18	50.50	51.89	52.52	53.70	54.99	60.58	61.89	63.01

续表

地区（简称）	2000 年	2001 年	2002 年	2003 年	2004 年	2005 年	2006 年	2007 年	2008 年	2009 年	2010 年	2011 年	2012 年
浙	47.83	49.66	50.50	51.06	51.75	54.94	55.48	56.14	57.60	57.90	61.61	62.29	63.19
皖	28.00	29.30	30.70	32.00	33.49	35.51	37.10	38.71	40.51	42.10	43.01	44.81	46.49
闽	41.96	42.44	44.45	44.92	45.76	49.40	50.40	51.38	53.01	55.10	57.11	58.09	59.61
赣	27.69	30.41	32.20	34.02	35.58	37.00	38.67	39.79	41.36	43.19	44.06	45.70	47.51
鲁	26.77	27.84	29.00	31.05	32.15	45.00	46.10	46.75	47.59	48.32	49.70	50.95	52.43
豫	23.20	24.43	25.80	27.21	28.91	30.65	32.47	34.34	36.03	37.70	38.50	40.57	42.43
鄂	40.47	40.80	41.40	42.00	42.60	43.20	43.81	44.31	45.19	46.00	49.70	51.82	53.50
湘	29.75	30.80	32.00	33.50	35.50	37.01	38.71	40.46	42.15	43.19	43.30	45.10	46.65
粤	27.03	27.38	31.30	41.08	41.69	60.68	63.00	63.14	63.37	63.40	66.18	66.50	67.40
桂	28.14	28.20	28.31	29.05	31.70	33,63	34.65	36.24	38.16	39.21	40.00	41.81	43.53
琼	23.51	23.98	24.91	25.23	44.19	45.17	46.05	47.22	48.01	49.19	49.83	50.51	51.52
渝	35.59	37.40	39.91	41.90	43.52	45.21	46.69	48.30	49.98	51.59	53.00	55.02	56.98
川	17.86	18.89	20.00	21.96	23.66	33.00	34.30	35.60	37.40	38.70	40.17	41.83	43.54
黔	23.96	23.96	24.29	24.77	26.28	26.86	27.47	28.25	29.12	29.88	33.80	34.97	36.42
云	23.36	24.87	26.01	26.60	28.10	29.51	30.49	31.59	33.00	34.00	34.70	36.80	39.30
陕	32.27	33.62	34.63	35.54	36.35	37.24	39.12	40.61	42.09	43.49	45.76	47.29	50.01
甘	24.41	25.02	26.59	28.10	29.49	30.02	31.10	32.26	33.56	34.87	36.13	37.17	38.75
青	34.73	36.33	37.65	38.16	38.50	39.25	39.26	40.07	40.86	41.09	44.72	46.22	47.44
宁	32.56	33.33	34.17	36.94	40.58	42.28	43.05	44.02	44.98	46.08	47.87	49.82	50.67
新	33.76	33.75	33.84	34.39	35.16	37.16	37.95	39.14	39.65	39.83	43.02	43.55	43.98

资料来源：2005 年前的数据来源于历年《中国城市统计年鉴》，2005 年后的数据来源于历年《中国统计年鉴》和《新中国 60 年统计资料汇编》。

注：表中数据为城镇常住人口占总人口的比例。

附表 4.4　我国 30 个省区市的土地城镇化率

(单位:%)

地区 (简称)	2000 年	2001 年	2002 年	2003 年	2004 年	2005 年	2006 年	2007 年	2008 年	2009 年	2010 年	2011 年	2012 年
京	7.512	6.203	8.058	9.452	9.468	9.698	10.060	10.577	10.757	11.077	9.732	10.101	10.347
津	6.534	5.716	6.120	6.565	6.740	7.145	7.280	7.731	8.663	8.947	9.285	9.609	9.758
冀	11.997	14.632	15.859	17.313	18.176	19.066	22.920	23.143	24.082	23.639	25.741	25.233	27.112
晋	3.229	3.349	3.554	3.397	3.479	3.608	3.627	3.772	3.921	4.237	4.407	4.950	5.163
蒙	2.118	2.181	2.175	2.152	2.291	2.482	2.688	3.062	3.210	3.373	3.395	3.409	3.730
辽	8.103	8.318	8.805	8.984	9.239	9.465	9.375	9.694	9.964	10.170	11.106	10.900	10.883
吉	4.584	3.808	3.911	4.150	4.412	4.550	5.058	4.825	5.496	4.667	4.730	4.939	5.078
黑	1.696	1.705	1.673	1.704	1.768	1.842	1.851	1.839	1.779	1.812	1.885	1.949	1.992
沪	14.016	10.379	10.379	10.379	14.739	12.533	16.683	17.187	17.187	17.187	16.799	17.187	17.187
苏	14.333	7.555	7.509	7.939	7.129	7.557	8.267	8.642	9.386	7.133	8.667	8.989	9.380
浙	6.519	5.355	5.750	5.254	5.623	6.388	6.597	7.003	7.346	7.678	8.040	8.445	8.752
皖	3.134	3.146	3.349	3.574	3.801	4.518	3.905	4.056	4.442	4.739	5.065	5.806	5.811
闽	2.815	2.973	2.727	3.979	4.156	4.412	4.059	4.400	4.689	4.914	5.822	6.175	6.240
赣	2.948	3.159	3.415	3.769	4.434	4.229	4.793	4.854	5.045	5.875	6.341	6.667	6.961
鲁	3.440	3.702	4.106	4.609	4.935	5.402	5.944	6.198	6.637	6.769	7.186	7.517	7.691
豫	6.531	7.156	7.508	7.894	8.353	8.641	9.200	9.730	10.202	10.407	10.834	11.059	11.951
鄂	2.576	2.667	2.601	2.452	2.488	2.549	4.000	3.970	4.113	5.093	5.514	4.925	5.933
湘	3.535	3.874	3.968	4.449	4.266	4.369	4.545	4.928	5.306	5.711	5.762	6.156	6.327
粤	7.946	8.246	7.723	8.450	9.368	8.136	8.490	9.227	10.125	9.8751	10.285	10.775	11.394
桂	2.689	2.940	1.691	1.697	1.730	1.668	1.610	1.828	1.845	1.947	2.097	10.352	2.359
琼	2.970	2.970	2.970	2.296	1.965	0.474	3.104	3.578	3.579	2.820	2.984	3.126	4.036
渝	1.761	1.802	2.689	6.222	6.026	6.879	2.423	2.561	2.719	2.719	3.341	3.975	3.554
川	2.304	2.480	2.770	3.264	3.320	3.346	3.291	3.412	3.499	3.747	4.058	4.300	4.585

地区 (简 称)	2000 年	2001 年	2002 年	2003 年	2004 年	2005 年	2006 年	2007 年	2008 年	2009 年	2010 年	2011 年	2012 年
黔	3.588	3.758	4.154	4.286	4.815	4.891	4.963	5.178	5.406	5.666	4.719	3.297	4.120
云	1.715	1.544	1.583	1.405	1.445	1.882	1.706	1.841	1.977	2.127	2.140	2.252	2.386
陕	2.060	1.936	1.772	1.698	1.778	1.914	2.191	2.101	2.338	2.497	2.719	2.704	2.930
甘	1.837	1.382	1.343	1.096	2.091	1.131	1.242	1.285	1.335	1.326	1.343	1.395	1.476
青	17.429	17.429	17.429	17.429	17.714	18.286	16.842	17.105	17.368	11.316	18.611	19.737	14.706
宁	3.576	3.883	2.171	2.440	1.608	1.612	1.682	1.722	1.717	2.263	2.006	1.887	2.089
新	1.964	1.035	1.044	1.293	1.296	1.384	1.755	1.283	1.827	2.076	2.097	2.525	2.548

资料来源:原始数据来源于历年《中国城市统计年鉴》。

注:表中数据系由建成区面积除以市辖区面积得到,四舍五入,保留小数点后 3 位。

附表 4.5　我国 30 个省区市的人均 GDP(取对数)

(单位:元/人)

地区 (简 称)	2000 年	2001 年	2002 年	2003 年	2004 年	2005 年	2006 年	2007 年	2008 年	2009 年	2010 年	2011 年	2012 年
京	10.091	10.203	10.333	10.457	10.619	10.736	10.854	11.004	11.074	11.112	11.210	11.310	11.379
津	9.762	9.860	9.971	10.148	10.328	10.540	10.649	10.778	10.979	11.044	11.198	11.353	11.442
冀	8.935	9.018	9.101	9.235	9.432	9.593	9.722	9.886	10.043	10.110	10.264	10.433	10.507
晋	8.652	8.736	8.865	9.064	9.282	9.445	9.582	9.787	9.976	9.977	10.177	10.353	10.423
蒙	8.780	8.883	9.005	9.212	9.452	9.698	9.929	10.186	10.459	10.590	10.765	10.968	11.065
辽	9.322	9.394	9.473	9.566	9.670	9.856	9.995	10.168	10.365	10.467	10.654	10.835	10.945
吉	8.903	8.974	9.073	9.196	9.353	9.499	9.663	9.872	10.066	10.188	10.361	10.557	10.679
黑	9.023	9.094	9.163	9.272	9.429	9.578	9.696	9.830	9.987	10.019	10.206	10.399	10.483
沪	10.310	10.367	10.433	10.558	10.711	10.813	10.913	11.036	11.111	11.144	11.239	11.321	11.355
苏	9.373	9.463	9.573	9.726	9.905	10.111	10.259	10.429	10.597	10.698	10.875	11.040	11.132
浙	9.504	9.593	9.732	9.911	10.078	10.206	10.349	10.510	10.631	10.688	10.853	10.990	11.057

续表

地区 (简称)	2000 年	2001 年	2002 年	2003 年	2004 年	2005 年	2006 年	2007 年	2008 年	2009 年	2010 年	2011 年	2012 年
皖	8.472	8.578	8.655	8.760	8.947	9.063	9.210	9.396	9.578	9.706	9.947	10.153	10.268
闽	9.323	9.367	9.452	9.556	9.695	9.818	9.957	10.150	10.301	10.417	10.597	10.766	10.874
赣	8.487	8.560	8.671	8.798	8.999	9.153	9.319	9.497	9.674	9.760	9.964	10.172	10.268
鲁	9.141	9.230	9.336	9.493	9.706	9.900	10.069	10.226	10.402	10.488	10.624	10.765	10.855
豫	8.603	8.693	8.778	8.906	9.127	9.337	9.486	9.681	9.862	9.933	10.104	10.263	10.358
鄂	8.747	8.834	8.914	9.033	9.200	9.355	9.500	9.704	9.896	10.029	10.237	10.440	10.560
湘	8.599	8.719	8.815	8.934	9.123	9.265	9.404	9.607	9.806	9.925	10.115	10.305	10.419
粤	9.452	9.536	9.640	9.787	9.946	10.112	10.259	10.412	10.536	10.582	10.709	10.836	10.899
桂	8.445	8.529	8.623	8.727	8.917	9.058	9.222	9.415	9.592	9.683	9.914	10.140	10.238
琼	8.824	8.898	8.992	9.088	9.217	9.321	9.458	9.611	9.781	9.865	10.079	10.272	10.385
渝	8.744	8.848	8.976	9.116	9.291	9.426	9.542	9.719	9.928	10.040	10.225	10.449	10.569
川	8.508	8.590	8.681	8.798	8.974	9.112	9.270	9.470	9.648	9.761	9.961	10.171	10.296
黔	7.923	8.006	8.089	8.216	8.370	8.593	8.749	8.972	9.196	9.303	9.482	9.706	9.889
云	8.470	8.520	8.588	8.678	8.855	8.963	9.097	9.269	9.439	9.513	9.665	9.866	10.008
陕	8.511	8.615	8.726	8.862	9.064	9.276	9.460	9.652	9.888	9.996	10.209	10.418	10.560
甘	8.326	8.386	8.470	8.600	8.790	8.920	9.099	9.270	9.427	9.493	9.687	9.883	9.998
青	8.544	8.661	8.776	8.902	9.070	9.215	9.383	9.582	9.821	9.876	10.091	10.293	10.410
宁	8.590	8.706	8.802	8.953	9.127	9.245	9.401	9.625	9.884	9.989	10.198	10.406	10.502
新	8.905	8.980	9.043	9.193	9.336	9.481	9.616	9.741	9.893	9.901	10.128	10.312	10.428

资料来源:原始数据来源于《中国统计年鉴》。

254

附表 4.6　我国 30 个省区市城乡收入差距(取对数)

(单位:元)

地区(简称)	2000年	2001年	2002年	2003年	2004年	2005年	2006年	2007年	2008年	2009年	2010年	2011年	2012年
京	8.656	8.788	8.863	9.022	9.156	9.241	9.368	9.437	9.551	9.620	9.668	9.807	9.903
津	8.416	8.519	8.529	8.656	8.771	8.862	8.994	9.143	9.351	9.450	9.562	9.589	9.655
冀	8.065	8.126	8.293	8.386	8.472	8.635	8.780	8.909	9.065	9.166	9.240	9.321	9.430
晋	7.944	8.142	8.315	8.457	8.578	8.703	8.832	8.975	9.107	9.185	9.298	9.435	9.551
蒙	8.036	8.178	8.285	8.465	8.616	8.724	8.856	9.039	9.188	9.298	9.407	9.530	9.651
辽	8.007	8.083	8.236	8.368	8.455	8.597	8.745	8.926	9.084	9.190	9.288	9.407	9.535
吉	7.933	8.058	8.284	8.406	8.485	8.599	8.722	8.867	8.974	9.076	9.124	9.239	9.360
黑	7.925	8.054	8.215	8.336	8.404	8.527	8.636	8.718	8.814	8.904	8.942	9.000	9.122
沪	8.720	8.855	8.857	9.014	9.171	9.249	9.353	9.509	9.631	9.702	9.790	9.912	10.016
苏	8.073	8.186	8.342	8.522	8.653	8.860	9.021	9.192	9.335	9.437	9.534	9.651	9.769
浙	8.522	8.680	8.821	8.961	9.060	9.173	9.299	9.418	9.508	9.589	9.684	9.793	9.903
皖	8.119	8.202	8.273	8.445	8.520	8.671	8.825	8.977	9.081	9.168	9.259	9.423	9.537
闽	8.343	8.504	8.640	8.743	8.866	8.971	9.096	9.214	9.373	9.465	9.572	9.688	9.803
赣	7.996	8.094	8.301	8.399	8.471	8.611	8.715	8.910	9.008	9.099	9.179	9.269	9.395
鲁	8.251	8.366	8.448	8.566	8.688	8.827	8.965	9.136	9.275	9.367	9.469	9.578	9.699
豫	7.930	8.061	8.301	8.453	8.547	8.665	8.787	8.939	9.080	9.166	9.250	9.358	9.466
鄂	8.088	8.162	8.377	8.467	8.543	8.646	8.761	8.921	9.047	9.141	9.233	9.348	9.472
湘	8.299	8.408	8.425	8.545	8.662	8.765	8.870	9.035	9.139	9.228	9.301	9.415	9.538
粤	8.717	8.802	8.885	9.027	9.134	9.218	9.300	9.399	9.498	9.593	9.681	9.771	9.888
桂	8.287	8.460	8.576	8.647	8.762	8.824	8.872	9.102	9.255	9.348	9.435	9.520	9.631
琼	8.063	8.192	8.389	8.449	8.501	8.541	8.723	8.883	9.014	9.106	9.240	9.386	9.511
渝	8.386	8.466	8.545	8.679	8.811	8.914	9.071	9.114	9.234	9.330	9.414	9.530	9.654
川	8.292	8.383	8.413	8.479	8.555	8.628	8.756	8.930	9.049	9.146	9.247	9.373	9.496

续表

地区（简称）	2000 年	2001 年	2002 年	2003 年	2004 年	2005 年	2006 年	2007 年	2008 年	2009 年	2010 年	2011 年	2012 年
黔	8.229	8.304	8.402	8.518	8.631	8.744	8.872	9.025	9.101	9.196	9.275	9.421	9.543
云	8.486	8.569	8.636	8.691	8.855	8.885	8.964	9.090	9.225	9.311	9.402	9.536	9.659
陕	8.211	8.292	8.463	8.543	8.635	8.735	8.855	9.002	9.182	9.277	9.358	9.489	9.614
甘	8.157	8.262	8.425	8.514	8.617	8.717	8.823	8.947	9.017	9.099	9.186	9.313	9.445
青	8.211	8.366	8.412	8.507	8.587	8.684	8.801	8.935	9.057	9.143	9.210	9.305	9.409
宁	8.067	8.222	8.331	8.409	8.497	8.628	8.767	8.946	9.132	9.208	9.275	9.407	9.522
新	8.301	8.452	8.524	8.531	8.568	8.614	8.722	8.872	8.978	9.033	9.105	9.217	9.352

资料来源：原始数据数据来源于历年《中国统计年鉴》。

后　记

　　《基于治理地方政府土地财政依赖目标的城镇化模式创新研究》是 2014 年度国家社会科学基金资助项目（批准号：14BJL121）的最终成果之一。

　　课题研究任务的顺利完成和最终成果的出版凝结了众多人的辛勤劳动和心血。首先感谢全国哲学社会科学规划办公室对本项研究的鼎力资助，感谢国家社会科学基金课题的评审专家，是他们的信任和认可才使我们有机会开展本课题的研究工作，也感谢国家社会科学基金课题结项成果的评审专家们，是他们的诚恳建议使我们明确了下一步继续相关研究需要努力的方向。感谢浙江工业大学副校长虞晓芬教授对本书出版提供的大力支持。感谢浙江工业大学社会科学研究院为课题研究任务的完成提供的积极协助和支持。感谢浙江省哲学社会科学重点研究基地技术创新与企业国际化研究中心对本书出版的资助。感谢学术界同行对本课题研究提供的重要文献支持。特别感谢浙江大学出版社编辑候鉴峰和李玲如老师，她们的辛勤付出对于本书的顺利出版起到了至关重要的作用。最后，对所有对本项目的研究和本书的出版提供帮助和支持的单位和个人表示由衷的谢意。

陈多长
2018 年 3 月 24 日
于杭州

索　引